위대한 왕

세계문학 4
# 위대한 왕

**개정판 1쇄 펴낸 날** 2025년 1월 2일

**지은이** 니콜라이 바이코프
**옮긴이** 김소라
**펴낸이** 김삼수
**펴낸곳** 아모르문디

**등 록** 제313-2005-00087호
**주 소** 서울시 마포구 월드컵북로5길 59 401호
**전 화** 070-4114-2665 **팩 스** 0505-303-3334
**이메일** amormundi1@daum.net
**홈페이지** www.facebook.com/amormundibook

한국어판 ⓒ 김소라 2007, 2025  발문 ⓒ 서경식 2007

ISBN 979-11-91040-46-3 04080
ISBN 978-89-92448-17-8(세트)

* 이 도서의 국립중앙도서관 출판시도서목록(CIP)은
  e-CIP 홈페이지(http://www.nl.go.kr/ecip)에서 이용할 수 있습니다.
  (CIP제어번호: CIP2014000000)

세계문학
4

# 위대한 왕

니콜라이 바이코프 지음

김소라 옮김 — 서경식 발문

아모르문디

대
싱
안
령
산
맥

東興安山脈

동 청 철 도東淸鐵道

『위대한 왕』 관련 연보

**1894년** 청일전쟁에 승리한 일본의 대륙 침략 본격화.
**1895년** 삼국(러시아·프랑스·독일) 간섭.
**1896년** 러시아의 동청철도 부설권 획득.
**1897년** 만저우리(滿洲里)와 블라디보스토크 간
         철도 건설 착공. 1901년 완성.
**1905년** 러일전쟁에 승리한 일본의 만주 침략 확대.
**1907년** 일제의 남만주철도주식회사 설립.
**1912년** 신해혁명(1911년)에 의해 청나라가 멸망하고
         중화민국 수립.
**1917년** 러시아혁명.
**1931년** 만주사변.
**1932년** '만주국' 건국.
**1945년** 일본의 패전과 함께 만주국 멸망.

* 본문에서 언급하는 '노야령 산맥'은 이 소설의 지리적 설정으로 보아
중국 흑룡강성 동남쪽의 장광재령(張廣才嶺)을 가리킨다.

중국中國

황 해

다롄大連

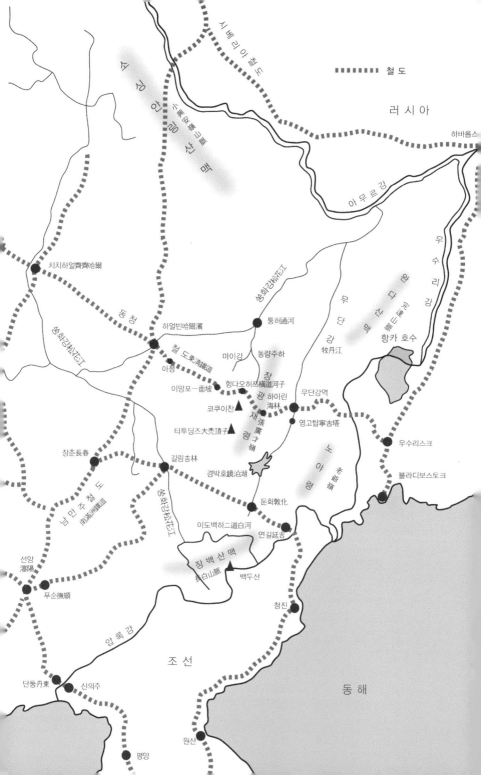

철도

러시아

하바롭스

시베리아철도

흥안령산맥

興安嶺山脈

아무르강

우수리강

치치하얼齊齊哈爾

송화강松花江

동청

하얼빈哈爾濱

철도東淸鐵道

아청

이망포一面坡

헝다오허쯔橫道河子

코쿠이찬▲

타투딩즈大禿頂子▲

통허通河

마이강

동량주하

송화강松花江

무단강牧丹江

다산령大山嶺

항카호수

장광재령張廣才嶺

하이린海林

무단강역

영고탑寧古塔

노야령老爺嶺

우수리스크

블라디보스토크

장춘長春

길림吉林

경박호鏡泊湖

둔화敦化

이도백하二道白河

연길延吉

남만주철도南滿洲鐵道

송화강松花江

장백산맥長白山脈

백두산

청진

선양瀋陽

푸순撫順

압록강

조선

단동丹東

신의주

평양

원산

동해

# '위대한 왕'을 읽는 이중의 즐거움

『위대한 왕』은 내 인생의 애독서이다.

본디 나는 호랑이라는 동물을 좋아한다. 일본 교토(京都) 시에서 태어나 자란 나는 시립 동물원으로 즐겨 놀러 다니곤 했는데, 다른 아이들이 좋아하는 얼룩말, 기린, 코끼리같이 부드럽고 온순한 동물보다는 단연 호랑이를 좋아했다. 사자 같은 동물과는 비길 바가 아니었다.

어른이 된 뒤로도 세계 각지를 여행하며 돌아다녔지만, 내 발길이 향하는 도시에서 빼먹지 않고 찾아가는 곳은 미술관과 동물원이다. 1980년대 초, 곤란한 상황에 고립되어 있던 나는 음울한 마음을 안고 방랑의 여정을 지속하고 있었다. 어느 해 겨울 나는 서(西)베를린에 머물고 있었다. 당시 독일은 아직 동서로 분열되어 있었고, 서베를린은 동독 내의 외로운 육지섬이었다. 본래의 중앙역은 벽 맞은편의 동베를린 구역에 편입되었기 때문에, 서베를린의 중심이 되는 철도역은 주우(Zoo), 곧 동물원역이었다. 역에 내리면 확실히 눈앞에 동물원이 펼쳐졌고, 동물들이 뿜어내는 특유의 냄새가 주변을 떠돌고 있었다. 그리고 그곳에는 그때까지 본 적도 없던 거대한 호랑이가 있었다.

'아무르 호랑이'라고 표시되어 있었다. 300킬로그램 이상 체중이 나가리라. 얼굴만 보더라도, 어른 팔로 한 아름은 족히 될 법해 보였다. 호랑이는 우울한 눈을 하고 있었지만, 고고하고도 위엄 가득한 모습이었다. 30분 이상이나 바라보고 있었음에도 전혀 질리지가 않았다. 30대 중반의 남성이 홀로 겨울의 동물원을 찾아와 코트 깃을 세우고 호랑이 우리 앞에서 장시간 묵묵히 서 있었던 것이다. 그러는 동안 내 마음속에는 어린 시절에 읽은『위대한 왕』이야기가, 저 미세한 묘사와 비극적인 결말에 이르기까지 생생하게 되살아나고 있었다.

저 호랑이는 '위대한 왕'의 자손은 아닐까. 이마의 문양은 확실히 '왕(王)'자 모양으로 보였는데……. 그 후로 세계 각지의 동물원을 몇 번이고 돌아다녔지만, 그때 베를린에서 본 것만큼 멋진 호랑이와는 만난 일이 없다. 2, 3년 전 오랜만에 베를린 동물원을 방문했다. 동서 독일은 통일되고 베를린 장벽이 붕괴되면서 새로운 중앙역이 완성되었기 때문에 동물원역은 과거의 지위를 잃은 모습이었다. 동물원에 호랑이들은 있었지만, 20년 전에 만났던 저 거대한 호랑이의 모습은 찾아볼 수 없었다. 죽어 버린 걸까? 아니면 그 호랑이는 고독했던 내 마음이 만들어 낸 '위대한 왕'의 환영이었을까?

재일조선인인 나는 일본 교토 시에서 초등학교를 다녔다. 처음『위대한 왕』을 읽은 것은 초등학교 3, 4학년 즈음이다. 니콜라이 바이코프의 원작을 도미자와 우이오(富澤有爲男)가 어린이용으로 개작한 작품을 일본어로 읽었던 것이다. 지금도 생생하게 기억하고 있는데, 그것은 강담사(講談社)판 세계 명작 전집에 수록된 책이었다. 나는 이 전집으로 케스트너의 『하늘을 나는 교실』이며 쥘 베른의 『십오 소년 표류기』 등 내 삶의 재산이라 할 작품의 대부분을 읽었다. 하지만 『위대한 왕』은 그 전집 가운데서도 이색적인 작품이었고, 여타 다른 명작들과는 다른 차원의 명료한 인상을 내게 남겼다.

우선 그 무대가 동아시아라는 점, 그리고 중국인 사냥꾼 퉁리를 존경하는 심정으로 묘사하고 있다는 점이 그랬다. 세계 명작 전집의 저자들 대부분이 서양인이며, 『삼국지』 같은 중국 고전을 제외하면 작품의 무대도 서구 세계이고, 등장인물 역시 아시아인은 거의 찾아볼 수가 없었다. 그리고 마지막까지 호랑이가 주인공이고 인간은 조역에 불과하며, 인간의 시선이 아니라 호랑이의 시선에서 '호랑이의 심정'이 그려지고 있다는 점도 인상적이었다. 물론 진정한 '호랑이의 심정'을 이해할 수 있는 건 아니지만, 어린이의 가슴에 그것이 진짜 '호랑이의 심정'이라고 생각될 만큼 기술에 설득력이 있었던 점, 그리고 아동용으로 꾸며 낸 한낱 허구가 아니라 모종의 엄혹함과 비애감이 작품 전체에 감돌고 있다는 점도 그랬다. 이런 것들이 다른 많은 아동문학 작품과 『위대한 왕』을 구분하는 특징이라고 말할 수 있다.

게다가 '위대한 왕'의 아버지에 해당하는 호랑이가 백두산에 서식하는 '조선호랑이'였다는 사실도 어린 재일조선인이었던 나를 매

8

료시켰다. '조선'이라는 말에 경멸과 조롱의 울림이 진드기처럼 늘 들러붙어 다니던 일본에서, 비록 '조선호랑이'의 이야기라고는 하지만 이 말이 경의의 뜻으로 쓰이는 사례를 접한 것이 처음이었기 때문이다. 『위대한 왕』을 읽고 용기를 얻은 나는 '조선호랑이'가 얼마나 크고 강한지를 같은 반 일본인 급우들에게 자랑하곤 했다. 그리고 사자가 더 강하다고 주장하는 아이와 결국에 가서는 주먹다짐이 벌어지기도 했다.

성장하고 난 뒤에도 『위대한 왕』을 향한 내 사랑은 변함이 없었다. 중앙공론사(中央公論社)에서 이마무라 다쓰오(今村龍夫)의 번역으로 완역판이 출간되자 곧바로 구입해서는 넋을 놓고 읽어 댔다. 나잇살이나 먹은 중년의 남성이 응당 읽어야 할 책들을 제쳐 두고 동물소설을 탐독하고 있으니, 지인들의 눈에는 이상하게 비쳤을지도 모르겠다. 어른이 되고 현실 사회의 잔혹함과 인간의 우열함을 징글징글할 정도로 알고 난 뒤에도, 그러면 그럴수록 『위대한 왕』의 세계는 나에게 귀중한 존재로 남았다.

1992년 여름, 나는 일본에 있는 대학 학술조사단에 참여하여 중국 길림성(吉林省) 연변 조선족자치주(延邊朝鮮族自治州)를 처음으로 방문했다. 일본에서 태어나 자랐다고는 해도, 한국 국적을 가진 나로서는 냉전 체제의 붕괴와 한중수교 때까지 중국에 입국할 수 없었다. 내가 이 조사단에 참가하고 싶다고 생각한 개인적인 동기는 크게 두 가지였다. 하나는 용정(龍井) 교외에 자리 잡은 시인 윤동주(尹東柱)의 묘를 방문하는 일이었다. 그리고 감춰진 또 다른 동기는 저 백두산의 조선호랑이에 관해 뭔가 좀 더 알고 싶은 어린아이 같은 치기 어린 바람이었다.

중국에서 백두산에 올라 산 정상에서 조망해 보니, 사방에 펼쳐져 보이는 산록평야는 어두컴컴한 바다처럼 광대하면서도 울창한 숲의 바다(樹海)를 이루고 있었다. 이 숲의 바다를 자신의 왕국으로 삼았던 호랑이는 교활하고 약삭빠른 인간들이 그어 놓은 국경선 따위는 아랑곳하지 않은 채 조선에서 만주로, 더 나아가 극동러시아로 자유롭게 유유히 활보하며 돌아다녔던 것이다. 그러나 그 대단한 밀림의 왕자도 점점 더 가까이 밀려오는 인간들에 의해 막다른 지경으로 몰려나게 된다. 그 배경에는 근대 문명에 따른 개발에서 명분을 빌린 러시아와, 일본의 침략이라는 역사가 가로놓여 있다. 현재 북조선의 호랑이는 거의 멸절되었고, 극동러시아 지역에서 근근이 생명을 이어가던 호랑이들도 1990년대 말에는 개체수 500마리 정도로 멸종의 위기를 맞았다고 한다.

백두산을 내려오면서 산기슭에 자리한 자연박물관으로 들어서자, 이 지방 야생동물들을 박제로 만들어 진열해 놓은 표본들과 만났다. 그중에는 조선호랑이의 박제도 끼어 있었는데, 예상과는 달리 비쩍 마른 볼품없는 몰골이었다. "어라? 이거, 의외로 덩치가 작은데요." 같은 조사단에 속한 어느 일본인 연구자의 발언을 듣고, 그 말에 아무런 악의가 없다는 사실을 알면서도 불쾌한 기분이 들었다. 어린아이 때부터 꾸던 꿈이 또 하나의 현실로 말미암아 배반당하고 나를 낙담케 만들었기 때문이다.

10

이번에 『위대한 왕』의 한국어 완역판이 출판된다고 한다. 이전에도 아동용 축약판은 있었던 듯한데, 완역판은 처음이라고 한다. 게다가 프랑스어판으로 번역했다고 하지 않는가? 번역의 저본이라는 빛바랜 낡은 프랑스어판을 받아 손에 쥐어 보았다. 그것만 가지고도 내 마음속에 야생 호랑이 이야기와는 별개의, 또 다른 낭만적인 풍경이 펼쳐졌다. 그것은 바로 저자 니콜라이 바이코프 자신의 기구한 방랑의 이야기다.

프랑스어판 『위대한 왕』은 파리 생제르맹 대로(大路) 106번지에 소재한 파요(Payot) 출판사에서 1938년 '지리학총서'의 한 권으로 간행되었다. 저자 자신이 직접 그린 38점의 삽화도 포함되어 있는데, 이 삽화가 매우 뛰어나다. 이 책을 러시아어에서 프랑스어로 옮긴 번역자는 피에르 보르콘스키 왕자라고 한다. '왕자'라고 하니 프랑스로 망명한 러시아 귀족일 것이다.

니콜라이 아폴로노비치 바이코프는 1872년 지금의 우크라이나 공화국의 수도 키예프에서 태어났다. 어린 시절부터 자연과 동물에 유별난 관심을 보이던 그는 이후 사관학교로 진학하면서 군인의 길을 걷게 되는데, 서른 살 무렵부터 만주에서 근무하게 되었다. 19세기 말, 세계 열강들은 중국—당시 명칭으로는 청나라—에 대한 침략을 노골화해 가고 있었고, 그 와중에 러시아는 1896년 만저우리(滿州里)와 블라디보스토크를 연결하는 동청철도(東淸鐵道) 부설권을 획득하여 1901년 이 철도를 완성한다. 러시아는 이 철도를 수비할 군대를 주둔시켰는데, 바이코프는 철도수비대의 일원으로 만주에 부임했던 것이다. 그러나 바이코프가 열중했던 일은 만주의 자연과 동식물의 조사였다.

1914년 제1차 세계대전이 발발하고 뒤이어 1917년 10월 러시아혁명이 일어나자, 바이코프는 혁명을 반대하는 백군(白軍)에 투신한다. 그 결과, 대소간섭전쟁이 적군(赤軍)의 승리로 끝나면서 러시아로 돌아갈 수 없게 된 그는 터키, 이집트, 인도 등을 전전하다가 결국 다시 만주 하얼빈으로 돌아온다. 당시의 만주는 일본 제국주의 세력 아래 있었고 하얼빈에는 사회주의 러시아에서 도망쳐 온 많은 백계 러시아인들이 살고 있었다.

바이코프가 『위대한 왕』을 저술한 시기와 그의 모국어인 러시아어판이 언제 출간되었는지는 알려져 있지 않다. 확인할 수 있는 사실은 1940년 하세가와 슌(長谷川濬)의 번역으로 만주의 일본어 신문인 「만주일일신문(滿州日日新聞)」에 연재되어 호평을 받았고, 일본의 문예춘추사(文藝春秋社)에서 출판되어 베스트셀러가 되었다는 것이다. 이 시기 일본에서는 1936년 일독방공협정이 체결되고 2·26 사건이라는 군사쿠데타 미수 사건이 일어났다. 이미 '만주국'이라는 괴뢰국가를 수립했던 일본은 이듬해인 1937년부터 중국 본토에 대한 본격적인 침략전쟁을 개시한다.

그런 와중에, 『위대한 왕』은 1938년 유라시아 대륙의 반대편에서 바이코프 자신과 똑같은 처지에 있던 망명 러시아인의 손을 통해 프랑스어로 번역, 출판되었던 것이다. 프랑스어판이 출간된 이듬해에는 나치 독일의 폴란드 침공으로 제2차 세계대전의 불꽃이 점화되었다.

이렇게 보면 바이코프의 작품세계는 지리적으로는 광대한 유라시아 대륙의 동쪽과 서쪽을 이어 주는 공간적 확장을, 시간적으로는 19세기 말 열강들의 아시아침략에서 사회주의혁명을 거쳐 제2차 세계대전에 이르기까지 길고 긴 시간적 척도(尺度)를 갖추고 있는 셈이다. 한 개인으로서 바이코프는 자연과 동물을 끝없이 사랑했던 사람이지만, 이러한 맥락에 놓고 볼 때 그의 작품은 단순한 동물소설의 영역을 초월하여 정치적 암유(暗喩)의 색채를 띠지 않을 수 없을 것이다. '근대 문명'으로 말미암아 파괴되는 대자연과 멸절의 위기로 내몰리는 야생동물들은 구미열강의 침략 앞에 내던져진 아시아 피압박 민족의 암유로 읽어 내는 것도 가능하다. 이런 식으로『위대한 왕』을 읽는다면, 조선호랑이 자손들의 비극적인 최후는 더더욱 조선민족의 운명에 대한 암유로 해석할 수 있을 것이다. 당시의 조선인들, 곧 나의 조상과 선배들은 이 이야기를 어떻게 읽었던 것일까? 나는 그것이 알고 싶다.

당시의 일본인들이 이 이야기를 환영했던 까닭은 자국의 전쟁을 아시아 해방의 성전(聖戰)이라 강변하면서 정당화하려 했던 심리에서 기인한 것이다. 위엄으로 가득했던 호랑이 왕자도 종국에는 죽어 가는 것처럼, '정체된 아시아' 역시 그와 똑같이 사멸할 운명에 있다. 그들 대부분은 거기서 '사멸의 미학'을 느끼고 이를 애석해하면서도 동시에 자기들이 구미를 모방한 침략의 길을 걸어가는 데는 그 어떤 의문도 품지 않았던 것이다.

일본인에게는 바이코프의 작품이 그렇게 읽혔으리라고 상상할 수 있겠는데, 그것은 본래 러시아제국의 군인으로서, 소위 러시아의 대아시아침략의 첨병으로서 만주를 찾아온 바이코프 자신이 떠안고 있던 자기모순과 약점의 결과였다고도 말할 수 있겠다. 동물학, 박물학, 지리학, 민족학 등의 학문 분야와 탐험소설 같은 문학 장르가 제국주의 침략의 역사와 더불어 발전해 온 사실을 생각하면, 이 문제가 딱히 이해하기 어려운 불가사의한 일이라 할 수는 없다.

그러나 이런 식으로 썼다고 해서 어린 시절 『위대한 왕』을 읽던 때의 흥분과 기쁨이 덜해졌다고 낙심할 필요는 없으리라. 어린 시절 이 책에서 느낀 것은 텍스트를 읽는 즐거움이었다. 그리고 앞에서 언급한 것처럼, 어떠한 역사적 배경에서 어떤 인물이 이 책을 지었으며 누구에게 어떠한 형태로 받아들여졌는지, 또 그것을 어떻게 인식해야 하는지에 대한 관심은 컨텍스트를 읽는 것이라 말할 수 있겠다. 바이코프의 『위대한 왕』은 뛰어난 문학작품 대부분이 그런 것처럼, 텍스트 읽기와 컨텍스트 읽기라는 두 가지 즐거움을 우리에게 제공하고 있는 것이다.

니콜라이 바이코프는 혁명과 전쟁의 시대가 낳은 조국 상실자였다. 그는 '국가'에 절망하여 '자연'에 자기 자신을 침잠시키려 했다. 그리고 인간의 비소(卑小)함을 미워하며 자연의 위대함에 무한한 애정을 쏟았다. 하지만 무자비한 현실정치는 그를 그런 상태로 가만히 놓아두지 않았다. 전쟁 전에는 일본 독자들에게서 대단한 인기를 얻었지만, 전쟁이 일본의 패배로 끝나자 무국적자로서 어디로도 갈 곳 없는 신세가 되고 말았다. 일제의 괴뢰국가인 만주국은 붕괴되고 국공 내전을 거쳐 사회주의 중국이 탄생했다. 하얼빈의 백계 러시아인들은 자취를 감추었다. 종전 후, 바이코프는 한때 일본에서 지내다가 결국 오스트레일리아로 건너가 1958년 85세로 세상을 떠난다.

그가 남긴 작품은 대자연을 향한 만가(輓歌)이면서 동시에 하나 의 역사적 시대를 증언하는 글이기도 하다. 여기서 문제는 지금 이 시대를 살아가는 우리가 이 이야기에서 무엇을 읽어 낼 것인가 하 는 점이다.

2007년 7월 서경식 씀

(이목 옮김)

**차례**

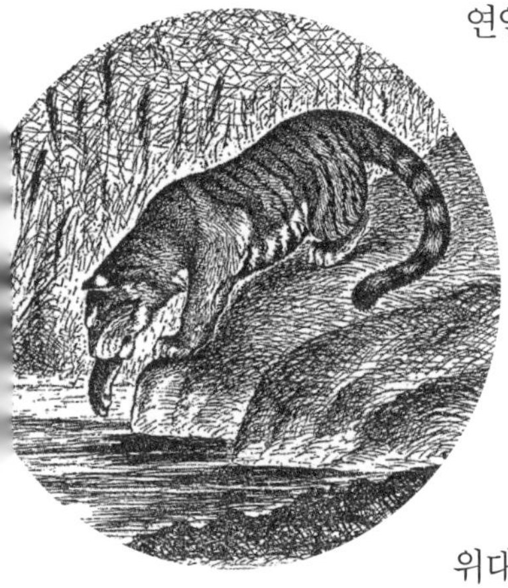

**일러두기**

• 이제부터 여러분이 읽게 될 이야기는 내가 수년 동안 만주의 처녀림을 누비고 그곳의 기묘하고 다양한 생활을 연구하면서 얻은 관찰에 근거한다. 또한 나는 타이가 원주민들 사이에 전해지는 이야기와 전설을 인용하여 만주 호랑이의 특성과 흥미진진한 삶을 묘사하고자 했다. - 니콜라이 바이코프

• 이 책은 1938년 프랑스 파요(Payot) 출판사에서 나온 『Le Grand Van, la vie d'un tigre de Manchourie』를 번역한 것이다. 단, 지명과 인명 등은 일본어판(偉大なる王, 講談社, 1998)을 참조하였다.

• 표기법은 이미 우리에게 친숙한 몇몇을 예외로 하고(영고탑, 장백산맥 등) 현지 발음을 따르는 것을 원칙으로 했다.

# 프롤로그

봄이 시작되고 있었다.

타이가(유라시아 북부 극지방 주변의 독특한 침엽수림)에도 다시 생명이 솟아났다. 어린 새싹들이 회색과 암갈색 풍경 위로 에메랄드빛 음표처럼 고개를 내밀었다. 야생 벚나무와 사과나무들이 계곡과 산비탈에서 다시 꽃을 피우기 시작했다. 하얀 은방울꽃도 어둡고 깊은 숲 속에서 봉오리를 터뜨렸다. 수정처럼 맑은 숲의 공기가 땅이 내뿜는 온갖 개화의 향기로 가득 찼다.

서쪽으로 해가 저물고, 저녁 어스름이 작은 언덕들을 따라 퍼져 나갔다. 푸른 하늘 위로 짙은 석양빛이 점점 물들더니 화강암으로 덮인 타투딩즈(大秃頂子) 산꼭대기가 강렬하게 불타올랐다.

낮의 삶은 밤의 요정이 속삭이는 신비로운 이야기 속으로 조금씩 자취를 감추었다. 저 멀리 어딘가에서 이름 모를 새 한 마리가 피리 선율처럼 감미롭게 지저귀는 소리가 낭랑하게 울려 퍼졌다. 그리고 어두운 삼나무 숲 가장자리에서 소리 없는 가벼운 그림자 하나가

19

땅에 닿을 듯 지나갔다. 그림자는 바로 옆 늪지의 작은 골짜기에 빽빽하게 얽혀 있는 가시덤불을 거만하게 내려다보다가, 멀찍이 서 있는 나무 꼭대기를 향해 별안간 돌진하기 시작했다.

숲의 은둔자, 올빼미였다. 높은 나무에 사는 음산한 분위기의 터줏대감 올빼미 한 마리가 이제 막 사냥하러 나온 참이었다. 늙은 삼나무 꼭대기에 앉아 있는 올빼미의 어두운 윤곽이 뚜렷이 드러났다. 커다랗고 둥근 눈에서는 기묘한 빛이 번뜩이고, 단조로운 음으로 "거기 누구요?"라고 말하는 듯한 음울한 울음소리는 평화롭게 내려앉는 땅거미를 흐려 놓았다.

먼 곳에서 메아리가 울렸다. 깊은 숲 속에서 화답하는 또 다른 울음소리였다. 마치 "나야, 나야"라고 대답하는 것만 같은 목소리가 때론 다가오고 때론 멀어지더니 아주 먼 곳으로 다시 사라져 갔다.

타이가는 자장가라도 들려오는 듯 잠 속으로 빠져들었다. 나무딸기 덩굴이 뻗어 있는 빈터 위에서 박쥐들이 갈지자로 날아다녔다. 밤이 오자, 이웃한 덤불의 들쭉날쭉한 능선 위로 불그스름한 둥근 달이 솟아올라 울창한 숲 속에 창백한 빛을 던져 주었다. 어둠이 더 짙은 칠흑빛을 띠자, 광대한 타이가 전체가 윤곽을 잃고 뚫을 수 없는 밤의 암흑 속으로 침몰했다.

밤의 삶이 세상을 지배하기 시작했다. 자연은 위대한 찬가를 노래했다. 태양이 축적해 놓은 힘의 결실인 새로운 생명의 탄생을 축하하는 사랑의 노래였다.

숲 구석구석에서 온갖 소리가 들려왔다. 알 수 없는 새의 노랫소

20

리, 사슴의 울음소리, 귀뚜라미와 메뚜기의 노랫소리, 다람쥐의 휘파람 소리, 잎이 우거진 잔가지 사이로 부는 미풍의 속삭임, 이 모두가 타이가에 끝없이 펼쳐지는 봄의 교향악이 되어 울려 퍼졌다.

그때였다. 갑자기 올빼미가 '푸후' 하는 울음을 뚝 그쳤다. 사슴도 잠잠해지고, 재빠른 다람쥐는 무성한 잡초와 쐐기풀 속으로 뛰어가 숨어 버렸다. 강하고 날렵한 짐승 한 마리가 달빛에 잠긴 빈터에 나타난 것이다. 윤기 나는 긴 꼬리가 달린 날씬하고 유연한 몸은 조각상처럼 꼼짝도 하지 않았다. 꼬리의 끝부분만 가볍게 흔들리면서 움찔하고 떨렸다. 고양이과 짐승 특유의 둥근 머리가 빈터의 가장자리 쪽을 돌아보았다. 어둠을 꿰뚫어보는 커다란 둥근 눈은 초록빛을 띠며 반짝거리는 섬광을 뿜었다.

암호랑이였다. 뚜렷이 드러난 날렵한 두상과 약간 둥글게 부풀어 오른 몸으로 보아 배 속에 새로운 생명이 자라고 있는 것이 분명했다.

올빼미는 여전히 조심스레 주위를 살피고 있었다. 녀석은 때때로 부리를 딱딱 부딪쳤고, 달빛을 받아 빛나는 포식자에게서 시선을 떼지 않았다. 호랑이의 등과 옆구리의 황갈색 털은 황금빛 광택이 돌았고, 주둥이 양옆과 가슴 밑부분과 배는 은색으로 빛났다.

모든 것이 영원히 정지된 것 같은 순간이 지나가자, 호랑이는 고개를 들어 올빼미를 쳐다보았다. 두 짐승의 시선이 엇갈렸다. 올빼미는 다시 한 번 부리를 부딪더니 털로 뒤덮인 커다란 날개를 펼쳐 빈터의 경계 주위에서 곡선을 그리며 숲 속으로 들어가 버렸다. 호랑이는 올빼미를 눈으로 좇으며 녀석이 천천히 빈터를 가로질러 사라

숲의 기사(올빼미)

질 때까지 기다렸다. 그 모든 움직임은 호랑이의 숨겨진 힘과 근육의 유연성을 뚜렷이 보여 주었다. 호랑이는 살금살금 나아가다가 빠르게 전진해, 거의 아무 소리도 내지 않으며 쓰러진 나무와 덤불 사이로 미끄러져 들어갔다. 나무줄기와 잔가지 몇 개만 살짝 움직일 뿐이었다. 무성한 식물 한가운데 있는 호랑이의 움직임은 조용하고 힘차고 민첩해서 뱀의 움직임과 많이 닮았다. 바람에 부러진 나무나 돌, 커다란 풀숲이나 덤불 같은 장애물이 전혀 없는 노출된 장소에서 호랑이는 느릿한 걸음으로 천천히 걷는다. 부득이한 상황이 아니라면 자기가 전진하고 있다는 사실을 애써 숨기려 하지 않는다.

타이가를 샅샅이 뒤지며 돌아다니던 암호랑이는 배 속에 있는 새 생명의 박동 소리를 들었다. 모성의 긴박한 음성과 종족 보존의 본능이 어딘가 외딴 구석을 찾아내라고 재촉했다. 평화롭게 새끼를 낳고 매순간 불쑥 마주치게 되는 온갖 사고와 위험으로부터 새끼를 보호할 수 있는 은신처가 필요했다. 폭우와 추위, 포식자와 맹금류, 나아가 살아 있는 모든 피조물 중에 가장 무자비한 적인 인간으로부터 새끼를 지킬 수 있는 곳이어야 했다.

모든 암컷은 타고난 지혜와 삶의 경험 그리고 종족 보존의 본능으로, 새끼들이 세상에 나와 첫 훈련을 받는 이 중대한 시기를 지배하는 온갖 조건과 상황에 부합하는 적당한 보금자리를 마련하게 되어 있다.

며칠 동안 예비 어미 호랑이는 광대한 타투딩즈 산속에서 알고 있는 모든 곳을 구석구석 뒤져 보았지만 도무지 마땅한 장소를 고를 수가 없었다. 어떤 곳은 너무 노출되어 비바람을 막아줄 수 없을 것 같았다. 또 어떤 곳은 지나치게 습한 데다 좋아하는 사냥터에서 너무 멀었다. 이렇듯 암호랑이는 자신의 삶에서 가장 중요한 보금자리 문제를 해결하기 위해 오랫동안 골치를 썩었다. 이것은 새끼들의 운명, 그리고 자신의 생존까지도 좌우하는 문제였다.

주의 깊은 탐색 끝에, 마침내 적합해 보이는 몇 개의 장소 중 하나를 골랐다. 그곳은 야생 포도나무와 오갈피나무 덤불이 복잡하게 뒤엉킨 동굴이었다. 타투딩즈 산의 남쪽 경사면에 자리 잡은 이 동굴은 화강암 바위들이 미로처럼 얽혀 협곡과 좁은 통로 모양을 이루고 있었다. 위쪽에 거대한 돌덩어리가 놓여 있었지만 별로 깊지 않은 동굴이었다. 게다가 하루 종일 햇빛이 비치어 이 화강암 요새를 따뜻하게 데워 주었다. 무성한 식물과 미궁처럼 복잡한 돌투성이 지형 때문에 안전도 보장되었다. 동굴 바로 옆에 있는 바위 아래에서 작은 샘물이 흘러나와 갈증의 염려도 없었다. 또 근처 비탈진 떡갈나무 숲에는 멧돼지 떼가 터를 잡고 있어서 식량도 풍부했다. 마지막으로, 인간이라는 두 발 달린 짐승도 이 자갈투성이의 굴까지 위험을 무릅쓰고 모험을 감행하지는 않을 것이다. 이곳에서 인간이 할 일이란 없었다.

예비 어미는 이런 생각을 하며 편안한 동굴에 자리를 잡았다. 그곳에서 며칠간 온전히 낮 시간을 보내며 새끼가 태어나기를 참을성 있게 기다릴 작정이었다.

밤이 되면 호랑이는 가장 가까운 떡갈나무 숲으로 사냥을 나가 힘들이지 않고 새끼 멧돼지나 젊은 암컷을 잡아서 먹음직스럽고 맛좋은 살을 탐욕스럽게 먹어 치웠다. 그리고 새벽이 되면 신중을 기해 아무런 흔적도 남기지 않으려고 애쓰면서 동굴로 돌아왔다. 발도 돌 위나 노출된 화강암 표면으로만 디뎠다. 아직은 두발짐승이나 네발짐승이 새끼들을 위태롭게 할 것 같은 위험이 감지되지 않았지만, 경험 많은 암호랑이는 미미한 흔적도 새끼들을 위태롭게 할 수 있다는 것을 잘 알고 있었다. 이것은 세대에서 세대로 전해진 경험에서 우러나온 것으로서, 생존을 위한 투쟁에서 얻어낸 타고난 통찰이었다.

24

새끼들이 세상에 나올 날이 가까워 오자 암호랑이는 점점 더 은신처를 떠나는 횟수가 적어졌고, 사냥 반경도 좁아졌다. 움직임도 좀 더 조심스러워졌다. 걸을 때는 뒷다리 사이를 더 많이 벌렸다. 멧돼지를 사냥할 때도 세차게 뛰어오르지 않으려고 신경을 썼고 작은 새끼들에게만 접근했다. 성장한 암컷을 잡으려면 잔뜩 신경을 집중하고 몸의 힘을 너무 많이 써야 했다. 잘못하면 그토록 공들여 배 속에 품은 새끼들에게 해로울 수도 있었기 때문에, 성장한 암컷을 사냥하는 일은 포기해야 했다.

# 왕의 탄생

새끼들이 태어나기 바로 전 이틀 동안 암호랑이는 마른 풀과 나뭇잎으로 만든 잠자리 위에 몸을 뻗고 앉아 은신처를 떠나지 않았다. 이른 아침과 밤에만 바위 틈새에서 졸졸거리며 흘러나오는 샘으로 내려와 목을 축였다.

사흘째 되는 날 한밤중, 드디어 새끼들이 태어났다. 수컷 한 마리와 암컷 한 마리, 이렇게 두 마리였다. 두 마리 모두 비틀거리며 어쩔 줄 몰라하는 모습이었다. 새끼들의 크기는 집에서 키우는 보통 고양이보다도 작았다. 하지만 수놈은 여동생보다 몸집이나 머리가 크고 체격도 더 우람해서 쉽게 구별할 수 있었다. 두 놈 모두 주둥이가 납작하고 귀는 접혀서 머리 쪽에 붙어 있었다. 닷새 동안 어미는 한순간도 새끼들과 떨어지지 않고 끊임없이 핥아 주고 자기의 체온으로 따뜻하게 해 주었다. 갓 태어났을 때 새 생명들은 거의 움직이지 못할 정도로 약했다. 그래서 어미가 주둥이로 끌어당겨서 젖을 물렸다. 배불리 먹고 나면 새끼들은 곧 잠이 들었고 다시 젖을 빨 때

26

가 되어서야 깨어났다. 엿새째 되는 날 새벽이 되자 어미는 비로소 굴을 떠나 샘으로 내려가 목을 축일 수 있었다. 다시 집으로 돌아온 어미는 잠들어 있는 새끼들과 은신처를 샅샅이 돌아보며 무언가 수상한 것이 없는지 살폈다. 아무 이상이 없다는 것을 확인한 어미는 평정을 되찾고 새끼들 옆에 몸을 뻗고 앉았다. 그럴 때도 혹시 입구에 갑자기 적이 나타나는지 감시하려고 동굴 안쪽에 등을 기대고 있었다.

신중을 기하기 위해 어미는 절대로 보금자리 근처에서 볼일을 보지 않았다. 다른 호랑이들, 특히 수컷들이 용변 자국을 보고 금방 은신처를 알아내 새끼들을 위협할 수 있다는 것을 잘 알고 있었기 때문이다.

언덕 뒤로 해가 넘어가려 하고 있었다. 계곡 깊은 곳에서 저녁의 냉기가 올라왔다. 막 새끼들의 몸단장을 끝낸 어미 호랑이는 휴식을 취하면서 석양빛 속에서 편안한 시간을 보낼 참이었다. 그런데 그때 갑자기 어미 호랑이의 예민한 귀에 무슨 소리가 감지되었다. 소리는 처음엔 희미하다가 점차 또렷해지면서 한 치의 동요도 없는 타이가의 정적을 깨뜨리려 했다. 나뭇잎들이 가볍게 살랑거리고 마른 풀들이 조금씩 움직이더니 잔가지가 툭 부러지거나 돌멩이가 굴러가는 소리가 들렸다. 어미 호랑이는 즉시 심상치 않은 일이 벌어지고 있음을 알아차렸다. 이 모든 움직임으로 보아 분명히 뭔가가 이런 소리를 내고 있다는 확신이 들었다.

드디어 어미는 짐승 한 마리가 다가오는 발소리를 느꼈다. 순식간에 어미의 형체는 완전히 변해, 팽팽한 긴장으로 웅크린 모양이 되었다. 위협적인 소리가 들려오는 방향으로 귀를 빳빳이 세우고 눈을 가늘게 떴다. 어미 호랑이는 잠시 동안 은신처 입구에서 미동도 없이 가만히 있더니, 곧 미끄러지듯 덤불 속으로 들어갔다. 그리고 얽혀 있는 수풀 속에서 다리를 구부리고 나무줄기와 툭 튀어나온 돌 사이로 엉금엉금 기어 앞으로 나아갔다. 어미 호랑이는 멀리서 들려오는 까치와 어치의 울음소리로 자기와 같은 종족이 접근하고 있음을 직감했다. 이 성가신 새들이 짹짹거리며 따라다니는 짐승은 호랑이뿐이다. 덕분에 새들은 종종 호랑이의 존재를 알려 주기도 한다. 평상시에 물을 마시는 샘에 도착하자, 어미 호랑이는 걸음을 멈추고 튀어나온 암석 뒤에 몸을 숨기고 기다렸다.

발자국 소리가 점점 더 선명해졌다. 짐승이 다가올수록 어미 호랑이의 모든 근육은 팽팽해져, 매끄럽고 부드러운 털 밑에서 부르르 떨렸다. 짐승은 들키지 않고 움직이는 것 따위에는 신경 쓰지 않는 듯 전진했다. 자신이 내는 소리에 전혀 아랑곳하지 않고 걷고 있었다. 그렇지 않았다면 그토록 예민한 어미 호랑이의 청각으로도 짐승이 가까이 오고 있다는 것을 알아차리지 못했을 것이다.

덤불 안쪽에 짐승의 실체가 드러나자마자, 어미 호랑이는 사납게 포효하며 달려 나갔다. 암호랑이는 무시무시한 발을 쳐들고 바짝 다가가 계속해서 거칠게 울부짖었다.

상대는 커다란 몸집의 늙은 수컷 호랑이였다. 놈은 먹이와 새로운 사냥터를 찾으러 나섰다가 뜻밖에 길을 잃고 헤매는 중이었다. 늙은 수컷 호랑이는 어미 호랑이보다 족히 절반은 키가 컸고, 힘들이지 않고 어미 호랑이의 머리를 낚아챌 수 있었다. 하지만 필사적인 용기로 무장한 어미 호랑이와 마주하자, 놈은 맹렬한 기세를 전혀 드러내 보이지 않고 순순히 물러섰다. 그러고는 당황한 것처럼 몸을 오그리더니 약자에게 자리를 내주고 서둘러 자리를 떴다. 늙은 수컷 호랑이는 어미 호랑이가 왜 자기를 공격했는지 이해했다. 자식을 보호하려는 어미 앞에 굴복했던 것이다. 자연의 법칙이 두 짐승을 이끌었다. 어미 호랑이는 모성을 따랐으며, 늙은 수컷 호랑이는 종족의 계승자로서 본능의 소리를 들었다.

늙은 수컷 호랑이의 발소리가 숲 속으로 사라지자, 어미 호랑이는 시냇물이 있는 곳으로 돌아와 얼음처럼 차가운 물을 정신없이 들이켰다. 갈증이 누그러지자, 솔처럼 뻣뻣한 혀로 곤두선 털을 핥아 저녁 몸단장을 했다.

숲의 수다쟁이 딱따구리와 어치는 계속 수선을 떨면서 울음소리로 온 숲을 채웠다. 새들은 소란을 피우면서 어미 호랑이의 머리 위를 날아다녔다. 어미 호랑이는 난리법석을 떠는 새들이 몹시 귀찮아서 옆에 있는 작은 관목들 쪽으로 내달아 방향을 바꿨다. 그리고 조금 더 멀리 있는 덤불 속으로 슬그머니 들어가서 반대쪽을 통해 굴로 돌아왔다. 새들은 처음엔 열심히 따라가다가 결국 암호랑이를 시야에서 놓치고 말았다. 그러곤 밤을 보내기 위해 차차 늙은 떡갈나무 가지 위로 흩어졌다.

이 새들은 호랑이가 남긴 찌꺼기를 먹는다. 그래서 더욱 끈질기게

왕의 어린 시절

쫓아다니는 것이다.

집으로 돌아온 어미 호랑이는 모두 무사한 걸 보고 한숨을 돌렸다. 새끼들은 아무 탈 없이 자고 있었다. 저녁의 한기 때문에 두 녀석은 서로 바짝 붙어 있었다. 두 개의 장밋빛 주둥이와 몸이 하나로 엉켜 있었다. 킁킁거리며 보물 같은 새끼들의 냄새를 맡아 본 어미는 실컷 배를 채운 녀석들이 그렇게 빨리 깨지는 않을 거라 확신하고 거의 소리를 내지 않으면서 조심스럽게 다시 굴을 나왔다. 그리고 숲의 모든 소리에 귀를 기울여 수상쩍은 소리나 속삭임 하나하나까지 확인하면서 잠시 동안 그 자리에 청동상처럼 꼼짝 않고 있었다. 마침내 아무것도 새끼들을 위협하지 않으며 주위도 조용하다는 것을 확인하자, 어미는 참을 수 없이 밀려오는 허기에 사로잡혀 사냥에 나섰다.

어미 호랑이는 가까운 비탈의 좁은 능선을 따라 기어가면서 떡갈나무가 드문드문 서 있는 숲을 유심히 살폈다. 그 숲은 평상시에 멧돼지들이 모여 있는 곳이었다.

작년에도 보았던 암컷들과 새끼 몇 마리로 이루어진 멧돼지 떼를 발견한 어미 호랑이는 몸을 땅에 바싹 붙이고 주위를 돌기 시작했다. 해가 지고 있었고, 하늘에는 아직 황혼의 붉은 빛이 남아 있었다. 땅거미가 내리자 멧돼지들은 잠자리에 들 준비를 하기 시작했다. 아주 어린 새끼를 거느린 암컷들은 늙은 나무 발치에 자리를 잡았다. 하지만 독립적인 젊은 무리는 휴식 따위는 안중에도 없는지 늙은 멧돼지들이 없는 틈을 타 아직도 마음껏 뛰놀고 있었다.

어미 호랑이는 조심성 없이 장난치고 있는 새끼 멧돼지 무리에 눈독을 들였다. 그리고 어린 나무들 뒤에 몸을 숨기고 재빨리 다가갔다. 어미 호랑이는 채 15분도 되지 않아 멧돼지들과 몇 발자국 떨어지지 않은 늙은 떡갈나무 뒤까지 접근했다. 개암나무 숲 한가운데서 친구를 쫓아 뛰고 있는 어린 암컷 한 마리에 온 신경과 청각을 집중했다. 이제 어미 호랑이는 이 태평한 짐승이 6~7미터 거리까지 다가오는 적절한 순간을 기다리기만 하면 되었다. 그러면 단번에 뛰어올라 손쉽게 덮칠 수 있었다. 아주 가벼운 바람이 멧돼지들이 뛰노는 곳에서 암호랑이가 있는 방향으로 불어왔다. 덕분에 멧돼지들은 어미 호랑이 특유의 냄새를 맡을 수 없었다.

어미 호랑이는 이런 점까지 생각하며 사냥을 계획했던 것이다. 드디어 뛰노는 데 정신이 팔린 멧돼지가 어미 호랑이가 숨어 있는 떡갈나무 줄기로 뛰어들었다. 눈 깜짝할 사이에 강철 같은 뒷다리 근육이 팽팽하게 당겨지면서 유연한 몸이 온 무게를 실어 가엾은 작은 짐승을 내리눌렀다. 찢어지는 듯한 짧은 비명 소리가 한 번 난 것으로 끝이었다. 어미 호랑이는 무시무시한 발을 단 한 번 내리쳐서 멧돼지 암컷을 쓰러뜨렸다. 잠시 후, 마치 뾰족한 원추처럼 생긴 이 거대한 고양이과 동물의 송곳니가 멧돼지의 목을 파고들어 목뼈를 부러뜨렸다. 죽음은 순식간이었다. 어미 호랑이는 소중한 시간을 허비하지 않고 피가 흐르는 따뜻한 살점을 맛보기 시작했다. 제일 먼저 넓적다리부터 물어뜯었다.

멧돼지의 고통스러운 비명은 위험을 알리는 신호였다. 멧돼지 무리는 죽음의 위험에서 벗어나기 위해 일제히 언덕 높은 곳으로 뛰어가기 시작했다. 몇 초가 지나자 도망가는 짐승들의 소리조차 들리지 않았다. 다시 거대한 정적이 숲을 지배했다. 오직 맹수의 턱이 움직이는 소리와 거대한 이빨로 뼈를 우지끈 깨무는 소리, 그리고 만족감을 나타내는 가르랑거리는 소리만이 정적을 깨뜨렸다. 향연은 한 시간 가까이 계속되었다. 어미 호랑이는 멧돼지의 발굽 부분과 배 안의 내용물만 빼고는 모조리 먹어 치웠다.

식사를 끝낸 어미 호랑이는 몸을 핥으며 기분이 좋아져 가르랑거리는 소리를 냈다. 그러고는 다시 몸을 일으키더니, 유연한 등을 활

만주 곰과 멧돼지

처럼 구부리고 기지개를 켠 후 늙은 떡갈나무 줄기 쪽으로 갔다. 그
리고 뒷다리를 딛고 서서 앞다리로 나무껍질을 긁어 흠집을 내기
시작했다. 집에서 기르는 고양이들이 평상시에 하는 몸짓과 똑같았
다. 낫처럼 구부러진 뾰족한 어미 호랑이의 발톱은 나무줄기에 세로

로 깊은 홈을 냈다.

이 동작을 하는 동안, 어미 호랑이의 머리는 완전한 만족감의 표시로 위로 젖혀졌다. 꼬리는 뱀처럼 끝이 말린 채 땅 위에 뻗어 있었다. 암호랑이는 이 동작을 몇 번이고 되풀이하며 발톱을 물렁물렁한 껍질 속에 박았다. 그런 후 나무에서 떨어지더니 잠시 동안 꼼짝 않고 밤의 정적에 귀를 기울였다. 어미는 이내 새끼들을 남겨두고 온 동굴을 향해 커다란 보폭으로 다시 출발했다.

호랑이는 발톱갈이를 할 때 무른 나무껍질을 긁는 습성이 있다. 발톱의 딱딱한 물질은 주기적으로 재생된다. 이 재미있는 놀이를 위해, 맹수들은 되도록 자단류(紫檀類, 콩과의 상록 활엽 교목)나 호두나무, 삼나무, 낙엽송 같은 껍질이 부드러운 나무를 고른다.

# 걸음마


집으로 돌아온 어미 호랑이는 늘 하던 대로 수상한 점이 없는지 확인하기 위해 잠들어 있는 새끼들과 굴 구석구석을 살피기 시작했다. 아무 이상이 없는 것을 보고 안심한 암호랑이는 새끼들 옆에 엎드려서 새틴처럼 반드러운 줄무늬 털을 청소하며 몸단장을 했다.

새끼들은 잠결에 어미의 따뜻한 몸이 가까이 있는 것을 느꼈는지, 최대한 어미에게 몸을 바짝 붙이고 어미 배의 비단처럼 부드러운 하얀 털 속에 납작한 주둥이를 박았다.

암호랑이는 정성껏 새끼들을 먹이고, 먹이를 사냥하고 은신처를 보호하면서 여러 날을 보냈다. 12일이 지나자, 새끼 호랑이들의 동공이 열렸다. 이제 새끼들은 아직 잘 보이지 않는 흐릿한 눈으로 직접 세상을 보기 시작했다. 처음에는 낮의 강렬한 빛을 받으면 눈이 부셔 아무것도 보이지 않았다. 햇빛이 망막에 곧바로 닿을 때마다 새끼들은 눈을 깜빡이거나 감아 버렸다. 그러는 사이 새끼들은 몰라보게 자랐다. 뒷다리 관절도 튼튼해져서 동굴 안 어디든 자유롭게 돌아다녔다. 하지만 아직 경험이 부족했기 때문에 뾰족하게 튀어나온 돌 모서리에 부딪히곤 했고, 그럴 때마다 몹시 아파했다. 그러나 여러 사물을 선명하게 구분하는 데는 그리 긴 시간이 걸리지 않았다. 시력이 정상이 되면서, 새끼들은 눈에 보이는 것을 가늠하며 동작을 조절하기 시작했다. 그러자 날이 갈수록 점점 더 용기와 자신감이 생겼다.

새끼들이 살고 있는 동굴은 이제 그들만의 작은 세상이 되었다. 새끼들은 그 세상에서 편안함과 안락함을 한껏 느꼈다. 동굴 밖의 모든 것은 낯설었고, 적의로 가득 차 보였다. 가끔씩 동굴 입구에서 바깥세상을 바라볼 때면 두려움과 공포가 느껴졌다. 하지만 모든 어린 생명 특유의 호기심이 새끼들을 저 미지의 세상으로 나아가도록 부추겨, 점점 더 자주 은신처의 경계까지 다가가도록 밀어냈다. 마침내 새끼들은 바깥세상에 특별히 무서운 것은 없을 거라고 확신하게 되었다. 그래서 밖에서 무슨 일이 일어나고 있는지 조금 구경해 보기로 마음먹었다. 마침 사냥을 나간 어미도 늦어지는 터였다.

새끼들은 출구로 가서 바깥세상이 어떻게 생겼는지 유심히 살펴보았다. 때마침 폭풍우에 쓰러진 나무줄기를 따라 달려가던 날쌘 다람쥐 한 마리가 갑자기 멈춰 서더니 뒷발로 서서 이 서투른 짐승들을 아래위로 훑어보았다. 처음 보는 짐승들이었다. 수컷의 본능에 걸맞게 수놈은 앞쪽에 있었고, 암놈은 언제든 집 안으로 도망칠 준비를 하고서 오빠 뒤에 바싹 따라붙었다. 이 시기가 되면 두 성의 생물학적 징후가 나타나기 시작한다. 약한 쪽은 조심스럽고 신중하며,

강한 쪽은 대담하고 거침없는 성질을 보인다.

다람쥐를 본 이 어린 고양이과 동물들은 오그라들어서 아무 소리도 내지 못하고 가만히 있었다. 하지만 서로 간의 관찰은 길지 않았다. 겁이 났지만 어린 수놈은 곧 집요한 본능에 따라 앞으로 나아가기 시작했다. 녀석은 아직 서투른 다리를 구부리고서, 마침내 굴 밖으로 나와 다람쥐 쪽으로 기어가기 시작했다. 처음 보는 존재가 다가오자 다람쥐는 날카롭게 찍찍거리는 소리를 내더니 눈 깜짝할 사이에 옆에 있는 나무딸기 덤불 속으로 사라져 버렸다. 어린 고양이과 동물은 다람쥐가 달아나 버린 것도 모르고 계속 기어갔다. 마침내 나무줄기에 다다른 어린 수컷은 다람쥐의 모습이 보이지 않자 어안이 벙벙해져서 걸음을 멈췄다. 그리고 뒷발로 일어서서 자신의 호기심을 자극하고 순식간에 사라져 버린 것을 찾기 시작했다. 그런데 그 순간 어디선지 까치 한 마리가 나타났다.

어린 떡갈나무 가지 위에 앉은 까치는 타이가에 위세를 떨치던 무시무시한 왕의 자손을 알아보았다. 까치는 이 소식을 온 숲에 알려, 자신의 동료들과 새로운 소식을 무척이나 좋아하는 다른 새들을 불러 모았다. 광대한 숲 구석구석에서 날개 달린 수다쟁이들이 엄청난 소란을 일으키며 지체 없이 날아들었다. 파닥거리는 소리가 어찌나 컸던지 멀리 있는 어미 호랑이에게도 들렸다. 어미 호랑이는 아주 만족스러운 사냥을 끝내고 천천히 돌아오는 중이었다. 이 새들은 확실한 이유가 있을 때에만 울어 댄다는 사실을 아는 어미 호랑이는 뭔가 심상치 않은 일이 벌어지고 있음을 직감하고 걸음을 재촉했다. 어미 호랑이는 몇 분 만에 동굴 근처까지 왔다. 까치들 때문에 잔뜩 겁을 집어먹은 새끼들은 몸을 웅크린 채 두려움에 사로잡혀 있었다.

하지만 이 최초의 모험은 알 수 없는 신비한 것들로 가득 찬 넓고 흥미로운 세계를 보여 줌으로써 새끼들의 마음속에 변화를 일으켰다. 시야를 가리고 있던 장막이 걷히면서 눈앞에 새로운 삶이 드러난 것이다. 이제 새끼들의 시선은 자신이 태어난 컴컴한 동굴 벽에만 갇혀 있지 않았다. 집으로 돌아온 어미 호랑이는 제일 먼저 새끼들 쪽으로 달려갔다. 벌써부터 허기져 있던 어린 맹수들은 젖이 넘치는 어미의 통통한 유방에 매달렸다.

보금자리에서 새끼들 옆에 몸을 뻗은 어미 호랑이는 어린 것들의 몸을 구석구석 핥아 주며 깊은 생각에 잠겼다. 늘 머릿속을 떠나지 않는 생각이었다.

어미 호랑이의 심장은 불안감에 두근거렸다. 어미 호랑이는 새끼들의 운명에 관한 걱정에 사로잡혀 있었다.

# 인간의 출현

까치들이 나타나 법석을 떨자 어미 호랑이가 불안해한 것은 당연한 일이었다.

어미 호랑이는 수다쟁이 까치들이 곧 사방을 쏘다니며 자신에 대한 소문을 낼 거라고 직감했다. 하지만 그것만으로는 그다지 심각한 일이 아니었다. 다만 어미 호랑이는 무엇보다도 비밀이 인간들에게 누설될까 봐 두려웠다. 더구나 인간이 근처에 있음을 보여 주는 흔적을 동굴 지척에서 발견한 터였다. 산발치의 움푹한 곳, 고산의 강가 바로 옆에 인간이 산막을 세워 놓은 것이다. 그 산막은 낚시꾼이 머물면서 급류 속에 우글거리는 자치와 연어를 잡을 적당한 때를 기다리는 곳이었다. 낚시꾼은 고기잡이를 위해 만든 원추형 바구니들을 물살 속에 놓아 고기를 잡았다. 이 계절에는 물고기들이 산란을 위해 강을 거슬러 올라왔다.

어미 호랑이는 산막을 자세히 보러 갔다. 그래서 그곳에 두 남자가 살고 있다는 것을 알게 되었다. 그리고 까치들이 자신의 은신처를 이들에게 알리게 될 거라고 확신했다. 어미 호랑이는 인간이 얼마나 교활한지 알고 있었다. 인간들이 자신이 없는 틈을 타서 소중한 새끼들을 빼앗아 가리라는 것은 불 보듯 뻔한 일이었다. 어미 호랑이는 보금자리를 옮기기로 결심했다. 이젠 좀 더 안전하고 확실한 다른 은신처를 찾는 일만 남아 있었다.

어미 호랑이는 알고 있는 모든 장소를 곰곰이 떠올려 보았다. 그러나 당장은 어떤 곳이 이사하기에 적합할지 정할 수가 없었다. 어미 호랑이는 하루 종일 동굴 속에서 쉬다가, 해가 진 늦은 시간이 되어서야 탐색에 착수했다. 밤 동안, 어미 호랑이는 타투딩즈 산의 익숙한 모든 돌투성이 미로를 돌아다녔다. 그리고 마침내 지금 살고 있는 집에서 가장 먼 동굴을 선택했다. 그곳은 산꼭대기에, 인간이 돌아다닐 수 없는 길 한가운데 있었다. 이 새로운 보금자리는 현재의 거처에서 족히 2킬로미터는 떨어져 있었다. 하지만 새끼들에 대한 걱정으로 가득 찬 어미에게 먼 거리나 새끼를 옮기는 일의 어려움 따위는 안중에도 없었다.

어미 호랑이는 이튿날 하루 종일 동굴에서 새끼들과 놀아 주며 시간을 보냈다. 어미 호랑이는 처음으로 살아 있는 산토끼를 먹이로 가져왔다. 간밤의 원정에서 돌아오다 잡은 것이었다. 어미 호랑이는 먹이가 달아나지 않도록 아주 가볍게 물었다. 덕분에 산토끼는 뛸 수도 없었고 흉한 꼴로 오그라져 있었다. 불쌍한 작은 짐승은 절망적인 상황에 빠져 있다는 걸 알면서도 도망치려 용을 썼다. 하지만 어린 맹수들은 사정없이 잔인하게 달려들어 산토끼를 질식시키려고 애썼다. 이런 일을 전혀 해 본 적이 없었던 새끼들은 가엾은 동물이 죽을 때까지 마구 짓이기고 괴롭혔다. 하지만 새끼들은 먹잇감을 죽인 후에도 삼킬 수가 없었다. 어떻게 먹어야 하는지 몰랐기 때문이다. 그래서 어미가 잘게 조각내 주었다. 그러자 새끼들은 재빨리 달려들어 침을 잔뜩 흘리면서 목이 멜 정도로 고기를 정신없이 뜯어먹고 삼켰다. 새끼들은 게걸스러운 소리를 냈다. 마지막에 남은 것이라곤 불쌍한 산토끼의 다리와 털, 제일 굵은 뼈 몇 개뿐이었다. 어린 것들의 탐욕스러운 성질이 처음으로 드러나는 것을 애정 어린 눈으로 바라보던 어미는 남은 것을 마저 해치웠다.

새끼들이 태어나고 벌써 한 달 가까운 시간이 흘렀다. 그동안 새끼들은 몰라보게 자라고 강해졌으며, 몇 가지 삶의 경험도 얻었다. 이제 새끼들의 몸집은 집에서 기르는 커다란 고양이만큼 자랐다. 하지만 굵고 커다란 다리는 특혜 받은 종족의 특성을 보이고 있었다.

어느 날 새끼들을 다른 은신처로 옮겨야겠다는 어미의 생각을 더욱 확고하게 만드는 사건이 일어났다. 낚시꾼들의 산막 주위를 돌아다니던 어미 호랑이는 자신의 보금자리가 있는 강의 상류 방향으로 조심스럽게 다가오는 두 남자의 형체를 발견했다. 어미 호랑이는 가까이 있다는 것을 들키지 않으면서 한 발 한 발 그들의 뒤를 쫓다가, 자기가 매일 물을 마시러 가는 샘까지 따라가게 되었다. 동굴에서 백 보 정도밖에 떨어지지 않은 곳이었다. 그곳에서 사냥꾼들은 지나간 지 얼마 되지 않은 어미 호랑이의 흔적을 발견하고는 앞으로 더 나아가지 않았다.

왕의 어머니가 본 것

"호랑이 굴이 근처에 있는 게 분명해."

두 중국인 사냥꾼 중 나이 많은 사람이 긴 파이프 담배에 불을 붙이면서 말했다.

"발자국이 여기서 아래로 내려가는구먼. 이럴 때 굴을 찾아가는 건 위험하네. 어미 호랑이가 분명히 거기 있을 게야. 내일 저녁 해가 지고 나서 가 보세. 그땐 사냥을 나가고 없을 테니까."

"근데 어딘지 아세요?"

42

젊은 동료가 물었다. 그는 젖은 모래 위에 찍힌 호랑이 발자국을 만져 보고 있었다.

"어딘지 모르시면 차라리 오늘 굴을 정확히 보고 가는 게 낫지 않을까요? 그래야 내일 안심하고 움직이죠."

"젊은 사람이라 경험이 전혀 없구면."

나이 많은 남자가 대꾸했다.

"이 사람아. 지금 동굴을 살펴보러 갔다간 어미 호랑이한테 꼼짝 없이 당해. 무기도 없으니 굴 근처에 가자마자 어미 호랑이가 우리 둘을 갈기갈기 찢어 놓을 게야. 난 이 어미 호랑이를 알아. 2년 전에 내 친구 방케린이 새끼들을 잡으려고 경솔하게 호랑이 굴 근처에 갔다가 바로 이놈 손에 죽었어. 이 맹수가 어디 있는지 정확히 알 수 있을 때까지 기다려야 하네. 확실히 동굴에 없는 걸 확인하면 지체 없이 움직이세. 지금은 돌아가서 물고기 바구니나 살펴보세나. 날도 저물고 있으니."

낚시꾼들은 어미 호랑이가 날마다 물을 마시는 바로 그 샘에서 목을 축인 후, 다시 강을 따라 내려갔다. 낚시꾼들이 울창한 숲 속으로 사라지자마자, 어미 호랑이는 숨어 있던 곳에서 나와 근심 어린 시선으로 그들의 뒷모습을 좇았다. 물론 몹시 불쾌한 표정이었다. 거친 분노와 증오가 두 눈에 가득했다. 어미 호랑이는 턱을 벌리고 눈부시게 하얀 두 쌍의 원뿔 모양 송곳니를 드러내 보였다. 위험을 직감한 듯, 반쯤 벌린 입에서 나지막이 으르렁거리는 소리가 흘러나왔다.

어미 호랑이는 한동안 그 자리에 남아 인간들이 남긴 흔적의 냄새를 맡았다. 그러고 나서 이미 허기진 새끼들이 기다리고 있는 굴을 향해 강을 따라 재빨리 다시 올라갔다.

보금자리 바로 근처에 왔을 때, 어미 호랑이는 신경을 거스르는 까치들의 울음소리를 또 한 번 들었다. 그리고 거처를 옮기기로 단단히 마음먹었다. 어미 호랑이는 마른 나뭇잎으로 만든 잠자리에 몸을 뻗고, 어린 맹수들에게 젖을 물렸다. 제 몸에서 나온 새끼들이 젖을 빠는 모습을 보는 모든 어미가 그렇듯이 매우 감탄하며 그 모습을 바라보았다. 동시에, 머릿속으로는 좀 더 먼 동굴로 이사 가는 일을 자세히 계획하고 있었다. 어미 호랑이는 아주 높은 곳을 염두에 두고 있었다.

끈질긴 까치들이 떼를 지어 굴 근처로 날아들어 시끄럽게 울어대며 평화로운 잠을 방해했다. 황혼이 내리고 있었다. 진홍색 원반 같은 태양이 숲이 우거진 능선 뒤로 사라지려는 순간이었다.

타투딩즈 산의 화강암 요새가 짙푸른 저녁 하늘 위에서 뾰족한 윤곽을 드러내며 황금색으로 빛났다.

어미 호랑이가 다시 눈을 떴다. 그리고 주위를 살살이 돌아보더니 따뜻한 분홍빛 주둥이로 새끼들을 밀어 일으켰다. 새끼들은 마지못해 깨어나 하품을 하며 길게 기지개를 켜고, 아직 온전치 못한 발을 딛고 일어나 비틀거렸다. 그러더니 마침내 구석에 웅크리고 앉아 새끼들을 찬찬히 살펴보고 있는 어미 곁으로 다가왔다. 계획을 실행에 옮길 시간이었다.

# 이사

어미 호랑이는 아들부터 옮기기로 했다.

송곳니로 아들의 목덜미를 한 번에 물려고 했다가 다시 바닥에 내려놓더니, 마침내 제대로 물었다. 어미는 급히 굴을 떠나, 아직 황금빛 석양에 물들어 있는 산꼭대기를 향해 올라갔다.

어린 맹수는 어미의 송곳니 사이에서 작은 공처럼 몸을 오그리고 있었다. 불가피한 상황을 이해하고 있는 것 같았다. 불편한 자세와 어미의 날카로운 이빨 때문에 목덜미에 느껴지는 약한 통증까지 참을성 있게 견뎠다.

어미 호랑이는 큰 보폭으로 기민하게 전진했다. 조금이라도 흔적을 남기지 않기 위해 풀이 나 있지 않은 곳과 나무가 없는 땅만 골라서 디뎠다. 어쩌다 돌과 돌 사이를 껑충 뛰어넘어야 할 때도 있었다. 새끼는 침착하고 조용했다. 어미가 뛰어오를 때만 몸을 한층 더 바짝 오그리면서 작게 가르랑거렸다.

어미는 새끼가 숨을 돌리고 몸을 편히 뻗을 수 있도록 두 번쯤 입에서 놓았다. 어린 짐승은 의젓한 태도를 보였다. 지금 이 상황이 어쩔 수 없는 것임을 본능적으로 알고 있었기 때문이다.

15분이 지나지 않아, 어미는 아들을 새로운 보금자리로 옮겼다. 새 보금자리는 전에 살던 곳보다 편안함이나 안락함이 덜했다. 풀과 나뭇잎으로 된 잠자리도 없어서 맨땅으로 만족해야 했다. 어미는 그곳에 새끼를 내려놓고 주둥이로 몇 번이나 핥아 준 다음, 딸이 남아 있는 옛집을 향해 다시 출발했다. 딸도 오빠만큼 신속하고 무사히 옮겼다.

새로운 거처는 덜 편안했지만 훨씬 안전했다. 새집은 인간이 닿을 수 없는 길 한가운데, 타투딩즈 산 맨 꼭대기에 자리 잡고 있었다. 호랑이들도 이곳까지 와서 돌아다니는 일이 거의 없었고, 새들도 이 구불구불한 화강암 지대까지 대담하게 날아오르는 일은 드물었다.

숲의 수다쟁이 어치와 까치도 절대 위험을 무릅쓰고 이곳까지 오지 않았다. 그 새들은 숲의 경계를 벗어나는 일이 없었다. 모든 새 중에 오직 왕독수리만이 이 고지대를 드나들며 암벽의 움푹 파인 곳에 둥지를 틀었다.

힘센 맹수 가족은 이곳에 모든 적으로부터 안전한 확실한 은신처를 마련한 것이다. 사냥 구역은 더 멀어졌지만, 이제 어미 호랑이는 멀리 산발치에 있는 떡갈나무 숲으로 갈 때도 새끼들을 마음 놓고 놔두고 갈 수 있었다.

새 보금자리인 커다란 동굴에서는 울창한 숲으로 이루어진 산들의 장관이 눈앞에 펼쳐졌다. 그 모습은 마치 높은 파도가 이는 거친 바다가 순식간에 굳어 버린 것 같았다.

서쪽으로는 멀리 푸른 안개 속에 쑹화강(松花江)의 창백한 골짜기가 신기루처럼 반짝거렸다. 동쪽으로는 노야령(老爺嶺) 산맥과 켄타이 산(肯臺山)의 짙은 녹색 언덕 사이로 무단강(牧丹江)의 협곡과 에메랄드빛 호수, 뚜렷한 줄무늬 모양의 밭들이 보였다. 북쪽과 남쪽으로는 어둡고 짙은 숲으로 뒤덮인 미로 같은 산들이 타투딩즈 산발치로 몰려들 듯 뻗어 내려왔다. 그 산들은 수백 킬로미터를 뒤덮으며 북쪽으로 뻗어 무단강과 쑹화강이 만나는 지점까지 이어졌고, 남쪽으로는 한국의 국경까지 닿아 장백산 북쪽 지맥과 만났다.

열대 계절풍이 불어오는 여름이면 타투딩즈 산꼭대기는 거의 언제나 구름에 둘러싸였다. 하지만 가을과 겨울에는 누구의 손도 닿지 않은 투명한 쪽빛 하늘을 배경으로 눈부시게 반짝거렸다.

이제 호랑이 가족은 왕독수리가 사는 곳 바로 근처, 구름 떼 저편의 성채에서 아주 안전하게 살 수 있었다. 타이가의 어떤 소리도 돌로 뒤덮인 이 요새까지 다다르지는 못했다. 이곳을 지배하는 것은 사막 같은 영원한 침묵이었다. 오직 산의 협곡과 암석 위로 울려 퍼지는 왕독수리의 울음소리만이 정적을 깰 뿐이었다.

볕이 좋은 맑은 날이면 어미 호랑이는 새끼들을 컴컴하고 깊은 동굴에서 데리고 나와 평평한 돌 위나 산의 경사면으로 향했다. 그리고 낭떠러지 가에서 햇빛을 받으며 엎드려서 젖먹이들이 활기차게 노는 모습을 보며 행복에 젖었다. 아무 근심도 없이 자유로운 새끼들은 세상과 멀리 떨어져 즐겁게 뛰어노는 데 정신이 팔렸다. 누

고산의 왕(노루를 쫓는 왕독수리)

구도 접근할 수 없는 높은 곳에서 새끼들은 안전했으며, 그 무엇도 새끼들을 방해하지 못했다.

어미는 새끼들에게서 눈을 떼지 않은 채, 장난을 치고 달리고 싸우고 숨바꼭질을 하고 또 다른 수많은 즐거운 놀이를 하는 모습을 유심히 지켜보았다. 하지만 새끼들 놀이의 주 대상은 털로 뒤덮인 어미의 강한 꼬리였다. 새끼들은 몇 시간이고 어미의 아름다운 꼬리를 사정없이 물고 잡아당기면서 노느라 여념이 없었다. 어린 것들의 뾰족한 송곳니 때문에 아픔을 느꼈지만, 어미는 애정을 갖고 참을성 있게 놀아주었다. 새끼들은 이런 놀이를 통해 생존을 위한 가혹한 투쟁에서 필요한 힘과 기술을 기를 수 있었다.

어미 호랑이는 어린 맹수들이 놀이에 빠져 흥분한 나머지 낭떠러지 가로 뛰어갈까 봐 걱정하지도 않았다. 어미는 새끼들이 비록 아직 어리고 그 나이 특유의 부주의한 면이 있긴 하지만, 둘 중 어느한 마리도 발을 헛디뎌 구렁 속으로 돌진하지는 않을 거라고 확신했다. 자기보존과 생존의 본능이 새끼들의 생각을 이끌어주었으며, 행동과 움직임 하나하나를 제어했다. 새끼들은 겉으론 서툴러 보였지만, 필요한 상황에서는 매우 능수능란하고 민첩했다.

이때부터 오빠와 누이는 생물학적으로 매우 다른 특징을 보이기 시작했다. 크고 튼튼하고 육중한 수놈은 거칠게 물리적인 힘을 써야 할 때마다 우월한 모습을 보였다. 반면 체격이 호리호리하고 심성도 더 예민한 암놈은 모든 놀이에서 좀 더 효과적인 무기를 썼는데, 그것은 바로 속임수를 쓰는 능력이었다. 오빠는 가끔 우월한 신체적 힘을 사용하지 않고 물러서면서 일부러 누이에게 져주기도 했다. 어쨌건 화목한 관계에서 생겨나는 평화가 흔들리는 일은 거의 없었다.

하지만 즐거움이 노여움으로 변하고 명랑하게 가르랑거리는 소리가 심술궂게 으르렁거리는 소리로 변하면 어미는 즉시 조치를 취했다. 그럴 때 어미는 새끼들에게 다가가 발로 가볍게 몇 번 툭툭 쳐서 넘어뜨린 다음, 화가 나서 씩씩거리는 새끼들의 맹렬한 기세를 자기가 직접 받아 주었다. 새끼들은 어미의 꼬리와 귀, 멋진 주둥이 털을 잡아당기면서 어미를 마구 괴롭혔다. 이런 순간에 어미 호랑이가 다정하게 가르랑거리고 새끼들이 흡족해서 으르렁거리는 것을 보면 놀랄지도 모른다. 세 마리는 이내 커다랗고 부드러운 실 뭉치 모양으로 하나가 되어 평평하고 넓은 돌 위에서 굴러다녔다. 여름의 뜨거운 햇빛이 행복한 가족 위로 쏟아졌다. 세 마리 호랑이 위로 독수리들이 미끄러지듯 날고 있었다. 독수리의 날카로운 울음소리는 먼 산까지 메아리쳤다. 오직 그 소리만이 이 고지대의 위엄 서린 평화를 깨뜨렸다.

향기로운 봄은 가벼운 꽃마차를 타고 아주 빠르게 사라져 갔다. 견디기 힘든 여름이 그 뒤를 이으면서 주기적으로 비가 내리기 시작했다. 남동 계절풍은 열대 아시아의 바다로부터 습기를 잔뜩 몰고 왔다. 그 습기는 대륙의 산을 만나 차갑게 식으면서 소나기가 되어 내렸다. 골짜기는 거대한 늪지로 변했으며, 개울과 작은 강은 세찬 급류로 바뀌었다. 습기와 열기가 넘치자 식물이 엄청나게 자랐다. 식생은 숲의 낮은 지대에서 마침내 진정한 녹색의 대양을 이루었다.

50

야생동물들만이 목을 축이는 장소와 보금자리를 연결하기 위해 좁은 길을 내며 돌아다녔다.

고여 있는 물에서는 침이나 독침을 가진 벌레 떼가 생겨나 인간은 물론이고 짐승들까지 가만히 내버려 두지 않았다. 피에 굶주린 이 지독하고 조그만 놈들을 피할 수 있는 곳은 아주 높은 지대와 숲 바깥쪽뿐이었다. 그런 곳에서는 희박한 공기와 밤의 냉기 때문에 벌레들이 번식하거나 자랄 수 없었다.

어미도 굴이 있는 산을 떠나 숲이 우거진 낮은 지대로 멧돼지 사냥을 나갈 때면 어김없이 이 벌레들에게 무방비로 물릴 수밖에 없었다. 게다가 다시 성채로 올라오는 길에는 진드기들이 귀고리처럼 잔뜩 매달렸다. 이 지긋지긋한 흡관충들을 없애 버리기 위해 어미 호랑이는 땅을 뒹굴고, 발로 머리를 문질러서 벌레를 짓이겼다. 그러면 뺨과 귀, 온 머리가 붉게 물들었다.

6월과 7월, 8월 동안 타투딩즈 산의 봉우리는 구름에 가려졌다. 이따금 햇빛을 받아 선명하게 빛나는 드높은 정상만이 땅 위로 불쑥 솟은 구름바다 한가운데 섬처럼 우뚝 서 있었다.

# 첫 먹이

  새끼 호랑이들은 부쩍 자랐고 힘도 세졌다. 그리고 어미와 함께 집 주변으로 사냥을 다니면서 많은 것을 알게 되었다.

  어미는 새끼들이 나중에 독립했을 때 꼭 필요한 자질을 길러 주고 실제로 먹이를 잡거나 죽이는 방법을 가르치기 위해 우선 반쯤 살아 있는 작은 짐승이나 새들을 새끼들에게 가져다주기 시작했다. 그러면 새끼 호랑이들은 어미의 도움 없이 직접 그 짐승들을 붙잡아서 질식시켰다. 새끼들은 이렇게 조금씩 필요한 습성을 습득해 나갔으며, 발톱과 송곳니로 재빨리 치명적 일격을 가하는 연습을 했다. 방어 수단이 없는 약한 동물들을 상대로 한 공부는 이제 충분하다고 생각되자, 어미는 좀 더 힘이 세고 자신을 지킬 줄 아는 짐승들을 새끼들에게 가져다주었다. 어느 날, 어미는 다 자란 힘센 오소리 한 마리를 새끼들에게 가져왔다. 양지 바른 곳에서 잠들어 있다가 어미 호랑이에게 잡힌 놈이었다.

  오소리는 전혀 상처를 입지 않은 상태였다. 호랑이 굴 한가운데에 자유롭게 풀려난 오소리는 엄청난 위험에 처했다는 사실을 대번에 알아차렸다. 녀석은 결코 쉽사리 목숨을 내주지 않겠다고 결심했다. 자기만 한 몸집에다 위협적인 송곳니를 하고 붉게 충혈된 눈을 부릅 뜬 새끼 호랑이 두 마리가 정면에서 노려보고 있는 것을 보자, 궁지에 몰린 오소리는 구석으로 물러나 벽에 바싹 붙었다. 옆구리와 엉덩이를 방어하려는 것이었다. 등의 털을 빳빳하게 곤두세운 채, 이번에는 오소리가 이빨을 드러내면서 필사적인 분노와 증오로 번뜩이는 눈빛을 던졌다. 오소리는 싸울 준비가 되어 있었다. 그리고 굴 전체가 막혀 있다는 것도 잘 알고 있었다. 어미가 임박한 전투를 기다리며 굴의 입구에 엎드려 있었기 때문이다.

새끼 맹수들이 죽을힘을 다해 자신을 지킬 준비가 되어 있는 진짜 적과 맞서기는 이번이 처음이었다. 새끼들은 잠시 망설이더니 어미에게 충고 내지 도움을 요청하는 듯한 눈빛을 보냈다. 하지만 어미 호랑이는 꿈쩍도 하지 않고 엎드린 채, 새끼들의 질문투성이 눈빛에도 수염 하나 까딱하지 않았다.

새끼 호랑이들은 적의 모습을 찬찬히 뜯어보고 다시 용기를 내어 적에게 한 발 한 발 다가갔다. 수놈은 앞쪽으로 걸어갔으며, 여동생은 정면으로 공격하지 않고 적의 옆구리를 덮치기 위해 뒷벽 쪽으로 돌아서 움직였다. 어미는 고갯짓으로 잘한다고 격려해 주며 전투의 추이를 주의 깊게 지켜보았다.

오소리에게 바싹 다가간 어린 수놈은 다리를 구부리고 몸을 오그려 적에게 뛰어들 태세를 취했다. 그러나 적이 먼저 속셈을 알아

행복한 가족(만주 너구리)

채고 공격으로 전환했다. 오소리는 위협적인 휘파람 소리 같은 것을
내면서 초승달 모양의 이빨을 드러내고 앞을 향해 펄쩍 뛰어올랐다.
그런 모습을 한 번도 본 적이 없는 어린 호랑이는 얼른 뒤로 물러나
어미 곁으로 피했다. 하지만 어린 암놈이 그 틈을 타서 오소리의 옆
구리로 달려들었다. 암놈은 송곳바늘처럼 뾰족한 이빨로 적의 목덜
미에 꼭 달라붙어 발톱을 오소리의 주둥이에 박으려고 애썼다. 경험
이 풍부한 싸움꾼 오소리는 같은 종족뿐 아니라 여우나 개와 싸워
서도 수많은 승리를 쟁취한 전적이 있었다. 오소리는 일단 목덜미를
문 호랑이는 좀처럼 떨어지지 않는다는 사실을 잘 알고 있었다. 오

소리는 몸을 뒤로 젖히더니 길고 강한 발톱으로 적의 옆구리와 배에 세찬 일격을 가했다. 어찌나 세게 얻어맞았던지 어린 암놈은 아픔을 못 이겨 즉시 오소리의 목덜미를 놓아 버리고 말았다. 이번에는 오소리가 이 기회를 이용해 집게처럼 강한 턱으로 어린 암놈의 목을 물어 숨통을 조이려 했다. 동시에 뒷발로도 계속해서 암놈에게 상처를 입혔다.

그러자 이 필사적인 투쟁과 여동생의 위태로운 상황을 본 어린 수놈이 오소리에게 뛰어들어 송곳니로 적의 주둥이를 물었다. 오소리의 주둥이에서 피가 솟구쳐 어린 두 호랑이의 부드러운 털을 나무딸기빛으로 물들였다. 어린 암놈의 배에 난 털이 뭉텅이로 흩날렸다. 수놈의 송곳니가 내리누르는 힘을 못 이긴 오소리는 턱을 벌렸다. 그리고 뒷발로 잡고 있던 암놈을 풀어 주면서 자기도 어린 수놈의 턱에서 빠져나왔다. 그러더니 다시 구석으로 가서 전투태세를 취했다. 오소리는 이 불공평한 싸움을 계속할 준비가 되어 있었다. 오소리의 주둥이는 피에 젖었고 한쪽 눈이 뽑혔으며 입술은 길게 찢어져 있었다. 어린 암놈도 마찬가지로 이 싸움에서 타격을 입었다. 목에는 오소리의 이빨 자국이 나 있고, 배는 발톱에 할퀸 상처투성이였다.

어미는 아직 개입할 필요가 없다고 판단하고 여전히 끼어들지 않고 조용히 싸움을 지켜보았다. 오소리의 격렬한 저항이 있은 후, 어린 맹수들은 과감히 공격할 마음을 먹지 못하고 적 앞에서 으스대며 걸으면서 분에 못 이겨 으르렁거릴 뿐이었다. 오소리도 성이 난 채 구석에서 씩씩거리면서 이를 갈았다.

새끼들이 겁을 먹어 다시 싸움을 시작하지 못하자, 어미 호랑이는 있던 자리를 떠나 오소리 쪽으로 가까이 갔다. 어미 호랑이는 새끼들에게 다시 싸우라고 재촉했다. 어미의 행동에 고무된 어린 맹수들은 몸을 최대한 땅에 붙이고 적에게 접근했다. 어미 호랑이는 싸움을 빨리 재개시키기 위해, 망설이는 아들을 발로 가볍게 쳐서 오소리 쪽으로 밀었다. 오소리는 싸움이 불가피하다는 것을 깨닫고 다시 몸을 뒤로 젖혔다. 어미의 발짓에 자극받은 어린 수놈도 뒤로 젖힌 적의 몸 위로 달려들었다. 그러자 오소리는 맹수의 가슴에 이빨을 박고 뒷발로 배를 할퀴기 시작했다. 어미가 밀지도 않았는데 어린 암놈 역시 오빠를 도우려고 뛰어들었다. 오소리가 위에 있는 자세가 되자마자 암놈은 때를 놓치지 않고 뾰족한 송곳니로 오소리의 목덜미에 격렬하게 매달렸다. 이렇게 뒤엉킨 채로 몇 분이 지났다.

세 마리 짐승은 공처럼 하나가 되어 동굴 바닥을 굴러다녔다.

오직 거친 숨소리와 헐떡거리는 소리, 귀가 먹을 듯 커다랗게 으르렁거리는 소리만 들렸다. 영원히 계속될 것 같은 싸움이었다. 오소리는 젖 먹던 힘까지 짜내고 있었다. 오소리는 강한 입으로 어린 수놈의 가슴 아래쪽을 물고 놓아주지 않았다. 하지만 수놈은 오소리를 제압하고 다시 적의 주둥이를 빼앗았다. 이번에는 오소리의 코에 송곳니를 박아 버렸다. 이 작전이 전투의 승패에 쐐기를 박았다. 코는 오소리의 몸에서 가장 예민하고 취약한 기관이었다. 오소리는 힘이 빠지기 시작했고, 잠시 후 턱이 벌어졌다. 오소리를 이겼다는 걸 곧장 알아차린 어린 맹수들은 훨씬 더 강한 힘으로 이제 움직이지 않는 적의 몸에 달라붙었다. 더 이상 숨이 붙어 있지 않다는 징후가 나타날 때까지 이빨로 오소리를 물고 늘어졌다. 오소리의 심장 박동이 멈추자, 새끼 호랑이들은 결박을 풀고 쿵쿵거리며 쓰러진 시체의 냄새를 맡았다. 새끼들은 흡족함의 표시로 가르랑거렸다.

마침내 어미 호랑이가 다가왔다.

어미는 희생물을 이리저리 뒤집어 보고는 완전히 죽은 것을 확인하고 칼처럼 예리한 어금니로 죽은 짐승을 잘게 잘랐다. 어미는 앞쪽과 뒤쪽의 넓적다리를 분리하여 오소리를 네 조각 냈다. 새끼들은 피투성이가 된 입을 핥으며, 맛있는 저녁 식사를 애타게 기다리면서 어미 주위를 맴돌았다. 고기를 다 자르자, 어미 호랑이는 새끼들에게 먹이를 넘겨주고 물러섰다. 새끼들은 기뻐서 가르랑대며 게걸스럽게 먹기 시작했다. 강한 젖니로 오소리의 뼈를 부서뜨리면서 계속 가르랑거렸다. 부드럽고 기름진 살은 새끼들의 입맛에 맞았다. 새끼들은 오랫동안 행복하게 식사를 즐겼다. 그러다가 먹음직스러운 살 한 점 때문에 의가 상할 뻔했다. 하지만 수놈이 여느 때처럼 여동생에게 먹이를 양보했다. 수놈은 물러서서 몸을 핥으며, 듣기 좋은 음악 같은 소리를 조용히 흥얼거렸다. 더구나 암놈은 수놈보다 더 꼭꼭 씹어서 먹었기 때문에 먹는 속도가 느렸다. 반면 오빠는 커다란 덩어리를 가져가서 통째로 삼켰다. 가엾은 오소리의 몸에서 남은 거라곤 발과 머리, 배 속의 내용물뿐이었다.

실컷 배를 채운 새끼들은 몸단장을 하고 털을 청소하기 시작했다. 그동안 어미는 오소리의 발톱을 떼어내고 남아 있는 부분을 먹었다. 불쌍한 짐승이 남긴 것은 결국 발톱뿐이었다.

포식을 하고 피 묻은 털을 깨끗이 정돈한 새끼 호랑이들은 보금자리의 돌로 된 딱딱한 잠자리 위에 누워 이내 깊이 잠들었다. 새끼들의 배는 북 가죽처럼 팽팽해졌고, 흉곽은 묵직한 호흡에 맞추어 부풀어 올랐다.

잠을 자면서 새끼들은 생애 최초의 진지한 결투 장면을 회상하고 있었다. 적의에 찬 포효가 밤의 정적 속에서 울려 퍼졌다.

새끼들이 쉬이 잠에서 깨지 않을 거라고 확신한 어미는 동굴을 떠나 멧돼지가 많은 산 아래쪽 떡갈나무 숲을 향해 내려갔다. 소나기가 쏟아지고 있었다. 바위 사이, 그리고 움푹 들어간 모든 곳에서 시끄러운 빗물 소리가 났다. 천둥소리가 공기를 뒤흔들었다. 번쩍이는 벼락의 섬광이 능선을 비추고 무덤처럼 어두운 타이가 깊은 곳까지 눈이 멀 듯한 빛을 던졌다.

어미는 천둥 번개나 비 따위에는 전혀 신경 쓰지 않은 채 확장된 두 동공으로 울창한 숲을 샅샅이 훑으며 바위투성이 능선을 따라 당당하고 조용하게 걸었다.

# 사냥

번쩍이는 번갯불에 대답이라도 하듯, 어미 호랑이의 볼록한 눈에서 인광이 뿜어져 나왔다.

매끈하고 부드러운 털은 잔뜩 젖어 빗물이 줄줄 흘러내렸고, 털 아래에서는 고무처럼 유연하고 단단한 근육이 움직이며 흔들렸다. 어미 호랑이는 비가 내리는 밤에는 살아 있는 모든 것들이 제 집에 머물러 있으리라고 확신했다. 집에 있는 사냥감은 돌아다니고 있을 때보다 잡기가 쉬운 법이다. 또한 어미 호랑이는 바람과 폭우 소리 덕분에 들키지 않고 다닐 수 있고, 공기 중에 습기가 가득해 사냥감들의 후각이 무뎌져 자신의 접근을 쉽게 알아차리지 못한다는 것도 알았다.

이 모든 조건 덕분에 어미 호랑이는 멧돼지 떼 코앞까지 다가갈 수 있었다. 멧돼지들은 어미 호랑이가 새끼 멧돼지 한 마리를 쓰러뜨리기 전까지 무시무시한 맹수가 있으리라고는 꿈에도 생각하지 못했다. 새끼 멧돼지가 쓰러지는 순간 멧돼지 떼는 공포에 휩싸였다.

59

단 몇 초 후, 멧돼지들은 울창한 타이가의 어둠을 가로질러 황급히 도망쳤다.

밤새 홍수 같은 비가 쏟아졌다. 강물은 비탈을 따라, 그리고 깊은 협곡에서 성난 듯 굽이쳤다. 천둥은 타투딩즈 산의 가파른 산허리를 감싼 구름 속에서 노호하고, 번개는 번쩍이며 새카만 어둠을 후려 쳤다.

폭풍우가 휘몰아치면서 급류는 마구 울부짖었고, 타이가는 바람에 할퀴어 신음했다. 하지만 높은 산정은 장엄하게 아래 세상을 굽어보고 있었다. 무수한 별이 반짝이는 하늘 아래, 산꼭대기 풍경은 평화롭기만 했다. 보름달은 황록색 빛으로 끝없는 구름의 바다와 거대한 산의 화강암 바위를 비추었다.

새끼 멧돼지의 신선한 살로 배를 가득 채운 어미가 사냥에서 돌아왔을 때, 새끼 호랑이들은 편안한 동굴에서 조용히 자고 있었다. 굴로 돌아오자마자 어미 호랑이는 잠들어 있는 새끼들을 살펴본 후 옆에 엎드려 털을 구석구석 청소하기 시작했다. 어미의 털은 덤불 속을 걸으며 박힌 가시와 물기투성이였다. 털을 깨끗이 하는 일은 꽤 오랜 시간이 걸렸다. 마침내 털이 다시 매끈해지자, 어미 호랑이는 평정을 되찾고 힘이 넘치는 몸을 몇 번 쭉 뻗더니 윈뿔 모양의 송곳니가 보이도록 거대한 입을 벌려 하품을 했다. 그러고는 몸을 완전히 펴고 엎드렸다. 잠들기 전에 어미 호랑이는 커다란 폐로 한껏 공기를 들이마셨다. 흉곽의 늑골이 대장간의 풀무처럼 부풀어 올랐다가 가라앉았다. 산밭치에서는 자연의 법칙이 맹위를 떨치고 있었지만, 정상에는 평화가 흘렀다. 타이가의 군주가 살고 있는 성채는 조용하고 깊은 잠에 빠졌다.

지평선에 새벽이 밝아 왔다.

폭풍우는 잠잠해지고, 천둥소리도 멀리 사라져 갔다. 마지막으로 몇 번의 산발적인 번개가 지나가자, 아침 미풍이 불어와 거대한 바다 같은 울창한 녹색 숲 위로 솟은 두꺼운 구름의 장막을 내몰았다.

비가 잦은 숨 막히는 여름은 이렇게 흘러갔다. 그사이 어린 호랑이들은 어미와 더불어 자주 멀리까지 사냥을 다니면서 중요한 지식을 습득했다. 새끼들은 어미가 가져온 살아 있는 온갖 짐승과 새들을 굴속에서 사냥했다. 오소리와 싸우면서 새끼들은 단호하고 용감하게 싸워야 할 필요성을 확실히 깨달았다. 동시에 사냥감을 죽이는 방법과 다양한 기술도 터득했다. 또 어미와 함께 돌아다니면서 주변 세상과 그곳에 무엇이 살고 있는지도 알게 되었다. 어린 맹수들은 타고난 본능으로 필요한 경험을 빠르게 쌓아 갔다. 움직이는 것이면 무엇이든, 달리거나 기어가거나 헤엄을 치거나 날고 있거나 모두 새끼들의 주의를 끌었다. 새끼들은 움직이는 것을 보는 즉시 몸을 땅에 붙이고 숨어, 아무 소리도 내지 않고 먹이를 추적하여 접근하려고 애썼다. 새끼들은 실전 연습을 통해 그것만이 유일하게 쓸모 있는 방법이라는 것을 깨우쳤다. 이어 어떤 동물이 먹이가 될 수 있는지도 알게 되었고, 다른 한편으로 뱀처럼 생명을 위협하는 존재도 구별할 수 있게 되었다. 새끼들은 뱀을 보면 뾰족한 발톱으로 무장한 육중한 발로 쳐서 죽이느라 열심이었다. 경험과 머릿속의 생각만으로 충분치 않을 때는, 아주 오래전부터 조상 대대로 전해 내려온 유전의 산물인 본능이 도와주었다.

날아다니는 모든 새, 돌아다니는 잠자리 하나하나, 기어 다니는 벌레, 강 속으로 희미하게 보이는 물고기, 달아나는 생쥐, 그 모든 것이 어린 호랑이들의 몸속에 잠자고 있는 집요한 본능을 일깨웠다. 새끼들은 어미의 걸음걸이와 움직임, 행동, 몸짓을 흉내 내려고 애썼다. 새끼들의 눈에 어미는 종족의 본보기이자 화신이었다. 사냥 중에 먹이를 추적할 때면, 새끼들은 어미 호랑이 옆에 바싹 붙어 쫓아가면서 아주 세세한 부분까지 똑같이 따라 했다. 새끼들은 어미의 모든 몸짓과 근육의 놀림 하나까지 되풀이해 보려고 애썼다. 어미도 그 사실을 알고서, 사냥을 할 때 새끼들에게 아주 정확한 모범을 보이려고 신경을 집중했다. 새끼들에게 움직임과 기술 하나하나의 중요성을 일깨워 주기 위해서였다.

바로 이 시기에 어린 호랑이들은 자신들의 털 색깔이 보호 수단이 될 수 있음을 깨닫게 되었다. 새끼들은 이 사실을 이용하여 사냥을 할 때 털과 같은 다갈색 덤불 속에 교묘하게 몸을 숨겼다. 그렇게 하면 새끼들은 사실상 눈에 보이지 않았다. 어미는 이 기술을 특히 신경 써서 새끼들에게 몸소 가르쳐 주었다.

여름이 끝나 가고 있었다. 햇살 가득한 맑은 날과 차가운 밤, 구름 한 점 없는 하늘과 더불어 가을이 다가오고 있었다. 열대 계절풍의 시기는 끝이 났다. 타이가는 알록달록한 색깔로 옷을 갈아입었다. 이제 꽃이 아닌 나뭇잎들이 보석처럼 빛을 냈다. 짙은 녹색의 숲

복돔

위로 톱니 모양 잎을 한 단풍나무와 키가 크지 않은 자작나무, 참나무의 사프란색과, 들쭉날쭉한 잎이 달린 포도나무의 작열하는 보라색, 칡과 쐐기풀의 반점 같은 붉은색이 펼쳐졌다. 삼나무와 소나무, 전나무의 잎사귀는 초가을 만주의 산과 숲 위에 얼룩얼룩한 양탄자처럼 걸쳐져 있었다.

동시에 타이가에서는 호두와 여러 나무 열매를 비롯한 온갖 열매들이 익어 갔다. 동물들은 너 나 할 것 없이 대향연의 시기를 맞았다. 이 시기에 동물들은 영양을 섭취하고 포식을 했으며, 길고 혹독한 겨울을 위해 꼭 필요한 피하지방과 근육의 저장 물질을 축적했다. 다갈색과 흰색의 다람쥐들과 날다람쥐 같은 온갖 종의 다람쥐, 설치동물뿐 아니라 다른 종류의 짐승들도 필요한 식량을 저장소에 모아 놓느라 하루가 모자랄 지경이었다.

이 짐승들은 호두, 온갖 씨앗, 마른 나무 열매, 뿌리를 비롯해 다른 식물들도 모았다. 곰과 오소리, 북아메리카 너구리, 그리고 굴에서 겨울을 나는 모든 동물들은 사냥을 하면서 안전하고 편안한 은신처를 마련했다. 어떤 바람도 뚫고 들어올 수 없는 눈 더미를 방패 삼아 깊고 평화로운 잠에 빠져 혹한이 몰아치는 긴 겨울을 보내기 위해서였다.

동물들에게는 이 계절이 가장 분주하고 활발히 움직이는 시기였다. 다들 할 일이 산더미처럼 쌓여 있었다. 모두들 바쁘고 정신없는 모습으로 이리저리 걱정스럽게 돌아다녔다.

육식동물들도 할 일이 많았다. 육식동물들은 이 시기를 이용해

만주 사슴

서둘러 초식동물과 설치동물, 반추동물을 사냥했다. 이런 동물의 새끼들은 몸은 성장했어도 삶의 경험이 부족했기 때문에 맹수들의 발톱과 이빨에 당해 먹이가 되기 십상이었다.

또한 이 계절은 많은 동물들의 짝짓기 시기였다. 사슴과 노루, 순록, 고라니, 멧돼지는 힘과 생명력이 넘쳐 무의식적으로 자연의 위대한 법칙, 즉 '종족 보존의 법칙'을 완수하려 했다. 타이가는 이 짐승들의 외침과 울부짖음으로 가득 찼다. 사랑의 노래와 새로운 생명을 출산하는 소리가 다른 모든 소리를 덮어 버렸다. 그 소리는 혼수상태 같은 잠에 빠져들기 직전, 자연이 싱싱함을 잃기 시작하는 시기를 맞은 숲의 장중한 침묵을 뒤흔들었다.

이 즈음 새끼 호랑이들은 성장해서 어른 호랑이 절반 정도의 몸집까지 자란 듯 보였다. 강인한 네 다리가 몸의 앞뒤로 튀어나와 있는 데다 무성한 털 때문에 키가 커 보여 그런 것이었다. 수놈의 무게는 벌써 40킬로그램에 달했고, 여동생도 오빠의 3분의 2 정도나 나갔다.

새끼들의 태도와 움직임, 자세는 거의 다 자란 형태를 갖추었다. 하지만 눈에서 느껴지는 활기나 전반적인 얼굴 모양, 몸의 몇몇 특성은 아직 덜 자란 어린 새끼의 불완전한 특성을 간직하고 있었다. 새끼들은 여전히 천방지축에다 새끼 특유의 순수한 호기심으로 인해 장난치기를 좋아했다. 그렇지만 행동과 눈빛은 예전처럼 태평하고 경솔해 보이지 않았다. 오히려 실리를 찾고 멀리 생각하는 진지함을 띠고 있었다.

삶의 경험과 생존을 위한 투쟁의 가혹한 법칙이 점차 새끼들의 머릿속에 각인되었다. 생존 본능과 선조들에게 물려받은 타고난 자질은 삶의 고된 길에서 새끼들의 길잡이가 되어 주었다.

이제 어미 호랑이는 점점 더 자주 새끼들을 굴 밖으로 데리고 나갔으며, 어미의 도움 없이 스스로 사냥하고 먹이를 잡게 했다.

처음에 새끼들은 수없이 실패하고 실수를 저질렀으며 쓸쓸한 실망도 느꼈다. 하지만 지식과 경험이 쌓여 가면서, 어린 맹수들은 점차 필요한 모든 기술을 익히게 되었다. 학습의 본질이란 인간에게나 짐승에게나 늘 쓰라리다. 어린 맹수들은 자주 허기를 참아 내야 했다. 9월이 되자 어미의 젖이 말라 버렸고, 새끼들은 그때부터 고기만 먹을 수밖에 없었다. 어미 호랑이는 언제든 새끼들에게 풍부한 먹이를 가져다줄 수 있었지만, 실습 차원에서 새끼들이 독립적으로 사냥을 하도록 내몰았다. 배고픔이 어떤 것인지 처절하게 느껴야 한다고 생각했던 것이다. 그것은 삶이 직접 임명한 비견할 데 없는 교사이사 스승이었다.

어린 호랑이들은 수많은 어려움을 겪으며 먹이를 잡고 사냥하는 법을 배웠다. 처음에는 산토끼나 들꿩, 여러 종류의 다람쥐와 쥐 같은 작은 사냥감으로 시작했다. 이 단계를 깨우치고 나자 새끼들은 어린 염소나 산양, 사향사슴, 오소리 같은 좀 더 큰 짐승에게 눈독을 들였다. 그럴 때마다 어미는 늘 새끼들 가까이 따라다니면서 사냥 작전을 유심히 관찰했다. 그리고 경계하는 먹잇감 쪽으로 조심스럽게 새끼들을 인도하고, 사냥감을 추격하는 길과 방법을 알려 주었다. 이렇게 멀리 사냥을 나가게 되면서, 호랑이 가족은 굴에서 몇 십 킬로미터나 떨어지게 되었고, 낮에는 아무 데서나 휴식을 취했다. 하지만 주로 포도나무와 칡, 작은 개암나무가 엉켜 있는 능선 높은 곳을 택했다. 맹수들이 집으로 돌아가는 일은 점점 더 뜸해졌으며, 사냥 반경은 계속 넓어졌다.

# 쓰라린 경험

타투딩즈 산의 산양은 주로 돌로 된 길이나 깎아지른 절벽 한가운데 있는 평평한 지대에 살았다. 바람이 불거나 날씨가 나쁘면 이 동물은 바위로 막힌 움푹 들어간 장소나 동굴을 피난처이자 은신처로 삼았다. 그런 곳에는 종종 작은 공처럼 생겨서 꼭 삼나무 열매 같은 산양의 배설물이 무더기로 쌓여 있었다. 어떤 동굴에는 이 배설물이 층층이 쌓여서 높이가 족히 1미터는 되었다. 이 기름진 저장 물질은 대개 수세기 동안 쌓여 온 것이다. 덕분에 맨 아래층은 계속해서 촘촘한 덩어리를 이루어 화석 같은 모양이 되었다.

산양은 접근 불가능한 이 바위투성이 고지대의 진정한 주인이었다.

이 동물은 이곳에서 태어나 산의 풀이나 식물을 먹고 살았다. 또한 이곳에서 악천후와 날짐승, 두발짐승, 네발짐승 같은 수많은 적으로부터 피신할 은신처를 찾았다. 왕독수리가 강한 날개로 새끼를 쓰러뜨려 낭떠러지 아래로 떨어져 죽게 만드는 경우도 허다했다. 피에 굶주린 스라소니와 벼락같이 빠른 표범, 힘센 호랑이는 산양의 본거

지인 돌로 된 집까지 쫓아다녔다. 하지만 이 동물을 불시에 잡는 것은 매우 어려웠다. 늘 경계 태세를 취하고 있는 이 짐승은 아주 조그만 위험의 낌새만 감지되어도 눈 깜짝할 새에 바위나 가파른 절벽의 미로 속으로 사라져 버렸다. 이 동물은 강철처럼 튼튼한 다리 덕에 믿기 힘들 정도로 높이 튀어 오를 수 있다. 높은 곳도 가뿐히 오르는 산양의 다리에는 부싯돌처럼 단단한 작고 둥근 발굽이 달려 있다.

산양 부모는 새끼를 끔찍하게 아낀다. 자신보다 훨씬 덩치가 큰 맹수가 공격해 와도 헌신적으로 새끼들을 지킨다. 그럴 때면 거의 언제나 스스로를 희생하면서 어린 자식들이 도망쳐 목숨을 구할 기회를 만든다. 암놈과 수놈은 뒤로 약간 굽은 작고 뾰족한 뿔이 달렸는데, 놀라울 정도로 빠르고 능숙하게 뿔을 사용해 깊고 위중한 상처를 입힌다. 게다가 산양은 보통 아주 순식간에 세찬 일격을 가하기 때문에 커다란 짐승까지 쓰러뜨릴 수 있다. 어쩌다 커다란 짐승이 부주의로 깊은 낭떠러지 가에 있다가 이런 일을 당하면 십중팔구 그날이 제삿날이다. 경험 많은 나이 든 맹수들은 이 같은 산양의 특성을 알고 있기 때문에, 사냥을 할 때 단 한 번 발로 공격해서 부모 중 한쪽 혹은 양쪽 모두를 쓰러뜨리려 한다. 이렇게 되면 새끼들은 혼비백산해서 육식 맹수에게 사로잡히는 경우가 허다하다.

늙은 산양은 위험을 감지하면 앞발을 구르고 날카로운 휘파람 소리를 낸다. 이 대비 명령을 듣는 즉시 산양 가족은 모두 빳빳이 굳어 버린다. 두 번째 휘파람 소리가 나면, 먼저 어린 산양들이 도망치고 뒤이어 나이 든 산양들도 뛰기 시작한다. 하지만 간혹 어린 산양

중 한 마리가 방심하고 있다가 달아날 기회를 놓치면, 수놈이나 암놈이 고개를 숙이고 벼락처럼 빠르게 적을 공격한다. 이 공격은 숫양의 공격만큼 급작스럽고 맹렬하기 때문에, 민첩하고 날쌘 심술쟁이 표범조차도 피해 갈 수 없다.

어느 날 어린 호랑이들은 타투딩즈 산에서 늘 다니던 사냥 구역을 돌다가, 산 바로 남쪽 비탈에 있는 평평한 화강암 지대에 들어섰다. 그런데 방향을 바꾸자마자 수놈과 암놈, 새끼 두 마리로 이루어진 산양 가족과 마주치게 되었다. 늘 그렇듯, 수놈이 망을 보고 암놈과 새끼들은 식사를 마친 후 배 속에 든 먹이를 조용히 되새김질하며 절벽 가에 앉아 있었다.

앞서 가던 수놈이 이 손쉬워 보이는 먹이를 먼저 알아보고 즉시 몸을 낮추더니 가장 가까이 있는 새끼를 덮칠 준비를 했다. 동생은 깜짝 놀라 그 자리에 못 박힌 듯 서서 수놈이 어떻게 하는지 살펴보았다. 수놈은 이미 새끼 산양 근처로 바싹 다가가 뛰어들 태세였다.

바로 그 순간, 곧 다가올 저녁의 깊은 정적을 뚫고 위험을 알리는 날카롭고 새된 휘파람 소리가 울려 퍼졌다. 그러자 암놈 산양과 새끼들은 벌떡 일어서서 두 번째 신호를 기다렸다. 어린 맹수는 그 움직임이 무슨 뜻인지 알아차렸다. 그래서 낭떠러지 위로 솟아오른 부분을 따라 가볍게 튀어 오르더니 먹이 쪽으로 돌진했다. 하지만 두 번째 신호는 없었다. 어린 호랑이가 결정적으로 도약한 바로 그 순간, 늙은 수놈 산양이 마치 시위를 떠난 화살처럼 호랑이를 향해 달려들었다. 수놈 산양은 단단한 이마를 호랑이의 옆구리에 박았다.

어린 왕의 첫 번째 실패(산양과 어린 호랑이의 결투)

그 힘이 어찌나 셌던지, 호랑이는 2미터쯤 솟아올라 공중에서 몸이
뒤집힌 채 낭떠러지 깊은 곳으로 떨어지고 말았다. 숨어서 모든 광
경을 지켜보고 있던 어린 암호랑이는 겁을 집어먹고 아연실색하여
무슨 일이 일어났는지 전혀 이해할 수 없었고, 예기치 못한 이 상황
속에서 어떻게 해야 할지도 알 수가 없었다.

　사슴과(科) 동물 가족은 곧장 바위 틈새로 사라져 버렸다. 그제서
야 어린 암호랑이는 꼼짝 않고 앉아 있던 자리에서 일어나 오빠를
찾기 시작했다. 하지만 어디에서도 오빠를 찾을 수 없자, 골똘히 생
각에 잠겼다. 산악의 삐죽 튀어나온 곳을 구석구석 뒤져 본 어린 암

호랑이는 낭떠러지 위로 솟아 나온 부분으로 다가가 아래로 시선을 던졌다. 암놈은 10미터쯤 아래 풀로 뒤덮인 구멍 안쪽에서 줄무늬가 있는 어린 맹수 모양의 형체가 움직이는 걸 보았다. 구덩이 안쪽에 풀이 무성하게 자라 푹신한 층을 이루고 있어 어린 수놈은 목숨을 구할 수 있었다. 하지만 양쪽 옆구리와 등, 머리는 추락의 충격과 나이 든 산양이 단단한 이마로 가한 일격으로 심하게 상처가 나 있었다.

호랑이는 추락의 충격으로 얼이 빠지고 어리둥절해져 한동안 꼼짝도 않고 가만히 앉아 있었다. 그리고 자신이 무슨 일을 당한 것인지 도통 이해하지 못한 채 겨우 몸을 일으켰다. 늑골과 뒷다리 관절에 고통이 느껴졌다. 오른쪽 견갑골이 견딜 수 없을 정도로 아팠다. 어린 호랑이는 찢어지는 듯한 소리로 구슬피 울면서 어미를 불렀다. 그리고 주위를 구석구석 살펴보다가 툭 튀어나온 바위 가장자리에서 여동생이 자기를 유심히 지켜보고 있는 것을 발견했다.

오빠 호랑이는 곧 애처롭지만 쩌렁쩌렁 울리는 목소리로 여동생에게 내려오라고 했다. 어린 암놈은 불쌍한 마음이 들어 가만히 있을 수 없었다. 그래서 오빠 쪽으로 내려갈 수 있는 모든 방법을 찾아보았다. 하지만 내려갈 길을 찾는 데는 꽤 오랜 시간이 걸렸다. 마침내 여동생은 바위 더미에서 원뿔 모양으로 튀어나온 부분 사이의 단단한 곳을 탄력 있는 앞발바닥으로 더듬으면서, 좁고 구불구불한 돌 틈새를 꼭 붙들고 내려오는 데 성공했다. 어린 수놈은 여동생의 움직임을 하나도 놓치지 않고 바라보다가, 연민과 애정을 구하며 동생 쪽으로 얼른 달려갔다. 킁킁거리면서 사방의 냄새를 맡아보고 아무런 위험도 없다는 것을 확인하자, 여동생은 마치 엄마처럼 다정하게 가르랑거렸다. 그리고 어린 맹수의 머리와 아픈 옆구리 구석구석을 혀로 핥으며 오빠에게 깊은 동정을 표현했다.

그러나 온몸이 멍든 데다 아직 남아 있는 공포와 정신을 뒤흔드는 온갖 느낌 때문에 가엾은 호랑이는 피로를 느꼈다. 어린 수놈은 정겹게 가르랑거리면서 누이 곁에 몸을 뻗고 깊은 잠에 빠졌다. 하지만 암놈은 쉬이 잠들 수가 없었다. 머릿속에 온갖 생각이 몰려들었다. 암놈의 머릿속에서는 하루 동안 일어난 모든 일이 되살아나 마치 냄비처럼 끓어올랐다. 몇 가지 분명한 결론이 또렷한 윤곽과 형태를 띤 채 이미 암놈의 뇌리에 깊이 새겨졌다.

달이 떠올라 숲이 우거진 들쭉날쭉한 모양의 능선을 장엄한 빛으로 가득 채웠다.

이때 어미 호랑이는 먼 곳에서 사냥을 마치고 타투딩즈 산꼭대기의 보금자리로 돌아왔다. 굴에 새끼들이 없자, 어미는 곧장 새끼들을 찾아 다시 굴을 떠났다. 어미는 후각보다 사고와 기억력에 의지해 길을 찾았다. 새끼들을 이끌고 돌아다녔던 온갖 장소들을 놀랍도록 자세히 알고 있는 어미는 새끼들의 흔적을 금세 알아보았다. 그리고 골짜기에서 어린 짐승 특유의 깊은 잠에 빠져 있는 새끼들을 찾아냈다.

모든 고양이과 동물이 그렇듯이 호랑이도 후각은 별로 발달되어 있지 않다. 호랑이는 먹이를 추적할 때 거의 전적으로 청각과 시각

73

발톱을 가는 왕

에 의지하는데, 이 두 감각은 실로 놀라울 정도다. 열등한 후각을 지녔음에도 어미는 실수 없이 새끼들을 찾아냈다. 어미는 숲의 온갖 향기 한가운데서도 새끼들 각각의 냄새를 구별할 수 있었다. 덕분에 예기치 못한 작은 참사가 일어난 낭떠러지 가에 힘들이지 않고 도착했다. 빈 골짜기 안쪽에 아주 평화롭게 잠들어 있는 새끼들이 보였다. 어미는 펄쩍 뛰어올라 협곡으로 돌진했다.

하지만 이 동작이 어찌나 날쌔고 조용했던지 새끼들은 잠에서 깨지 않았다. 잃어버린 새끼들을 되찾은 어미 호랑이의 기쁨은 이루 말할 수 없었다. 어미는 새끼들을 애지중지 쓰다듬었다. 어린 맹수들은 곧 깨어나 어미 품으로 달려들었다. 협곡 깊은 곳에서 어미 호랑이가 가르랑거리는 소리만이 밤의 정적 속으로 울려 퍼졌다. 낮게 진동하는 부드러운 자장가는 궁륭 모양의 울창한 숲을 가득 채웠다. 머리에서 발끝까지 새끼들을 핥아 준 후, 어미는 산꼭대기에 있는 오래된 굴로 새끼들을 데리고 갔다.

# 겨울이 오다

황금빛과 온갖 색으로 물든 가을도 끝이 보이기 시작했다.

타이가는 조금씩 알록달록한 옷을 벗어 던졌다. 노란색과 회색의 나뭇잎이 땅 위에 이불처럼 두껍게 쌓였다. 땅에는 벌써 차례를 이어받은 밤 서리가 내려앉고 있었다. 반짝이는 햇빛이 여전히 지표면을 덥혀 주었지만, 몽골과 만주 고원 지대의 얼음 같은 추위를 실어 오는 북서 계절풍의 입김은 매일 기세를 더해 갔다.

10월 말이 되자, 영하 20도의 기온이 땅과 물을 얼려 돌과 얼음으로 바꾸어 놓았다. 하늘 낮은 곳에는 짙은 구름이 드리워 곧 눈이 내릴 것을 예고했다. 산꼭대기에는 이미 혹한의 돌풍이 부딪히면서 첫눈을 왕관처럼 씌워 놓았다. 타투딩즈 산의 정상은 위용을 과시하며 햇빛을 받아 반짝반짝 빛났다. 하늘을 배경으로 또렷이 모습을 드러낸 정상은 삼나무와 전나무로 빽빽한 숲의 짙은 색 가장자리에 몸을 기대고 있었다.

어느 날 저녁, 어린 호랑이들은 굴에서 나왔다가 눈앞에 펼쳐진 광경에 깜짝 놀라 멈춰 섰다. 하얗게 쌓인 눈 때문에 모든 풍경이 변해 있었다. 호랑이들은 처음 보는 이 빛나는 물질 위에 감히 한 발짝도 내딛지 못하고 눈 가장자리에 한참 동안 서 있었다. 하지만 더 대담하고 용기 있는 수놈이 마침내 맑고 부드러운 양탄자 같은 눈 위에 앞발을 내려놓았다. 부드럽고 예민한 발바닥과 발가락에 처음 느껴 보는 차가움은 전혀 예상치 못한 것이었다. 수놈은 처음엔 움찔물러섰다. 하지만 호기심에 이끌려 눈 위로 몇 발을 더 내디뎠다. 그러고 나서 앞발을 들어 킁킁거리며 발바닥과 발가락의 냄새를 맡고는, 아무것도 이상한 점이 없다고 느꼈는지 눈의 맛까지 보았다. 당연한 일이지만, 입안에서 녹아 그냥 물이 돼 버리자 수놈은 곧 갈증을 느끼고는 무척 즐거워하며 눈을 핥아먹기 시작했다. 수놈은 행복한 듯 가르랑거렸다. 동굴 입구 근처를 떠나지 않으며 오빠를 지켜보던 어린 암놈도 오빠의 탐색 결과를 보더니 용기를 내어 뒤를 따랐다. 암놈은 조심스럽게 앞으로 나와 발에 붙은 눈을 털어 냈다.

15분쯤 지나자 호랑이들은 그때까지 본 적이 없던 현상에 아주 친숙해져서, 반짝이는 눈 위에서 벌써 신나게 뛰어놀고 있었다. 새끼들은 하얗고 부드러운 물질 속에서 뒹굴고 경주를 하며 앞다투어 눈 속에서 몸을 뒤집었다.

바로 이 시기에, 태어날 때부터 나 있던 새끼 특유의 털이 빠지고 완전히 새로운 털이 자랐다. 서리와 혹한의 돌풍을 동반한 가혹한 겨울이 다가오자, 호랑이들은 푹신하고 따뜻한 털로 뒤덮였다. 눈 속에서 뒹구는 놀이는 이 자연발생적인 털갈이를 도와주었다. 눈의 물기를 빨아들인 빛바랜 털들은 뭉텅이로 빠졌다. 새끼들의 새 옷은 이제 제법 다 큰 호랑이의 털과 비슷해 보였다. 훨씬 아름답고 다양해진 빛깔의 털은 확실히 다 큰 호랑이의 털과 맞먹을 정도가 되었다. 하지만 털 아래쪽은 아직 어른 호랑이 특유의 붉은 기가 도는 다갈색을 띠진 않았다.

이제 나이가 든 어미 호랑이는 털갈이를 해서 멋진 겨울 외투로 갈아입었다. 어미의 털은 진정한 호랑이의 색깔인 붉은빛이 도는 다갈색으로, 벨벳처럼 보드라운 가로줄무늬가 나 있었다. 강철 용수철처럼 늘 팽팽하게 당겨져 있는 꼬리도 솜털 토시처럼 아름다웠다.

11월 중순이 되자 눈은 그야말로 왕국을 이루었고, 북서 계절풍은 특유의 맹렬한 기세로 노야령 산맥 정상에서 맹위를 떨쳤다. 어미 호랑이는 타투딩즈 산꼭대기에 위치한 은신처를 버리고 새끼들과 함께 더 낮은 곳으로 이동했다. 남쪽 산비탈에 있는 그곳은 노출된 화강암 위로 햇볕이 내리쬐어 겨울나기를 위해 필요한 온기와 편안함을 간직하고 있었다. 하지만 영구적인 보금자리는 아니었다. 어른 호랑이의 절반 크기로 자란 새끼들과 어미 호랑이 자신도 풍부한 먹이가 필요했기 때문에 어쩔 수 없이 항상 멧돼지 떼를 따라다녀야 했다. 멧돼지들은 풀이 있는 곳을 찾아 이곳저곳을 옮겨 다녔다.

멧돼지들은 10월과 11월을 산 남쪽 비탈의 떡갈나무 서식지에서 보내면서 도토리를 먹고 살았다. 12월과 1월에는 삼나무 숲으로 옮겨 갔는데, 그때쯤 삼나무에서는 둥근 열매가 익어 떨어졌다. 이어지는 두 달, 즉 2월과 3월엔 식량이 부족했다. 이 시기에 멧돼지들은 성

별과 나이에 따라 여러 무리로 나뉘어서 개암나무나 떡갈나무 사이를 돌아다녔다. 늙은 수놈들은 무리에서 떨어져 나와 홀로 진정한 은둔자 생활을 했다. 이 고행자들은 점차 만성적인 비관론자가 되어 온 세상에 대해 불평하는 짓궂고 날카로운 존재로 변했다.

이들은 자연스럽게 죽음이 찾아오거나 타이가의 왕인 힘센 호랑이가 찾아와 쓸쓸하고 음울한 나날에 종지부를 찍어 주기를 기다리며 동족들과 멀리 떨어져 생을 마친다. 그렇지만 호랑이는 젊은 멧돼지 사냥을 더 좋아한다. 손쉬운 먹이인 데다 살도 더 연하고 맛있기 때문이다. 호랑이는 먹이가 매우 부족하거나 극한의 상황에 처했을 때만 은신처에 고립된 늙은 멧돼지를 공격한다. 하지만 타이가의 방랑 기사이자 까다로운 싸움 상대인 늙은 멧돼지는 결코 헐값에 목숨을 내주지 않는다. 멧돼지는 천천히 축적되어 온 증오를 터뜨려 필사적으로 자신을 지킨다.

오직 온전한 크기의 몸집과 넘치는 힘을 지닌 완전히 자란 호랑이만이 이 성마른 타이가의 은둔자와 감히 정면 대결을 펼친다. 그런 대결에서는 호랑이가 중상을 입어 불구가 되는 경우도 흔하다. 나이 든 멧돼지의 어금니는 아주 길기 때문에 끝이 뒤로 많이 휘어져서 깊은 상처를 내지 못한다. 따라서 살짝 굽은 단검 모양의 정상적인 어른 멧돼지 어금니보다 위력이 덜하다. 하지만 경험이 많은 데다 이 무기를 끊임없이 사용해 온 덕에, 늙은 은둔자는 노련한 검객이자 호랑이조차 위협을 느끼게 하는 적이다. 그래서 호랑이는 늙은 멧돼지와 싸움을 벌이면 늘 경계 태세를 취하고, 갑작스러운 어금니

나무로 피신한 어미 곰과 새끼들

공격에 매순간 대비해야 한다. 그렇지 않으면 공격자 자신이 틀림없이 화를 당한다.

늙은 멧돼지는 후각이 예민하고 놀라운 신중함을 지녔기 때문에 불시에 공격하기란 거의 불가능하다. 따라서 싸울 때도 속임수를 전혀 쓸 수 없다. 멧돼지는 방어 태세를 취하고 나무줄기를 방패 삼아 엉덩이를 보호한다. 반면 호랑이는 교묘한 술책으로 적을 기진맥진하게 만들려고 애쓴다. 호랑이의 임무는 적에게 달려들어 목의 척추뼈를 부러뜨리는 것이다. 하지만 이것은 쉬운 일이 아니다. 멧돼지는 호랑이의 몸짓 하나도 놓치지 않으며, 날 선 단검 같은 어금니 중 하나로 치명상을 입히기 위해 호시탐탐 기회를 노리기 때문이다.

그래서 호랑이는 인내심을 가져야만 멧돼지로부터 승리를 얻을 수 있다. 이 목적을 이루기 위해 호랑이는 적으로부터 열 발자국쯤 떨어진 곳에 엎드려 적이 피곤에 지쳐 경계를 늦추기를 기다린다. 그런 순간이 오면 벼락처럼 빠르게 멧돼지에게 달려들어 육중한 발로 코에 일격을 가한다. 동시에, 예상대로 날아들 어금니 공격을 피하기 위해 멧돼지의 등 위로 펄쩍 뛰어올라 무시무시한 입으로 목덜미를 문다. 그리고 원뿔 모양의 기다란 송곳니를 멧돼지 목의 두꺼운 근육에 박아 관자놀이 동맥을 끊어 놓는다. 거대한 집게 같은 어금니로는 목의 척추뼈를 으스러뜨린다. 이와 함께, 낫처럼 생긴 뾰족한 발톱으로 무장한 오른쪽 앞발로 멧돼지의 방추형 코 위를 파성추처럼 내리쳐 머리를 옆으로 비틀어 버린다.

멧돼지의 첫 반응은 앞으로 뛰어나가는 것이다. 하지만 기수처럼 올라탄 육중한 호랑이가 땅에 닿아 있는 두 뒷다리로 움직임을 저지한다. 게다가 멧돼지는 고개가 옆으로 꺾여 있기 때문에 뛸 수가 없다. 대단원으로 치닫기 직전에 일어나는 이 모든 격렬한 싸움은 채 1분도 걸리지 않는다. 멧돼지는 300킬로그램 이상 나가는 적의 무게를 견디지 못하고 모로 누워 땅에 쓰러져서 숨을 거둔다.

하지만 호랑이의 공격이 빗나가거나 입으로 멧돼지의 목덜미를 물지 못하면, 싸움은 무한정 지속된다. 두 상대의 경험과 힘의 정도에 따라 싸움은 때로 한 시간 혹은 두 시간이 걸리기도 한다.

아주 드물긴 하지만 어떤 때는 무승부가 되기도 한다. 그러면 두 적은 삼면에 날이 선 멧돼지의 어금니와 거대한 호랑이의 뾰족한 자개빛 발톱으로 인해 깊은 상처를 입은 채 서로에게서 떨어진다.

하지만 어른 호랑이가 암컷이나 새끼 멧돼지를 잡는 것은 쉽기 때문에, 이 짐승들이 호랑이의 주 먹이가 된다. 호랑이는 보통 멧돼지 떼 가까운 곳에 있다가 아무 놈이나 잡아 배를 채운다. 호랑이는 멧돼지 무리가 장소를 옮길 때 쫓아다닌다. 하지만 무리의 구성원 전부를 없애 버리는 일은 없다. 이곳의 중국인들은 호랑이가 멧돼지 떼를 '방목한다'고 말한다. 이 무시무시한 '목동'은 인정사정없는 전제 군주처럼 피의 조공을 징수하는 셈이다.

# 왕의 아버지

11월이 되었다.

동장군은 부드럽고 하얀 양탄자로 산과 계곡, 숲을 덮어 버렸다. 시베리아 극지에서 시작된 차디찬 바람이 싱안링(興安嶺) 산맥을 넘어 동해 연안 지대까지 불어왔다.

타이가의 동물과 새들은 산 남쪽 비탈의 양지바른 곳으로 이동했다. 그곳에는 태양의 따뜻한 빛이 닿아 눈을 녹이고 맨땅을 드러내 주었다. 잘 익은 도토리와 호두가 흩어져 있는 화강암 덩어리도 원래 모습 그대로였다.

곰을 비롯해 은신처에서 겨울을 나는 다른 동물들은 다시 봄이 올 때까지 눈에 띄지 않기 위해 벌써 집으로 들어갔다. 눈 무더기가 이 동물들을 세상으로부터 숨겨 주었다. 하얗게 덮인 눈은 바람을 완전히 막아 주었다.

도토리와 호두가 풍성하게 열리자, 멧돼지들은 수많은 무리를 지어 돌아다녔다. 한 무리당 수백 마리씩 되는 멧돼지들이 노야령 산맥 남쪽 지맥을 뒤덮고 있는 떡갈나무 사이에 흩어져 있었다.

호랑이들도 이 무리를 따라 타투딩즈 일대에 이르렀다. 모두 합쳐 수십 마리쯤 되는 호랑이들이 몇 백 제곱킬로미터 정도의 비교적 한정된 구역을 차지하고 있었다.

이 맹수들 가운데 거대한 키와 육중한 몸집, 그리고 단단한 체격으로 다른 모든 호랑이들을 능가하는 늙은 수놈 한 마리가 있었다. 이 수놈의 넓은 이마와 목덜미에는 뚜렷한 표시가 있었는데, 상형문자처럼 생긴 이 표시는 '왕(王)'자와 '대(大)'자 모양을 이루고 있었다. 이것은 바로 '위대한 왕'이라는 뜻이다.

모든 호랑이들이 왕에게 복종했다. 왕은 타투딩즈 산의 석굴에 살면서 가끔 골짜기를 급습할 때만 자리를 떴다. 왕은 수많은 멧돼지, 사슴, 노루 떼에서 공물을 징수했다. 다른 호랑이의 먹이를 차지하는 경우도 흔했다. 하지만 다른 모든 호랑이, 존경받는 늙은 수놈이나 암놈조차도 조용히 왕에게 고개를 숙였으며, 자신의 먹이뿐 아니라 집까지도 이 군주의 처분에 맡겼다. 실제로 호랑이들은 자신의 은신처를 왕이 보고 마음에 들어하면, 그것까지도 왕에게 양보했다. 왕의 권력은 절대적이었고, 왕은 경의와 존경을 당연한 것으로 받아들였다.

왕을 만나면 모든 신하들은 길에서 물러나 경의를 표하며 왕이 지나가기를 기다렸다. 타이가의 모든 동물에 대한 자신의 우월함을 알고 있는 왕은 한껏 거드름을 피우면서 서두르지 않았다. 왕의 모든 움직임은 위엄과 기품을 드러냈다. 왕의 강인한 모습 전체에서 타고난 엄청난 힘과 꺾이지 않는 의지가 느껴졌다.

왕은 인간이 가까이 와도 두려워하지 않았으므로 인간과 마주치는 것을 전혀 피하지 않았다. 하지만 인간을 나약한 존재로 업신여겼기 때문에 해를 입히는 법도 없었다. 사냥꾼이나 모피 사냥꾼과 마주쳐 지나갈 일이 생겨도 마치 아무도 없다는 듯 아주 조용히 제 갈 길을 갔다.

오래전부터 왕의 존재를 알고 있던 타이가의 원주민들은 여러 산의 고개에 왕을 기리는 작은 신당을 세워 신으로 떠받들었다. 신당의 탑들에는 산과 숲의 주인에게 은총과 너그러움을 베풀어 달라고 간청하는 글이 새겨져 있었다.

위대한 왕은 인간들이 자신에게 부여한 위신을 알고 있었다. 왕이 인간들에게 불러일으킨 두려움과 공포는 지위에 걸맞은 처신이 어떤 것인지 왕에게 알려 주었다. 그래서 왕은 길에서 만나는 인간 종족의 표본들에게 어떤 주의도 기울이지 않았다. 왕은 먹이로서의 인간에게는 관심이 없었고, 적으로서는 무시했다. 늘 배부르고 만족한 상태였으므로 왕은 흡족한 기분이었다. 왕은 말 그대로 타이가에 군림했으며, 타이가에서는 어떤 방해물도 왕의 뜻에 맞설 수 없었다. 이 고장에 오랫동안 살아온 모피 사냥꾼들은 이 호랑이가 어림잡아 쉰 살은 되었을 거라고 했으며, 3대에 걸친 왕의 혈통에 대해서도 잘 알고 있었다.

왕의 아버지는 기백이 넘치는 한국 호랑이로, 성스러운 바이토우샨(백두산白頭山의 중국식 발음) 꼭대기, 위대한 용의 정령이 사는 동굴

왕의 아버지

에서 숨을 거두었다. 이 죽음으로 지축이 흔들리고, 산속에서 잠자
던 위대한 용이 돌로 된 잠자리 위에서 돌아누우며 산꼭대기를 향
해 뜨거운 입김을 내뿜었다. 용의 입김은 유독한 유황 연기가 되어
깊은 산 사이로 빠져나갔다. 그와 동시에, 화산 분화구 자리의 하늘

86

호수(천지, 天池)가 줄무늬 같은 물결을 일으키며 끓어오르면서 신성한 생명의 물을 노란 연꽃의 강인 쑹화강 쪽으로 흘려 보냈다.

민간의 전설에 따르면, 윤회의 순환을 마쳐야 하는 위대한 인간의 영혼이 어느 날 위대한 왕의 몸에 깃들어 살기 시작했다고 한다. 위대한 왕이 죽자 이 영혼은 인간의 눈에는 보이지 않는 연꽃 속으로 들어가, 자신과 우주 만물의 영혼이 하나가 되는 완전한 정화의 순간까지 머물렀다. 신성한 산에 사는 위대한 용의 입김으로 가득 찬 쑹화강은 소생의 법칙과 치유의 능력을 지니고 있다. 노란 연꽃 강의 꽃은 50년마다 한 번, 위대한 왕이 죽을 때만 단 3일 동안 피어 있다. 인간의 악덕에 물들지 않은 신성한 사람만이 이 꽃을 알아볼 수 있다.

약 40년 전, 우리가 이야기하고 있는 호랑이가 아직 젊었을 때 중국 황제의 사냥 그물에 걸려 베이징의 동물원으로 보내질 처지가 되었다. 그러나 중국 궁정의 현명한 몇 사람이 이 호랑이가 위대한 왕임을 알아보고 예를 갖추어 풀어 주었다. 중국의 황제도 친히 이 의식에 참관했는데, 자유의 몸이 된 호랑이는 조용히 군주에게 다가가 마음 깊은 곳으로부터 우러난 절을 올리고 천천히 돌아서서 자신이 태어난 숲으로 향했다고 한다. 이것이 전설이 전하는 내용이다.

동아시아 사람들은 호랑이에게 신비로운 공포심을 느끼며, 특별한 지위를 부여한다. 이러한 현상은 짐승이 세상을 지배하던 시기, 즉 인간 역사의 근원까지 거슬러 올라가야 할 만큼 오래된 기원을 가지고 있다. 그 시절, 돌도끼와 몽둥이로 무장한 원시인은 동굴에 사는 짐승들과 맞서 목숨을 건 싸움을 함으로써 생존의 권리를 지켜야 했다. 먼 옛날 인간의 미개한 정신은 불공평한 싸움의 치명적 위험에 짓눌려 눈앞에 나타나는 적대적인 힘 하나하나에서 초자연적인 법칙을 찾아냈다. 그 결과 가장 잔인하고 위험한 몇몇 맹수는 신성한 후광에 둘러싸이게 되었다. 아시아의 호랑이, 아프리카의 사자, 남아메리카의 재규어가 이런 경우에 해당한다.

거대한 호랑이의 괴력과 탁월한 민첩성, 놀라운 머리 회전은 오늘날까지도 인간의 정신을 사로잡으며, 무언가 초자연적인 것을 떠올리게 한다. 지금 이야기하고 있는, 신비주의적 성향이 있고 덜 문명화된 사람들은 아주 오랜 전통과 조상 대대로 전해 내려오는 전설의 영향을 받아 자신들만의 호랑이 숭배 종교를 세웠으며, 그에 어울리는 특별한 의식도 만들어 냈다.

호랑이 숭배는 용 숭배와 마찬가지로 중국인의 정신 속에 고착되어 그 일부를 이룬다. 다시 말해 호랑이 숭배 사상은 매일매일의 생활 속에 깃들어 있다. 특히 산이나 숲에 사는 사람들의 생활에서는 더욱 분명히 관찰된다. 그런 곳에서 인간은 어쩔 수 없이 원시 자연의 미발달된 조건 가운데서 살아야 하고, 타이가의 군주와 직접 마주치기 때문이다.

아시아의 몇몇 민족을 홀린 호랑이의 마술 같은 힘은 종종 이주해 온 유럽인들을 사로잡기도 한다. 큼지막한 사냥감을 뒤쫓던 사냥꾼들은 이 육식동물을 만나면 목숨으로 대가를 치른다. 총을 들어 방아쇠를 당길 수 없기 때문이다. 이 잔인한 맹수는 꿰뚫어보는 듯한 눈빛으로 상대방을 최면에 빠지게 하는데, 마치 누구도 정복할 수 없는 자신의 힘을 익히 의식하고 있는 것 같다는 느낌을 준다. 그 눈빛은 인간의 모든 의지를 빼앗아 기력을 손상시키고 마음의 안정을 앗아 버리며 신경 중추를 무력하게 만든다. 그 결과 신경 중추가 일시적인 쇼크에 빠지거나 운동 기관이 마비된다. 이 상태에서 인간은 손쉽게 호랑이의 먹이가 되는 것이다.

하지만 모든 동물이 이렇게 똑같은 정도로 정신적 충격을 받는 것은 아니다. 신경계가 상대적으로 덜 발달한 멧돼지는 이런 상태에 지배당하지 않는다. 반면 사슴, 노루, 개, 심지어 곰까지도 최면 상태에 빠져 자주 호랑이의 먹이가 된다. 나아가 이런 현상은 다른 포식 동물들에서도 관찰되는데, 이 동물들은 최면을 이용해 먹이를 잡는다. 보아 뱀은 영양의 정신을 몽롱하게 만들어 잡아먹는다. 이런 식으로 독사는 토끼를, 거미는 파리를 잡으며, 이외에 다른 동물들도 최면을 이용한다.

동장군에 쫓겨 북쪽에서 불어오는 삭풍을 피할 수 있는 안식처를 찾던 어미 호랑이는 새끼들을 데리고 타투딩즈 산 아래쪽의 평평한 암석 지대로 갔다. 그리고 삼면이 화강암 벽으로 막혀 있고 바닥은 낙엽층으로 덮인 깊고 안락한 동굴을 골랐다. 동굴은 사냥꾼의 통나무집처럼 편안하고 쾌적했다.

반짝이는 겨울 태양이 동굴 입구의 평평한 화강암을 덥혀 주었다. 그 위에서 어린 호랑이들은 즐거운 놀이에 정신없이 빠져들기도 하고, 푸짐한 식사 후에 낮잠을 자기도 했다. 새끼들의 식사는 늘 새

왕의 호기심

끼 멧돼지나 암컷 멧돼지 고기였다.

새끼들은 어느새 어미의 도움 없이 자신의 힘만으로 새끼 멧돼지나 두세 살 난 수컷 멧돼지를 잡는 법을 익혔다. 하지만 아직 감히다 큰 수컷을 공격하지는 못했다. 그럴 능력이 안 되는 데다 다 큰수컷을 잡는 데는 엄청난 노력이 필요했기 때문이다. 게다가 자신을보호하는 방법을 모르는 새끼 멧돼지들도 충분히 널려 있었다. 한편 어미 호랑이는 나이 든 암컷 멧돼지들이 새끼를 도우러 오지 못하도록 떼어 놓는 일을 맡았다.

새끼 호랑이들은 나이를 먹으면서 살도 올랐다. 늦겨울인 2월로 접어들자, 새끼들은 이미 독립적인 생활을 할 능력이 생겼다. 그러나 어미는 선뜻 새끼들을 떠날 결정을 내리지 못하고 있었다. 하지만 본성의 목소리, 즉 사랑의 음성이 어미를 충동질했다. 어미는 수컷들의 우렁찬 목소리에 이끌렸다. 한창 대결을 벌이고 있는 수컷들의 포효 소리가 들려오는 푸르스름한 산봉우리 쪽으로 멀리 떠나 그들과 무리를 이루어 살고 싶은 욕구를 느꼈다. 그렇지만 어미 호랑이는 새끼들이 아직 너무 어리고 독립적인 생활을 할 준비가 거의 안 되어 있다고 판단하고 가슴속에서 부르짖는 본성의 소리를 억눌렀다.

어미는 암컷보다 강했다. 캄캄한 밤, 사냥을 마치고 돌아가던 어미는 타이가 깊은 곳에서 메아리치는 수컷들의 음성에 자주 귀를 기울였다. 그럴 때면 심장의 박동이 멈추고 강한 전율이 강인한 온몸을 훑고 지나갔다. 어미는 걸음을 멈추었다. 가슴에서 애처로운 탄식이 흘러나왔다. 하지만 새끼 특유의 소리로 귀엽게 가르랑거리며 한 발 한 발 자신의 뒤를 따르는 어린 것들에게 눈길을 한 번 던지는 것만으로 모든 유혹을 뿌리치기에 충분했다. 어미는 깊고 낮은 한숨을 내쉬며 핏줄의 부름에 최우선으로 복종했다. 그리고 온순하게 가족의 보금자리로 돌아왔다.

이렇게 시간이 흘러갔다. 곧 봄이 찾아왔고, 뒤이어 여름이 왔다.

이제 한 살이 된 새끼 호랑이들은 벌써 어른 같은 모습이었다. 새끼들의 겉모습이나 움직임에서는 더 이상 어린 짐승 특유의 서투름이나 어색함, 예전의 철모르는 명랑함을 찾아볼 수 없었다. 시선도 더욱 진지하고 사려 깊어졌다.

머릿속에는 삶의 경험과 생존을 위한 끝없는 투쟁이 깊게 각인되었다. 새끼들의 사고와 행동은 서로 조화를 이루어 명확한 결론을 이끌어 냈다. 한 걸음을 떼더라도 깊이 생각한 후 행하는 것처럼 보였으며, 쓸데없는 몸짓은 전혀 하지 않았다. 새끼들끼리 뛰어놀고 장난을 치는 횟수도 점점 줄어들었으며, 놀이 자체도 새로운 성격을 띠었다. 새끼들은 이제 서로를 뒤쫓거나 몸싸움을 하면서 노는 것을 더 좋아했다. 그러나 예전과 마찬가지로 오빠는 육체적 힘에 더 의지했으며, 여동생은 계략과 술수를 좋아했다.

여름이 되자 어린 암컷의 몸무게는 이미 80킬로그램이나 나갔고, 수컷은 그보다 더 나갔다. 어린 수놈의 변화 중 특히 놀라운 것은 머리와 앞발의 성장이었다. 넓고 반듯한 이마에는 '왕(王)'이라는 글자의 윤곽이 선명하게 드러났으며, 풍성하게 자라날 갈기가 나타나기 시작한 목덜미에는 또 다른 글자의 징후가 벌써 희미하게 보였다. 그것은 '위대한'이라는 뜻의 '대(大)'라는 글자였다.

위대한 왕의 아들인 어린 수놈은 끝없는 숲의 바다 즉, 슈하이(樹海)를 다스릴 미래의 군주였다.

# 숲의 바다, 슈하이

한국의 국경에서 아무르 강(러시아와 중국의 국경 부근을 흐르는 강) 연안까지는 수백 킬로미터에 이르는 산맥이 펼쳐져 있다. 이 산맥들의 화강암 정상과 뾰족한 능선, 가파른 절벽과 완만한 비탈은 무성한 원시림으로 뒤덮여 있다. 20여 년 전, 초록이 무성한 이 지역은 사람이 살지 않는 황량한 곳이었다. 오직 야생 동물의 울부짖음과 쉬지 않고 흐르는 물소리가 숲의 신비한 정적을 깼다. 거의 야생 생활을 하는 모피 사냥꾼이나 떠돌아다니는 마적들만이 짐승들이 내놓은 알아보기조차 힘든 오솔길을 따라 드물게 돌아다녔다.

낚시꾼들의 초라한 산막과 사냥꾼들의 통나무집 몇 개가 산을 따라 흐르는 급류의 수원(水源)이나 깊은 협곡 속에 자리 잡고 있었다.

이 고장 사람들은 길림성 동부 지역 전체를 '숲의 바다'라는 의미의 '슈하이'라고 불렀다. 과연, 이 방대한 영토 전부를 차지하고 있는 산맥의 푸르른 일렁임은 수평선을 향해 끝없이 펼쳐진 얼어붙은 바다를 연상케 한다. 냉혹하고 단조로운 적막한 시베리아의 타이가와는 달리, 만주의 타이가는 아열대숲으로 뒤덮인 풍요롭고 다채로운 독자적 세계를 이루고 있다. 동식물군 또한 셀 수 없을 만큼 다양하다. 이곳은 동물의 세계이지 인간의 세계가 아니다. 이곳에 사는 사람들은 마치 제3기 원시림의 인간들처럼 비참한 생활을 견디면서 살아가며, 야생의 자연과 끝없는 대결을 벌여야 한다.

이곳의 모든 것은 지질학상 사라져 버린 아주 오래전의 환경을 연상시킨다. 이곳에 살고 있는 인간과 동물들은 사람이 거의 살지 않던 원시 시대의 모습 그대로이다.

길림성의 원시림 슈하이의 모습은 바로 이렇다. 하지만 이곳에도 나름의 역사와 생활방식과 관습, 그리고 태곳적 전통을 이어받은 특수한 법칙이 있다.

하지만 철도가 건설되고 식민지 개발이 이루어지면서 이 삼림 지대도 조금씩 침범당하기 시작했다. 그래서 원주민들은 녹색의 바다 깊숙이 피난처를 찾아 들어갔다. 그들은 마을과 교통로에서 멀리 떨어져 있는, 누구의 손에도 닿지 않을 타이가 깊숙한 처녀지 속으로 들어가 세상과 격리된 은신처를 찾았다.

근래에 타투딩즈 산 주변의 모피 사냥꾼들은 늙은 숲의 제왕이 나타났다는 사실을 알게 되었다. 이 소식은 한국의 국경에서 중국 동부의 철로까지 타이가 전체에 순식간에 퍼져 나갔다. 그들은 왕이 돌아온 데는 필시 무슨 이유가 있을 것이라고 확신했다. 무슨 내밀한 사적인 일 때문이 아니라면, 인간들을 겁주기 위해서 돌아온 거라고 생각했다. 하지만 결국 왕의 행동이 전혀 사람들을 위협하는 것처럼

구원은 없다!(스라소니와 노루)

보이지 않자, 그들은 평정을 되찾고 평상시 하던 일로 돌아갔다.

사실 늙은 왕은, 새끼들과 함께 타투딩즈 산에 터를 잡고 사는 암호랑이를 보러 온 것이었다. 어느 아름다운 여름밤 암호랑이가 청년이 된 새끼들과 함께 동굴에서 쉬고 있을 때, 왕은 흙을 뒤덮고 있는 푹신한 나뭇잎 위로 털로 덮인 벨벳 같은 거대한 발을 가만히 내디디며 암호랑이 앞에 모습을 드러냈다. 수컷이 다가오는 것을 본 암호랑이는 내쫓을 태세를 취하고 경계했다. 그러나 곧 왕의 모습을 알아보고는 온몸을 조이듯 오그리더니 다리를 구부리고 공손히 머리를 숙인 채 왕이 있는 쪽으로 기어갔다.

거대한 수컷 호랑이는 다정한 소리로 암호랑이에게 답하며 단단하고 거친 혀로 주둥이를 핥아 주었다. 암호랑이는 너무나 행복한 나머지, 어린 고양이처럼 수컷의 발치에서 뒹굴며 할 수 있는 모든 방법으로 기쁨을 표현했다. 암호랑이는 이 수컷의 충실한 배우자였으며, 마음 깊은 곳에 연인에 대한 애정 어린 추억을 간직하고 있었다.

아버지에 대한 새끼들의 태도는 덜 우호적이었다. 새끼들은 처음엔 기분이 나쁜 듯 몸을 흔들었다. 그러나 어미가 이 방문자를 반갑게 맞는 것을 보고는 곧 코와 귀를 핥게 해 주었다. 호랑이들 사이에서 그것은 애정과 친근감의 표시였다.

왕과 가족의 만남은 이렇게 이루어졌다. 왕은 여름 내내 가족과 함께 사냥을 하며 먼 곳을 돌아다니면서 지냈다. 그리고 늦가을이 되어 점차 거대한 산봉우리들이 눈에 덮이기 시작하자 비로소 다시 떠났다. 왕은 백두산의 돌무더기가 안개 속에 잠겨 있는 한국으로 영원히 떠나 버렸다.

새로운 위대한 왕인 아들은 눈에 띄게 성장했다. 두 번째 겨울이 다가올 무렵, 새로운 왕은 한배에서 태어난 여동생보다 두 배나 크게 자랐으며, 키로 보나 힘으로 보나 어미에게 뒤지지 않을 정도가 되었다.

드디어 '맹수들의 밤'이라고 불리는 시기가 임박해 왔다. 이 시기에 모든 호랑이들은 함께 모여 집단을 이룬다. '맹수들의 밤'이야말로 호랑이들의 일생에서 가장 흥분되는 시기이다. 이때가 되면 수컷들은 암컷의 호의를 사려고 갖은 애를 쓴다. 사랑의 경쟁자들이 내뿜는 포효의 세레나데가 어두운 타이가의 궁륭 아래 울려 퍼진다.

이런 소리와 더불어 피어나는 한때의 연정은 시베리아의 얼음 같은 바람이 몰고 온 혹한의 절정기에 최고조를 이룬다.

1월이 되었다. 어린 호랑이들이 집으로 돌아가는 일은 점점 더 드물어졌다. 혼자 남은 어미는 수컷들의 음성, 그들의 강렬한 유혹에 더욱 마음이 흔들렸다.

곰곰이 생각한 끝에 어미 호랑이는 결국 자연의 법칙에 굴복했다. 수컷들을 찾아 떠난 암호랑이는 다시는 굴로 돌아오지 않았다. 어린 호랑이들은 습관에 의해 각자 따로 어쩌다 집으로 돌아왔다. 하지만 더 이상 아무도 없다는 것을 알게 되자 역시 집을 버렸다. 그리고 어미 없이 반년을 자기들끼리 보냈다. 곧이어 사랑의 계절이 되자, 남매도 서로 갈라져 자신의 길을 찾아 떠났다.

# '벨벳 외투'

　사람이 살지 않는 컴컴한 삼나무 숲에는 햇빛도 거의 들지 않는다. 이 숲은 사철 내내 어슴푸레한 빛이 지배하며, 이끼와 버섯의 축축한 냄새가 난다. 이곳에는 민첩하고 날래고 잔인한 작은 동물이 사는데, 그 모습은 마치 작은 뱀과 같다.

　털 없는 민감한 코가 달린 이 동물의 뾰족한 주둥이는 끊임없이 움직인다. 날카로운 갈색 눈 역시 쉴 새 없이 움직이면서 늘 주된 먹이인 재빠른 다람쥐를 찾아 두리번거린다. 뾰족한 두 귀는 아주 작은 소리까지 포착한다. 이 가차 없는 작은 살육자의 눈에 띄어 버린 부주의한 설치동물에게는 어김없이 화가 미친다. 한 번 잡히면 결코 그 손아귀에서 빠져나갈 수 없기 때문이다. 이 육식동물은 바로 검은담비다. 타이가의 생생한 언어로는 검은담비를 '다람쥐 사냥꾼'이라 부른다.

　늙은 미루나무에 난 구멍 속에 이 작은 짐승 한 쌍의 집이 있었다. 부부는 오래전부터 이곳에 살면서 다른 어떤 검은담비도 자신들만의 사냥터에 접근하지 못하게 막았다. 심지어 그 새끼들도 다 자라자마자 부모의 굴을 떠나 탐욕스러운 영역 보존 본능에 걸맞은 다른 사냥터를 찾아갔다.

어느 날, 이 검은담비 부부 중 수컷인 '벨벳 외투'는 굴 밖으로 눈길을 던지고 작고 예민한 코로 주위의 냄새를 맡아 보았다. 근처에 다람쥐는 없었다. 하지만 벨벳 외투는 히말라야 담비가 주변에 없는지 확인하는 데 더 신경을 썼다. 히말라야 담비는 검은담비의 혈족이지만 보금자리까지 따라와 죽일 정도로 집요하게 검은담비를 괴롭히는 종족이다. 그러나 사방이 조용했고, 담비의 흔적이나 냄새도 없었다. 사냥을 시작해도 좋다는 뜻이었다.

검은담비 부부는 집에서 나와 나무줄기를 따라 내려왔다. 그리고 여러 종의 다람쥐가 살고 있는 산꼭대기로 이어지는 오래된 오솔길을 따라 올라갔다.

한참을 수색한 끝에 검은담비 부부는 늙은 삼나무 발치에 다람쥐가 막 지나가다 남겨 놓은 흔적을 발견했다. 부부는 의견 일치를 보았고, 무엇을 해야 하는지 알고 있었다. 둘은 서로 다른 방향으로 갈라져서 '양쪽에서' 몰이를 하기 시작했다. 벨벳 외투는 삼나무 위로 재빨리 기어가서 다람쥐가 살고 있는 구멍 옆을 지켰다. 그리고 암놈은 뒤쫓고 있는 먹이의 발자국을 따라갔다. 후각과 청각이 잘 발달된 짐승인 만큼 암놈은 곧 먹이를 찾아냈다. 다람쥐는 멀지 않은 곳의 나무줄기에 달린 가지에 앉아 따뜻한 겨울 햇볕을 받으며 골똘히 생각에 잠겨 있었다.

만주 뱀과 그 먹이

먹이를 발견한 검은담비 암컷은 날렵하게 먹이에게 달려들어 뒤쫓기 시작했다. 코앞에 위험이 닥친 것을 안 다람쥐는 번개처럼 집 쪽으로 내달렸다. 하지만 그곳에는 수컷이 매복해 있었다. 도망자는 가까스로 벨벳 외투와 암컷의 이빨을 피했다. 암컷은 참을성을 잃고 화가 나서 빠드득빠드득 이를 갈며 다람쥐를 덥석 물려고 했다. 죽음을 눈앞에 둔 불쌍한 다람쥐는 나무 꼭대기로 달려가는 수밖에 다른 방도가 없었으므로, 현기증 나는 공중을 향해 머리를 내밀고 돌진했다. 결국 이 작은 동물은 다리를 벌리고 털이 무성한 꼬리를 활짝 편 채, 마치 낙하산을 편 조종사처럼 활상 자세로 떨어져 푹신한 눈 속에 파묻혔다.

바로 그때, 만족스러운 멧돼지 사냥을 마치고 집으로 돌아가던 왕이 우연히 그 삼나무 밑을 지나게 되었다. 공중을 나는 작은 짐승을 본 왕은 호기심이 발동했다. 호랑이는 걸음을 멈추고 방금 다람쥐가 사라져 버린 눈 속을 한 발로 더듬었다. 별안간 거대한 발이 나타나자 소스라치게 놀란 다람쥐는 급히 피난처에서 빠져나와 펄쩍 뛰어올랐다. 그 바람에 하얀 눈송이가 위로 조금 흩날렸다. 그러자 호랑이의 주둥이에 밀가루처럼 하얀 눈이 뿌려졌다. 맹수는 갑작스러운 움직임에 깜짝 놀라 조금 뒤로 물러섰다. 눈 더미에서 완전히 빠져나온 다람쥐는 왕이 걸어오면서 생긴 좁은 길 위로 갔다. 조그만 짐승은 뒷발로 서서 호기심에 가득 차 타이가의 무시무시한 군주를 빤히 쳐다보았다. 다람쥐는 호랑이를 훑어보느라 자신을 위협하는 위험마저 잊어버렸다.

한편 왕도 커다란 삼나무에서 새처럼 내려온 작은 짐승을 흥미롭게 쳐다보았다. 이 짐승은 왕의 머릿속에 완전히 새로운 생각을 불러일으켰다.

그사이에 검은담비 부부는 재빠른 다람쥐를 뒤쫓아 다시 나무를 따라 내려왔다. 다람쥐를 추격하느라 잔뜩 흥분해 있던 벨벳 외투는 그만 호랑이와 부딪쳤다. 그 바람에 발을 위로 치켜든 채 맹수 앞에 갑자기 멈췄다. 예기치 못한 사태에 놀란 검은담비 암컷은 격렬한 추격으로 여전히 열에 들떠, 온몸을 떨면서 거대한 호랑이와 마

주 보았다. 자신의 기세를 주체하지 못하는 암컷의 눈에 왕은 장애
물이자 사냥의 방해물일 뿐이었다. 암컷의 작은 두 눈은 광포한 분
노의 빛을 내뿜었다. 검은담비 암컷은 언제라도 맹수에게 뛰어들 기
세로 위협적인 이빨을 내보이며 뱀처럼 쌕쌕거렸다. 암컷의 몸은 증
오를 가누지 못하고 마구 흔들렸다.

　위대한 왕이 다람쥐 사냥꾼이라는 별명으로 불리는 이 자그마한
육식동물을 본 것은 이번이 처음이었다. 왕은 이 꼬마 짐승의 용맹
함과 필사적인 용기에 충격을 받았다. 왕은 이 모든 상황이 재미있
었다. 타이가의 모든 신하들에게 두려움과 공포를 퍼뜨리는 군주가
전례 없는 대담함을 보이는 이 작은 짐승 앞에서 뒤로 물러선단 말
인가?

　그런데 아무렇지 않게 호랑이를 훑어보던 다람쥐가 냉혹하고 치
명적인 적인 검은담비 암컷을 다시 보자마자 공포에 질려 온몸이
오그라든 채 또 달아났다. 다람쥐는 다시 자신의 집을 향해 필사적
으로 삼나무를 따라 올라갔다.

　먹이가 자신의 손아귀에서 달아나는 것을 본 벨벳 외투는 또 한
번 타이가의 군주에게 이빨을 드러내 보이더니 다시 힘차게 추격을
시작했다. 두 마리의 검은담비는 눈 깜짝할 사이에 나무줄기를 기어
올랐다. 그리고 가련한 다람쥐가 나무의 어느 쪽으로 가든 정신없이
뒤쫓았다. 마침내 다람쥐는 힘이 빠져 숨이 끊어질 지경이 되었다.
검은담비 부부는 무엇보다도 먹이가 집으로 도망가지 못하게 막고
바짝 뒤쫓아 옴짝달싹 못하게 하려고 애를 썼다. 이렇게 해서 검은

담비 부부는 다람쥐를 집에서 떨어진 다른 나무 쪽으로 내모는 데 성공했다.

이 공중 사냥의 세세한 부분 하나하나를 놓치지 않고 보고 있던 호랑이는 작은 육식동물의 민첩함과 인내력에 탄복했다. 호랑이는 검은담비에게서 자기만큼이나 끈질기고 완벽한 육식동물의 모습을 발견했다. 하지만 이 작은 동물들은 호랑이와 구별되는 한 가지 우월한 점을 지니고 있었다. 바로 가장 높은 나뭇가지에서도 사냥할 수 있다는 것이었다. 호랑이는 비록 절대 권력을 휘두르는 타이가의 제왕이었지만, 그런 재주는 없었다.

호랑이의 머릿속에 처음으로 부러움의 감정이 일었다. 그때까지 호랑이는 어느 누구도, 복잡한 무기를 다루는 인간도 능숙한 공격 솜씨를 지닌 곰도 부러워해 본 적이 없었다. 그런데 이 작은 검은담비를 보고 열광에 사로잡힌 것이다. 호랑이는 검은담비의 움직임, 계략, 먹이를 잡는 솜씨 이 모든 것에 감탄했다.

지친 데다 거의 힘이 빠져 버린 다람쥐는 결국 한 발로 나뭇가지에 매달려 아래로 떨어질 준비를 했다. 왕은 처음으로 참관하게 된 이 사냥의 끝이 궁금해서 계속 관찰했다.

벨벳 외투는 먹이가 곧 나무에서 떨어질 거라 예상하고 재빨리 삼나무를 따라 내려와 몇 번을 도약해서 다람쥐가 떨어질 만한 자리로 갔다.

하지만 그곳에는 왕도 나뭇가지 쪽으로 고개를 들고 작은 다람쥐의 추락을 기다리며 자리를 잡고 있었다.

사촌이자 적(검은담비를 쫓는 담비)

검은담비 암컷은 다람쥐가 눈 속으로 떨어지자 호랑이가 그 다람쥐를 꺼내 자기 쪽으로 가져다 놓는 것을 보았다. 다람쥐는 기절해서 발만 겨우 움직이고 있었다. 서둘러야 했다. 그렇지 않으면 먹이는 다시 도망칠 것이다! 하지만 저 무시무시한 호랑이가 지키고 있는데 어찌해야 한단 말인가? 호랑이는 킁킁거리며 조그만 다람쥐의 냄새를 맡았다. 그때 이 작은 짐승이 발로 호랑이의 길고 하얀 수염을 간질이자, 호랑이는 주둥이를 찌푸렸다. 호랑이는 분명 털로 덮인 이 폭신한 작은 공 모양의 짐승 때문에 즐거운 것 같았다.

물론 벨벳 외투도 이 모든 장면을 유심히 보고 있었다. 벨벳 외투는 동물의 왕에게 감히 접근하지 못하고 호랑이와 조금 떨어진 곳

104

에 멈추었다. 하지만 암놈은 맹수의 평화를 깨뜨릴까 봐 망설이면서도 먹이를 차지하고 싶은 욕심에 안달이 났다.

조그만 육식동물이 분노에 차서 으르렁거리고 쌕쌕대는 소리는 왕의 주의를 끌었다. 왕은 몸을 돌려 삼나무 꼭대기에서 다람쥐를 추격하던 그 쪼그만 동물이 바로 옆에 와 있다는 걸 알게 되었다.

'아, 이 조그마한 녀석은 용기도 대단하군! 감히 호랑이와 먹이를 겨루려고 다가온단 말이지?'

맹수는 검은담비의 행동이 놀랍고 또 재미있어서, 무슨 일이 벌어질지 지켜보기 위해 조금 물러났다. 벨벳 외투는 왕에게는 조금도 주의를 기울이지 않은 채 이빨을 드러내고 성이 나서 으르렁거리며 다람쥐 쪽으로 돌진했다. 그리고 다람쥐의 목덜미를 물고 비스듬히 질질 끌더니 이내 삼나무 꼭대기로 신속하게 옮겼다. 삼나무 꼭대기에서는 암컷이 기다리고 있었다. 검은담비 암컷은 만족한 소리로 가르랑거리며 용감무쌍한 수컷을 반겼다.

작은 육식동물들이 커다란 삼나무의 가시덤불 속으로 사라져 버린 후에도 왕은 그 자리에 남아 여전히 눈으로 검은담비를 찾고 있었다. 왕은 이 담대한 동물들과 자신을 견주어 보았고, 좀 모욕당한 느낌이 들었다. 타이가에 사는 모든 생물들은 왕에게 복종했다. 왕은 전지전능한 존재였고, 누구도 감히 왕의 길을 가로막을 수 없었다. 그런데 방금 무모한 작은 짐승이 맹수의 머릿속을 어지럽힌 것이다. 그리고 지금 왕은 심각한 생각으로 괴로워하고 있었다. 왕의 마음 구석구석이 이 철저한 역전에 타격을 받은 참이었다.

그때 이후로 왕은 숲을 돌아다닐 때 지상 위 저 높은 곳은 자신이 닿지 못하는 영역임을 의식하면서 거대한 삼나무의 까마득한 꼭대기를 자주 살폈다. 끼어들지 못한 채 바라보기만 했던, 저 높은 곳에서 벌어진 공중 추격전은 끊임없이 왕의 기억 속에 되살아났다.

하지만 다른 한편으로 새들은 전혀 왕에게 질투를 불러일으키지 않았다. 새들의 생김새나 몸의 특징은 왕과는 너무 동떨어져 있었다. 작은 육식동물, 왕은 그 짐승이 부러웠다.

# 퉁리와의 만남

왕은 벌써 한 살 반이었고, 150킬로그램이나 나갔다.

활력이 흘러넘치는 왕은 반짝이는 겨울 태양 아래 편안히 앉아 눈을 껌뻑이고 기지개를 켰다. 거친 혀로 멋진 털가죽을 핥고 난 왕은 진중한 명상에 빠져들었다.

아직 형태가 완전히 갖추어지지 않은 머리는 따뜻한 유년 시절의 추억으로 가득 차 있었다. 어머니와 누이의 모습이 다시 떠올랐고, 고독으로 인한 슬픔의 감정이 끊임없이 솟아나 이따금씩 왕을 사로잡았다. 그러다가 하루하루의 생활이 우위를 점하면서 그런 추억들은 점점 더 옅어졌고, 과거의 윤곽은 멀어져 가혹한 현실에 자리를 내주었다.

현재의 삶은 행동과 더불어 의지와 힘의 집중을 요구했으며, 왕에게 절대적 법칙을 강요했다.

겨울도 끝을 향해 가고 있었다. 모피 사냥꾼들은 멀리 사냥 가는 일을 중단했다. 날이 따뜻해지면서 동물들이 털갈이를 시작했고 털도 값어치를 잃었기 때문이다.

노인 퉁리는 쉰다섯 번째 사냥철을 마쳤다. 자작나무 껍질로 만든 배낭 속에는 귀중한 검은담비 털가죽이 차곡차곡 담겨 있었다. 그 위로는 값이 덜 나가는 다른 털들이 정성스럽게 쌓여 있었다. 겨울잠쥐, 담비, 다람쥐, 너구리, 여우, 수달 등의 털가죽이었다. 배낭의 무게는 40킬로그램 가까이 되었다. 노인은 등산 배낭을 메듯이 십자로 교차한 가는 가죽끈으로 배낭을 등에 고정하여 운반했다.

이 늙은 모피 사냥꾼은 허름한 통나무집을 청소하고 특별히 신경을 써서 통나무집의 흙과 밖에 있는 작은 기단을 치운 다음, 거대한 삼나무 줄기에 마련한 자신만의 조촐한 신당 앞에서 기도를 올렸다. 그는 삼나무 가지에 매달린 무쇠 종을 막대기로 몇 번 치고서, 사냥의 성공을 감사하기 위해 산신령에게 엎드려 절을 올렸다. 일정한 간격으로 울리는 낮은 종소리는 숲 한가운데에서 공명하다가 타이가 깊은 곳으로 사라졌다. 퉁리는 신당의 제단에 놓여 있는 향초 몇 개에 불을 붙이고 기도를 마쳤다. 그러고 나서 서둘러 다시 일어나 무거운 배낭을 등에 지고 오두막을 나섰다. 오두막 문은 튼튼한 말뚝으로 떠받쳐 놓았다. 퉁리는 기다란 지팡이를 짚고서 자기가 걸어 다니면서 내놓은 오솔길로 향했다. 길은 동쪽으로 향했다.

해가 저물면서 저녁 어스름이 삼나무의 거대한 줄기들 사이로 내려앉았다. 퉁리는 자신의 집에서 10킬로미터쯤 떨어진 곳에 있는 친구의 통나무집에서 밤을 보낼 생각이었다. 다음 날 아침 다시 같은 방향으로 길을 떠나 영고탑(寧古塔) 마을에 도착할 계획이었다. 그러니까 하루 반 동안 75킬로미터를 가야 하는 셈이었다.

소량의 건강식과 맑은 산 공기, 매우 높은 지대에서의 고된 행군은 그의 정신이 무(無)의 상태가 되도록 환경을 조성해 주었고, 이를 통해 그는 육체적, 정신적 힘을 얻었다.

퉁리는 자신의 나이도 까먹었으며, 영고탑 마을에 살면서 장사를 하는 아들의 나이도 이젠 기억하지 못했다. 그의 아들은 쉰 살도 훌쩍 지났다. 아들의 자식들도 이미 오래전에 결혼을 해서 오랜 전통에 따라 공동 가족생활을 하고 있었다. 온 가족이 함께 한 집에 살면서 아버지와 할아버지에게 순종했다.

퉁리는 무거운 짐 때문에 몸을 굽히면서도 잰걸음으로 걸었다. 그는 자신을 반겨 줄 귀여운 손자들을 떠올리며 설날에 어떤 선물을 사다줘야 하나 조용히 생각하고 있었다. 타이가에는 밤이 내렸고, 별이 총총한 어두운 하늘에는 아름다운 달이 떠올라 오솔길과 무덤처럼 새카만 삼나무 숲 위로 빛을 던졌다.

통나무집도 이제 멀지 않았다. 경계를 늦추지 않는 모피 사냥꾼의 눈에 기름 먹인 종이를 발라 놓은 작은 창에서 새어나오는 흐릿한 빛이 들어왔다. 그다지 멀지 않은 거리였다. 이제 모퉁이 하나만 돌면 이웃의 모피 사냥꾼 루빈이 사는 집이 나타날 것이다. 루빈의 집은 강물이 굽이치는 곳 근처의 바위산 위에 있었다.

그런데 어찌된 일일까? 퉁리의 200보쯤 앞 오솔길 위에 어두운 형체 하나가 우뚝 서 있었다. 형체는 자리에서 꼼짝도 하지 않았다. 그러나 그 뒤에서 관목 줄기나 포도나무 같은 가늘고 긴 무언가가

암컷의 환심을 사려는 뇌조

뱀처럼 꼬인 모양으로 움직였다.

통리의 검은 두 눈동자는 수축되어 한 지점에 고정되었다. 그는 거대한 오솔길에서 걸음을 멈추고 커다란 미루나무 줄기를 방패 삼아 몸을 숨긴 뒤 어두운 물체에서 눈을 떼지 않았다. 오랜 세월의 경험으로 미루어, 통리는 몇 가지 특징만으로도 자기 앞에 있는 것이 호랑이라는 것을 확신할 수 있었다. 그것은 바로 '위대한 왕'이었다.

그에게는 무기가 없었다. 사실 이런 경우에는 어떤 무기도 소용이 없다. 아무리 무장을 단단히 한들, 나약한 인간이 홀로 밤중에 타이가의 거대한 호랑이와 마주친 상황에서 무엇을 할 수 있단 말인가?

위압적인 맹수의 치명적 일격에 노출된 인간은 새끼 생쥐만큼이나 무력하다.

그러나 퉁리는 겁에 질리지 않았다. 그는 노야령 산맥의 숲 속에서 오랫동안 생활하면서 수많은 위험을 겪었고, 만주 타이가의 왕과도 여러 번 마주쳤다. 그는 두려워하거나 갈팡질팡하는 낌새를 조금만 보여도 목숨이 달아난다는 것을 알고 있었다.

호랑이가 오솔길에 그대로 서서 빛을 발하는 둥근 눈동자로 자신을 보고 있다는 것을 확인한 노인은 임시 피난처인 나무줄기를 떠나 천천히 다시 앞으로 나아가기 시작했다. 꼼짝 않는 맹수의 형체를 뚫어지게 바라보는 그의 몸짓은 결연했다. 둘 사이의 거리가 급속히 줄어들었다. 남자는 용감하게 무시무시한 짐승 앞으로 걸어갔다.

둘의 시선이 교차했다. 둘의 눈동자를 잇는 보이지 않는 실이 끊어지기 직전의 밧줄처럼 팽팽해졌다. 한 발씩 내디딜 때마다 긴장이 증폭되었다. 섬광이 일 것만 같았다. 신경의 압박은 몹시 거세어졌고, 이 상황에서 빠져나가는 것은 점점 더 불가능해 보였다.

호랑이의 두뇌는 빠르게 회전했고, 신경 중추는 바깥 상황을 정확히 판별하지 못했다. 모든 일이 너무도 빠르고 갑작스럽게 일어났기에 더는 깊이 생각해볼 수도 없었다. 움직여야 했다.

퉁리는 호랑이의 면전까지 다가갔다. 하지만 눈빛으로 호랑이를 꼼짝 못하게 만들면서도 걸음은 늦추지 않았다.

자신의 코앞까지 대담하게 다가오는 인간을 처음 본 왕은 얼이 빠져 버렸다. 왕의 단순한 두뇌는 이 현상의 목전에서 반응조차 하지

111

못했다. 이제 해결책은 없었다. 싸움은 불가피했다. 호랑이나 인간 중 하나가 물러서야 했다.

하지만 퉁리는 항복할 수 없었다. 항복은 곧 죽음을 의미하기 때문이었다. 어떤 희생을 치르더라도 전진해야 했다. 노인은 극도의 의지를 발휘하여 무엇에 홀린 듯 계속 걸어갔다.

피할 수 없는 싸움 앞에서 왕은 거의 무의식적으로 비켜서서 인간에게 오솔길을 양보했다. 길을 막아서는 다른 어떤 장애물, 설사 쓰러진 나무나 튀어나온 바위였다 해도 달리 행동하지 않았을 것이다. 왕은 의지와는 상관없이 기계적으로 행동했다.

퉁리는 당황한 채 어쩔 줄 몰라 하면서도 맹수 곁을 흐트러짐 없는 발걸음으로 지나쳤다. 호랑이는 여전히 같은 보조로 걸으면서 이제는 오솔길 저쪽으로 멀어져 가는 인간을 눈으로 좇았다. 그러나 늙은 모피 사냥꾼이 뒤를 돌아보지 않는 데는 가히 엄청난 의지가 필요했다. 이 노련한 타이가 사람은 결코 뒤를 돌아보면 안 된다는 사실을 알고 있었다. 아주 멀리 떨어진 후가 아니라면 절대로 안전하지 않다는 것을 알았던 것이다.

맹수는 계속해서 자기 길을 가고 있는 이 인간을 유심히 지켜보았다. 그러자 새로운 생각이 머릿속을 뒤흔들었다. 진짜 위험한 상황은 지금부터이다. 인간이 뒤쪽으로 시선을 던지면 망설임과 두려움을 드러내는 것이 되어 호랑이의 머릿속에 저 먹이를 잡아야겠다는 생각을 다시 불러일으킨다. 그리하여 집요한 본능이 일깨워지면, 방금 인간의 의지가 행사한 마술적인 힘이 소멸되고 마는 것이다.

재빨리 오솔길의 모퉁이를 통과한 퉁리는 통나무집에 다다라 작은 말뚝으로 떠받친 출입문 근처에 배낭을 내려놓았다. 집주인은 없는 것이 분명했다.

퉁리는 문 앞에서 잠시 기다리더니 파이프 담배에 불을 붙이고 집 안으로 들어갔다. 안쪽에서 흐릿한 불빛이 반짝이며 초라한 실내를 비추었다. 그때서야 늙은 모피 사냥꾼은 온몸에서 힘이 빠져나가는 것을 느꼈다. 그는 기진맥진해졌다. 극도의 의지를 발휘하고 신경을 바짝 곤두세웠던 결과였다. 노인은 똑바로 서 있기도 힘이 들어, 뜨끈한 '캉'(중국식 작은 침대) 위에 누웠다. 작은 나무 조각이 베개가 되어 주었다. 노인은 이내 깊은 잠에 빠져들었다. 파이프 담배가 입에서 떨어져 바닥 위로 굴렀다.

이것이 퉁리와 위대한 왕의 첫 만남이었다.

위대한 왕은 늙은 모피 사냥꾼의 고결하고 야윈 모습, 그리고 꿰뚫어 보는 듯한 두 눈동자의 날카로운 시선을 기억 속에 깊이 새겼다. 이 인간의 모습이 모퉁이 너머로 사라지자, 왕은 다시 오솔길을 따라 퉁리의 오두막이 있는 좁은 골짜기 꼭대기까지 갔다. 그곳에서 맹수는 걸음을 멈추고 오두막을 한참 동안 바라보았다. 왕은 조금 전의 만남을 되새겨 보았다. 늙은 인간의 모습이 눈앞에 생생하게 되살아났다. 왕은 바로 저곳에 모피 사냥꾼이 살고 있다는 걸 알아차렸다. 지금껏 알지 못했던 감정이 왕의 의식을 뚫고 들어왔다. 그것은 자신보다 우월한 의지와 정신력을 보여준 인간에 대한 존경의 감정이었다. 왕은 자신이 그 의지에 압도되었으며 더 높은 차원에 속

113

바위산의 후예(사향사슴)

한 우월한 정신의 힘에 패배했다고 느꼈다.

밤하늘에는 보름달이 환히 빛나고 있었다.

산과 숲은 고요했고, 황량한 고장은 평화롭게 잠자고 있었다. 멀리 작은 골짜기 깊은 곳에서 올빼미의 울음소리가 들렸다. 먹이를 기다리는 붉은 늑대들은 근처의 고개 뒤에서 구슬프게 울어 댔다. 능선에 다다른 타이가의 제왕은 튀어나온 바위 위에 멈춰 서서 숲의 온갖 소리를 들으며, 멧돼지 떼가 숨어 있을 떡갈나무 숲을 유심히 살폈다. 자신의 엄청난 힘을 알고 있는 왕은 수백 킬로미터에 걸쳐 펼쳐진 슈하이의 방대한 영토를 응시했다. 남쪽에는 칠흑 같은 하늘이 모습을 드러내고 있었다. 아름다운 달빛에 비친 타투딩즈 산꼭대기는 마치 레이스처럼 구멍이 뚫린 듯 보였다.

타투딩즈 산꼭대기를 보자, 왕의 머릿속에는 어머니의 보호 아래 근심 없이 살던 어린 시절의 기억이 주마등처럼 스쳐 갔다. 하지만 잠시뿐이었다. 날카로운 허기가 다른 모든 생각을 압도했고, 왕은 저항할 수 없는 힘에 떠밀려 먹이를 찾아 전진했다.

맹수는 떡갈나무 밑의 작은 초목 속에 멧돼지 떼 혹은 적어도 고립된 늙은 수놈 한 마리라도 있을 거라고 생각했다. 그래서 지체 없이 숲 쪽으로 내려가 그늘진 깊은 협곡 속으로 들어갔다.

# 늙은 투사의 최후

은둔자 늙은 멧돼지는 낙엽으로 뒤덮인 휴식처에 편안히 누워 잠을 자고 있었다.

몇 백 년 된 떡갈나무 한 그루의 휘어진 뿌리 사이에 직접 마련한 곳이었다. 늙은 멧돼지는 꿈속에서 자신의 멋진 과거 모습을 보았다. 멧돼지는 다시 젊고 힘센 모습이 되어 있었다. 칼날처럼 예리한 어금니에 무리 전체가 순종했다. 새끼 멧돼지와 어린 것들에게 둘러싸인 암컷, 심지어 커다란 수컷 멧돼지들도 복종했다. 모두가 이 젊은 멧돼지에게 두려움과 존경심을 느꼈다. 여러 하렘을 거느리는 술탄 격인 이 멧돼지는 동족 집단의 전제 군주였다. 옛날의 영상이 놀랍도록 또렷하게 다시 떠올랐다. 늙은 멧돼지는 적으로부터 자신의 무리를 지키는 수호자였던 옛 모습을 회상했다. 붉은 늑대들은 존경심을 품고 멀리 떨어져 피해 갔다. 교활한 두발짐승인 인간도 이 군주를 속일 수는 없었다. 우두머리 멧돼지나 그 무리는 인간이 놓은 덫이나 구덩이를 무서워하지 않았다. 함정에 걸려드는 것은 조심성

116

없고 시야가 좁은 몇몇 새끼들뿐이었다.

우두머리 멧돼지는 늘 경계 상태를 유지했으며, 자신을 위해서건 자신이 보호하는 무리를 위해서건 생존의 권리를 위해 언제든 싸울 태세가 되어 있었다. 그토록 영리한 호랑이조차도 어쩌다가 무리에서 좀 떨어져 있는 방심한 새끼 몇 마리를 뺏을 수 있을 뿐이었다. 그것도 아주 드물게 있는 일이었다.

그러나 그때 이후로 세월은 흘렀고, 우두머리 멧돼지도 늙어 버렸다. 어린 멧돼지들은 모두 훌쩍 자라 어른 수컷이나 암컷이 되었고, 막내들마저도 제 무리 속에서 우두머리인 양 행세하며 늙은 우두머리의 권위를 침범하고 권력을 잠식해 왔다.

그것을 용납할 수 없었던 늙은 투사는 순종하지 않는 멧돼지들을 옛날 방식으로 다루기로 결심했다. 그러나 그러기에는 힘이 너무 모자랐다. 특히 아끼던 누이의 아들이자 자신의 조카 중 하나가 옆구리에 중상을 입혀, 하마터면 목숨을 잃을 뻔했다. 노병은 체념하는 수밖에 없었다. 늙은 멧돼지는 마지못해 멀리 떡갈나무 숲으로 은둔처를 찾아갔다. 그 숲에는 예전에 이웃의 다른 무리들의 우두머리였던 나이 든 친구들이 오래전부터 은신해 있었다. 이것이 모든 살아 있는 것들의 운명이다. 자리는 더 힘센 자에게 돌아간다! 이제 이 노병에겐 고독 속으로 물러나 과거를 곱씹어 보는 것밖에 할 일이 없었다.

그 순간, 자기만큼이나 나이 많은 떡갈나무 옆 쓸쓸한 잠자리에 누워 있던 멧돼지는 깊고 슬픈 한숨을 내쉬었다. 매우 예민한 청각

포식자와 먹이

을 지닌 늙은 멧돼지도 자기를 노리는 잔인한 맹수의 벨벳 쿠션처럼
부드러운 발소리를 듣지 못했다.

호랑이는 멀리 있지 않았다. 길고 힘찬 호랑이의 몸은 바로 옆 개
암나무 덤불 속에서 뱀처럼 기어 오고 있었다. 호랑이는 방금 찍힌
멧돼지의 발자국을 쫓으면서 탐욕스럽게 익숙한 먹이의 냄새를 맡
았다. 둔한 후각을 지녔음에도 호랑이는 그 냄새를 식별할 수 있었
다. 그리고 마침내 떡갈나무 밑동에서 의기소침해 있는 늙은 멧돼지
의 어두운 형체를 알아보았다. 멧돼지는 깊은 잠에 빠져 위험을 감
지하지 못하고 있었다. 호랑이의 윤곽이 멧돼지 쪽으로 미끄러져 갔
다. 느린, 그러나 피할 수 없는 형체였다.

118

호랑이는 한 번만 펄쩍 뛰어오르면 될 만큼 가까이 있었다. 순간, 잠든 멧돼지는 예민한 코로 소름 끼치는 맹수의 냄새를 맡았다. 멧돼지의 두뇌는 벼락처럼 빠르게 반응했다. 멧돼지는 고개를 들고 콧구멍으로 공기를 들이마셨다. 그러나 너무 늦었다. 멧돼지가 소스라치게 놀라 일어선 순간, 타이가의 제왕은 온몸의 무게를 실어 멧돼지에게 달려들어 앞발로 내리눌렀다. 멧돼지는 앞으로 달려 나가려고 안간힘을 썼지만 엄청난 무게에 짓눌려 땅으로 주저앉고 말았다. 강철 집게 같은 맹수의 턱이 먹이의 억센 목을 조여 왔다. 뾰족한 송곳니가 먹이의 관자놀이 동맥을 끊었다. 김이 나는 뜨거운 피가 밝은 달빛을 받아 빛나는 흰 눈 위로 콸콸 쏟아졌다. 희생물은 무겁고 거대한 머리를 숙인 채 단말마의 요란한 소리를 꽥꽥 내질렀다. 이것이 멧돼지 떼의 옛 수장이었던 늙은 투사의 최후였다.

의식의 마지막 경련 속에서 늙은 멧돼지는 언제나 용맹스럽게 이어 온 길고 힘든 인생길 끝에 찾아온 죽음을 느꼈다.

먹이의 거대한 몸집에서 생명의 떨림이 모두 사라지자, 맹수는 무시무시한 턱을 풀고 정성스레 입을 핥아 다시 깨끗하게 정리했다. 몸싸움을 벌이는 동안 멧돼지는 은신처에서 열 발짝 정도 앞으로 기어 나갔다. 덕분에, 이제 꼼짝도 하지 않는 거무튀튀한 거대한 주검의 형체가 반짝이는 눈 위에 뚜렷이 드러났다. 호랑이는 한쪽 뒷발부터 먹어치우기 시작했다. 마치 설탕 덩어리라도 되는 양 커다란 대퇴골을 어금니로 와작와작 씹어 먹었다. 그런 다음 맹수는 두 번째 다리와 엉덩이 전체에 달려들었다. 그리고 계속해서 60킬로그램에

119

육박하는 살과 뼈로 포식을 했다.

호랑이의 배는 부풀어 올라 동그랗게 되었다. 시선은 만족감을 나타내고, 움직임은 느리고 둔해졌다. 졸음이 엄습해 왔다. 호랑이는 나뭇가지와 마른 나뭇잎이 덮인 푹신한 잠자리가 있는, 멧돼지가 살던 떡갈나무 밑동의 은신처라면 편안할 거라 판단했다. 제왕은 강한 자의 권리를 행사하여 그곳에 온몸을 뻗고 자리를 잡았다. 호랑이는 튼튼한 다리와 털이 무성한 꼬리를 쭉 뻗었다. 꼬리는 잠을 잘 때도 계속 움직였다. 멧돼지의 보금자리는 매우 넓었기 때문에 호랑이도 편안히 쉴 수 있었다. 푸짐한 식사 후의 깊은 숨을 내쉬고 방금 전의 성공적인 사냥을 돌이켜 보면서 맹수는 깊은 잠에 빠져들었다.

먼 산의 들쭉날쭉한 산맥 뒤로 달이 졌다.

총총한 별빛도 사라지고 동쪽에서 진홍빛 새벽이 환히 밝아 왔다. 곧 금빛 아침 햇살이 숲이 우거져 구름처럼 어두운 켄타이샨의 능선 위에서 빛났다. 장밋빛 햇빛은 멀리 타투딩즈 산의 눈과 코쿠이찬 산의 레이스 모자 같은 윤곽까지 밝게 비추었다. 날개 달린 산 식구들은 밝아 오는 아름다운 날을 지저귀면서 맞이했다.

타이가의 수다쟁이 까치와 어치들은 바로 어제 일어난 피비린내 나는 비극의 잔해를 곧장 발견했고, 거대한 짐승의 식사에 뒤따르는 만찬에 참여하기 위해 사방에서 몰려들었다. 새들은 한 놈도 빠짐없이 날아들었다. 어치와 까치, 깨새, 흰죽지꼬마물떼새, 나무발바리, 멧새, 파란 참새, 까마귀 등등 모두가 집합했다. 이 수많은 새 떼는 소란을 피우면서 울어 대고 온갖 높낮은 소리로 짹짹거리면서 고기

한 점이라도 더 차지하려고 서로 욕을 퍼붓고 싸웠다. 급기야는 험담까지 오가기 시작했다. 이 모든 소음 때문에 새카만 까마귀들까지 대향연을 즐기려 날아들었다. 까마귀 무리 전체가 찾아와 숲 상공을 비행하며 깍깍 울어 대면서 황무지의 평화를 깨뜨렸다.

붉은 늑대들도 이 타이가의 합창 소리에 이끌려 지체 없이 찾아들었다. 미끄러지듯 날렵한 붉은 늑대의 형체가 개암나무와 떡갈나무가 자라고 있는 근처 수풀에 나타났다. 그러나 이 동물들은 연회가 벌어지고 있는 장소에 곧바로 접근하지 않았다. 축제를 시작한 장본인이 근처 어딘가에 있을 거라 생각했기 때문이다.

그래서 자기 몫의 노획물을 서둘러 차지하려 들지 않았다. 붉은 산적들은 신중하게 탐색을 한 후 타이가의 제왕이 깊은 잠에 빠져 있다는 걸 확인한 후에야 안심했다. 그러고 나선 교묘하게 앞으로 나아가며 납작하게 엎드려 한 발 한 발을 내디디면서 움푹 꺼진 야윈 배를 채울 수 있는 장소에 도착했다. 붉은 늑대는 스무 마리쯤 되었다. 하지만 타이가가 인정한 이 악당들에게도 법률과 조상 대대로 전해 오는 관습이 있었다. 늑대 가족은 족장이자 우두머리인 늙은 늑대의 허락을 기다렸다. 우두머리가 뾰족한 이빨로 멧돼지의 내장을 찢어발기기 시작하자, 다른 놈들도 마치 명령에 복종하듯 멧돼지의 해골로 달려들었다. 요란한 연회였다.

새 떼는 전부 다시 날아오르는 수밖에 없었다. 새들은 날개를 파닥이며 늙은 은둔자의 유해 위를 날면서 소리를 질러 댔다. 타이가의 안주인을 자처하는 까마귀와 까치들은 몹시 흥분했다. 이 새들은 이들에게 결코 전장을 빼앗기고 싶지 않았다. 그래서 열 마리 남짓씩 떼 지어 늑대들을 공격했다. 이 새들은 날갯짓과 찢어지는 울음소리로 불손한 네발짐승들의 혼을 빼놓으려 애썼다. 그리고 늑대들이 정신을 못 차릴 때마다 그 기회를 이용해서 가장 맛있는 살과 뼈를 면전에서 빼앗아 갔다. 채 반 시간도 지나지 않아 가련한 멧돼지는 발굽과 피에 젖은 짙은 황갈색 털 뭉치만 남게 되었다. 누가 더 할 것도 없이 굶주려 있던 날개 달린 육식동물과 네발짐승은 피에 젖은 눈까지 먹어치웠다.

더 먹을 것이 없자, 붉은 늑대들은 태평하게 계속 잠을 자고 있는 제왕 쪽을 힐끔거리며 다시 대열을 이루어 깊은 타이가 속으로 물러갔다. 제왕은 이 무례하고 하찮은 짐승들이 감히 자신의 식사 찌꺼기를 먹었으리라고는 생각도 못하고 있었다. 제왕은 잠결에 얼핏 시끄러운 소리를 들었다. 하지만 낮잠 자는 호랑이 특유의 무기력함으로 그냥 태연히 누워 있을 뿐이었다. 이 전설의 거대한 동물이 마음껏 잠자고 있는 동안, 2월의 눈부신 태양에 잠긴 주변 세상은 왕의 깊고 규칙적인 숨소리에 귀를 기울이고 있는 것 같았다.

오직 지칠 줄 모르는 까치들과 그 친구인 어치들만이 맛있는 식사를 끝내고 할 일이 없어지자 커다란 떡갈나무 가지에 자리를 잡고 앉아서 화창한 날씨를 틈타 이웃과 타이가의 다른 모든 식구들에 대해 중상모략을 늘어놓았다.

열기와 습기를 머금은 여름이 다시 오고 있었다. 타이가의 수증기로 가득 찬 향기로운 공기가 숨이 막힐 듯 모든 것을 짓눌러 왔다.

날짐승과 네발짐승들은 숨 쉴 수 있을 만큼 신선한, 타는 듯한 햇빛이 도달하지 않는 장소를 찾아 삼나무 숲 깊은 곳에 빽빽하게 들어앉았다. 그런 곳에서는 산에서 흐르는 얼음 같은 샘물과 강물이 이끼로 뒤덮인 돌과 바위 사이를 파고 들어가면서 길을 내어, 계곡과 골짜기 깊은 곳에서 세차게 소리를 내며 폭포처럼 쏟아졌다. 궁륭 모양으로 휘어진 이 수풀 아래에는 음산하고 축축한 희미한 빛이 퍼져 있었다.

졸졸거리는 개울 소리만이 영원할 것 같은 녹색 숲의 평화를 깨뜨렸다. 타이가 본토박이인 곰과 멧돼지도 이런 곳으로 더위와 벌레를 피하러 왔다. 이 동물들은 산속을 흐르는 시원한 강물에 몸을 담갔다. 멧돼지는 시커먼 늪지와 웅덩이의 차가운 진흙탕 속에서 아침부터 저녁까지 뒹굴었다. 곰에게 이 더운 시기는 바로 짝짓기의 계절이었다. 사랑에 굶주려 눈이 먼 수컷들은 숲 여기저기를 돌아다니며 타오르는 열정을 암컷들에게 전하기 위해 낮은 소리로 끊임없이 울부짖었다. 곰은 평상시 신중하고 경계를 게을리하지 않는 동물이지만, 격앙된 이 시기에는 자제력과 차분함, 침착함을 완전히 상실하고 사납고 심술궂고 변덕스러워진다.

왕은 더위와 견딜 수 없는 벌레들, 온갖 종류의 모기들을 피해 코쿠이찬 산꼭대기 구름 저편의 좁은 장소를 임시 피난처로 삼았다. 북쪽 산비탈에 위치한 이곳은 시원한 미풍이 어루만지는 바위들로 둘러싸여 있었다. 왕은 거기에서 추분, 다시 말해 9월 하반기까지 머물렀다. 이곳은 밤에도 아주 시원해서, 새벽녘이 되면 양탄자처럼

숲의 도적(붉은 늑대)

깔린 풀과 진달래과 식물의 숲이 희끄무레한 서리 층으로 덮였다. 높은 곳에서 자라는 유일한 관목인 산악의 작은 삼나무는 보랏빛을 띠면서, 돌길과 화강암을 층층이 덮고 있는 이끼 같은 지의류의 색조와 뒤섞였다.

왕이 은신처로 택한 자갈투성이 집은 예전에 산양들이 살던 동굴 중 하나였다. 굴 바닥은 삼나무 열매를 닮은 오래된 배설물이 두꺼운 층을 이루며 덮여 있었다. 이 배설물 층은 호랑이에게는 낮 동안 편안한 잠자리가 되어 주었다. 밤이 되면 왕은 늘 그래 왔듯이 코쿠이찬 산에 인접한 자신의 영역으로 사냥을 나갔다.

사냥길에 왕은 강가에 자리 잡은 낚시꾼들의 초라한 산막을 보았다. 또한 협곡이나 움푹 파인 곳에 위치한, 역시 별로 화려하지 않은 사냥꾼들의 오두막도 자주 보게 되었다. 인간을 만나는 일은 아주 드물었지만, 어쨌든 왕은 이미 인간과 마주치는 것 또한 습관이 되었다. 왕이 생각하기에, 이 두 발 달린 피조물들은 뚜렷한 특징을 띠고는 있었지만 무해한 존재들이었다. 그래서 인간과 마주치면 몸짓을 유심히 관찰하고 목소리에 귀를 기울이면서 길을 양보했다. 인간이란 존재는 타이가의 왕에게 별달리 거슬리지 않았다. 왕은 인간들이 유순하며 무장하고 있지 않다는 사실을 알고 있었다.

하지만 더 나아가, 타이가의 왕은 인간들에 대해 어느 정도 지식이 있었다. 사실 왕은 마땅한 사냥감이 없을 때 여러 번 인간들이 파 놓은 구덩이를 한 바퀴 돌며 사슴과 멧돼지, 산양, 노루를 꺼내 왔다. 한편, 모피 사냥꾼들은 이런 일을 길조로 여겼다. 그들은 이런 일이 생기면 위대한 산의 정령이 영광을 베푸는 것이라고 생각했으며, 특히 호랑이가 먹이를 가져가면 그 사냥꾼은 호의를 입은 것이라고 여겼다. 그것은 풍성한 사냥의 전조로서, '왕'의 높은 위엄을 지니지 못한 다른 호랑이들의 공격으로부터 사냥꾼을 지켜 주었다.

# 거인들의 싸움

위대한 왕은 멀리서 곰이 울부짖는 소리를 들었다.

때마침 왕이 배가 고파 괴로워하고 있을 때였다. 멧돼지들이 쉬는 곳은 10킬로미터도 더 떨어져 있었다. 왕은 어떻게든 곰을 잡아먹기로 결심했다. 하지만 아직까지 한 번도 곰이라는 동물을 먹이로 잡아 본 적은 없었다. 왕은 이 사냥이 전혀 예상치 않은 위험을 가져올지도 모른다는 것을 알고 있었다. 하지만 왕은 곰 고기가 맛있다는 것도 알았다. 어쩌다 어미하고 떨어진 한 살짜리 새끼 곰을 맛본 적이 있었다. 왕은 그 연하고 부드러운 고기 맛을 떠올렸다. 다른 동물들의 고기에 전혀 뒤지지 않는 맛이었다.

하밀(哈密兒) 지역에 사는 호랑이들은 다 자란 갈색곰이나 흑곰을 자주 마주쳤다. 그때마다 이 곰들은 자신의 힘을 자각하고 있는 근엄한 동물에 걸맞은 위엄을 지니고 행동했다.

곰은 보통 호랑이를 발견하면, 살아 있는 모든 존재에게 두려움과 공포를 불러일으키는 이 육식동물을 큰 키를 이용해 더 잘 관찰하기 위해 뒷발로 일어선다. 사람을 연상시키는 이 행동은 호랑이의 뇌리에 특별한 인상을 남긴다. 곰이라는 이웃에 대한 존경의 감정이 새겨지는 것이다. 더구나 대단한 힘을 증명하는 곰의 강인하고 커다란 몸집은 호랑이조차 압도한다.

하지만 왕의 경우는 달랐다. 타고난 강한 힘의 소유자인 왕은 그 힘을 분출하고 싶은 열망으로 가득 차 있었다. 그래서 곰이 싸움에 뛰어들도록 부추겨야겠다는 생각이 들었다. 더구나 도저히 달랠 수 없는 허기가 밀려들어 위를 갉아먹고 있었다. 곰의 외침과 신음 소리가 가까워졌다. 곰은 타이가의 제왕이 멈춰서 기다리고 있는 비탈로 올라왔다. 호랑이는 곰의 청각과 후각이 예민하다는 것을 알고 있었기 때문에, 각별히 신경을 써서 바람을 마주 보는 방향으로 땅에 엎드렸다. 호랑이는 무성한 덤불 속에서 폭풍우에 쓰러진 삼나무를 방패 삼아 숨어 있었다.

곰은 가끔 멈춰 서서 어디선가 매력적인 암컷이 자신의 열렬한 구애 소리에 화답하고 있지는 않은지 귀를 기울이면서 시끄럽게 숲 속으로 들어왔다.

만약 이 곰에게 음악적 재능이 있었다면, 아마 처음 손에 닿는 나뭇가지를 기타 삼아 사랑의 세레나데를 불렀을 것이다. 아쉽게도 곰은 전혀 음악을 연주할 줄 몰랐다. 하지만 곰들은 나뭇가지를 구부렸다가 갑자기 확 놓아 버리는 경우가 종종 있는데, 그렇게 하면 아주 멋들어진 음악이 생겨난다. 그러니까 곰은 어쩌다 내키면 음악을 연주할 뿐 재능은 거의 없다고 할 수 있다. 그래서 인간들은 이 용맹

127

한 동물에게는 모욕이 되고도 남을 만한 속담을 만들어 냈다. 그들은 음악적 감각이 둔한 사람에게 '곰이 귀를 밟고 지나가서 그렇다'고 말한다.

한편 호랑이의 음악적 재능은 평범한 고양이보다 나을 것이 없지만, 뛰어난 청각과 더불어 목소리를 조절할 줄 아는 능력이 있다. 호랑이는 어떤 짐승이 우는 소리든 흉내 낼 수 있으며, 필요할 경우 아주 능숙하게 해내기도 한다.

왕은 타이가의 돈 후안이 부르는 사랑의 세레나데에 대한 응답으로, 암컷 곰의 날카로운 목소리를 흉내 냈다. 그러자 수컷 곰은 완전히 속아 넘어가서 한층 더 울부짖으면서 최대한 빠른 속도로 소리가 나는 방향으로 다가갔다. 곰은 그것이 사랑을 갈구하는 암컷의 목소리라고 철석같이 믿고 있었다. 왕은 이번엔 부드럽고 열정적인 소리로 다시 노래했고, 또 한 번 성공을 거두었다.

곰이 가까이 왔다. 밤의 정적 속에서, 야생 포도나무와 칡이 뒤얽힌 수풀 쪽으로 다가오는 무거운 발소리가 뚜렷이 들렸다. 곰은 덤불을 쓰러뜨리면서 지나갈 길을 내고 있었다. 왕은 몸을 숨긴 커다란 나무줄기 뒤에서 숨을 멈추고 곰이 다가오기를 기다렸다. 하지만 곰은 마지막 순간에 정지했다. 채 열 걸음도 남지 않은 거리였다. 숲의 소리를 들어 보려고 멈춘 것이었다.

숨 막힐 듯한 침묵이 흘렀다. 무성한 잡목림 하나만을 사이에 두고, 두 짐승은 숨을 죽인 채 온 감각을 팽팽히 긴장시켜 상황을 파악하려 애쓰고 있었다. 그렇게 1분이 지나고, 2분, 3분이 흘렀다. 어떤 소리도 이 적막하고 짙푸른 오지의 평화를 깨뜨리지 못했다.

그러나 곰은 오랜 경험으로 이 불길한 정적이 위험으로 가득 차 있다는 것을 직감했다. 제아무리 숲의 용사라 해도 죽음의 일격을 당할 수도 있었다. 왕 역시 이제 자신의 속임수가 소용이 없다는 걸 알아차렸다. 이제 결말은 운명과 더불어, 자기 자신이 저지를지도 모르는 아주 작은 실수에 달려 있었다.

곰은 순식간에 정신이 번쩍 들면서 즉각 이 위기를 벗어나야겠다고 생각했다. 이제 곰에겐 매 순간이 소중했다. 조금만 지체해도 곧 죽음을 의미했다. 곰은 이미 예민한 후각으로 거대한 육식동물이 바로 코앞에 있다는 걸 간파했던 것이다. 평상시 곰은 호랑이들을 무서워하지 않았다. 어쩌다 타이가에서 호랑이를 만나도 침착함을 유지하려 애쓰면서 무관심한 척했다. 하지만 이번엔 달랐다. 한밤중에 출구도 없는 무성한 숲에 둘러싸여 있는 데다, 호랑이가 자신을 속인 목적이 뭔지도 알고 있는 판이었다.

곰은 이 상황에서 빠져나갈 방도는 하나밖에 없다고 판단했다. 그리고 그 마지막 구원 수단에 의지하기로 결심했다. 눈 깜짝할 사이에 곰은 뒤로 돌아서 마치 고양이처럼 재빠르게 몇 번 가볍게 튀어 오르더니 가장 가까이 있는 늙은 참나무 위로 기어올랐다. 곰은 참나무 아래쪽의 가지들 사이에서 적당한 자리를 찾았다.

왕은 곰이 내는 소리를 다 듣고 있었다. 하지만 서둘러서 쫓아가지는 않았다. 오히려 절도 있는 느린 걸음으로 매복 장소를 떠났다. 곰이 도망간 참나무 쪽으로 가면서, 호랑이는 거대한 머리를 쳐들고 탐색하는 눈빛으로 잎이 우거진 가지 사이에 앉아 있는 곰을 오랫동안 노려보았다. 곰은 이 눈빛에 소름이 돋고 목덜미의 털이 곤두섰다. 곰은 주둥이를 내밀고 두꺼운 입술을 오므린 채 반항을 표시했다. 또 으르렁거리며 콧바람 소리를 내고 몸을 부르르 털고 침을 뱉으며 온갖 방법으로 두려움을 떨치려 했다. 하지만 호랑이가 뒷발로 일어서서 발톱으로 참나무 줄기를 긁기 시작하자, 더 높은 곳으로 올라가 마른 잔가지를 부러뜨려 왕에게 마구 떨어뜨렸다.

이 무례한 행동에 왕은 분노가 끓어올라 10센티미터나 되는 원뿔 모양의 송곳니를 드러냈다. 곰은 여전히 나뭇가지 위에서 마치 군사 무용이라도 추는 듯 법석을 떨었다. 게다가 귀가 먹을 듯이 울부짖고 침을 뱉었으며 적에게 저주와 욕설을 퍼부었다.

그사이, 해가 떠올라 화창한 하루가 시작되었다. 타이가의 새들은 다시 날카롭게 짹짹거리고 까악까악 울어 대고 감미롭게 지저귀기 시작했다. 이 소리는 한데 뒤섞이면 듣기 좋은 합창 같기도 했다. 이쯤 되면 중요하고 엄청난 사건은 절대 놓치지 않는 까치와 어치가 등장하기 마련이다. 이 새들은 가장 먼저 현장에 도착했다. 정말 가관이었다.

"저런, 저런!"

까치 한 마리가 불쌍한 곰이 피신해 있는 참나무의 가지에서 다른 가지로 옮겨 앉으며 야단스럽게 말했다.

"제대로 걸려들었군, 멍청한 허수아비 같은 놈! 자업자득이다! 작년에 내 새끼들을 먹어치우더니 이번엔 네놈이 우리 왕한테 잡아먹히게 생겼구나. 쯧쯧!"

다른 수다쟁이들도 가련한 네발짐승에게 천박한 욕설을 퍼부으며 고래고래 소리를 질렀다. 곰은 성가시게 구는 이 새들에게 성난 눈빛을 던지고 심술궂게 으르렁댈 뿐 뭐라고 대꾸할 수가 없었다.

"비켜, 비켜!"

그때 못생긴 회색 나무발바리 한 마리가 소리를 질렀다. 순전히 우연히 지나다가 까치들이 쩍쩍거리는 소리를 듣고 온 참이었다.

"불쌍한 곰을 놀리다니, 너희들 부끄럽지도 않니? 저 곰은 한 번도 우리 새끼들한테 손 대지 않았어. 저 까치 녀석, 거짓말만 퍼뜨린다니까."

하지만 나무발바리는 채 변론을 끝낼 수도 없었다. 까치들이 사방에서 에워싸고 격분해서 고래고래 소리를 지르며 말을 잘랐기 때문이다. 나무발바리는 이 떠들썩한 사건이 어떻게 진행될지 지켜보기 위해 옆에 있는 자작나무로 몸을 피했다.

곰이 나무 위에 꼼짝 않고 있기로 작정했다는 것을 간파한 왕은 이리저리 어슬렁거리다가 멀지 않은 곳에 물러나 숨었다. 왕은 거기서 거대한 동물이 결국 내려오기를 바라고 있었다. 하지만 까치들이 어김없이 곰에게 이 새로운 함정을 알려 주었다. 덕분에 이 작전도 소용없어지자, 왕은 매복 장소에서 나와 험담꾼들 모두에게 성난 눈빛을 던지고는 곰이 처음에 있었던 작은 골짜기 쪽으로 내려갔다. 까치들은 잠시 따라오더니 곧 포위당한 동물이 어떻게 행동할지 보기 위해 돌아갔다.

새들의 추격에서 자유로워진 왕은 갑자기 방향을 바꾸었다. 그리고 덤불숲을 한 번 훑어보더니 또다시 숨으러 갔다. 그러고는 참나무 위에 새처럼 홰를 치고 있는 곰을 관찰하기 좋은 바위 뒤에 안전하게 숨었다.

까치와 어치들조차 볼 수 없는 곳이었다. 호랑이는 화강암 바위를 덮고 있는 빽빽한 잡목 숲에 둘러싸여 있었던 것이다. 호랑이는 적의 움직임 하나하나를 유심히 눈으로 좇으면서 아무 소리도 내지 않고 가만히 있었다. 적은 이 요새를 떠나야 할지 어쩔지 결정을 못하고 한참 동안 망설였다. 이미 해는 중천에 떠서 뜨거운 빛으로 산과 숲을 가득 채우고 있었다. 아무것도 할 수 없는 상황에 진력이 나 버린 곰은 결국 조용히 그곳을 뜨기로 결심했다. 나무에서 내려온 곰은 뒷발로 서서 혹시 위험한 호랑이가 근처에 숨어 있지는 않은지 사방을 살폈다. 수상한 낌새가 없자 곰은 소리를 내지 않고 서둘러 숲 속으로 들어갔다. 곰은 슬그머니 덤불 사이로 사라졌다. 하지만 까치들이 따라다니며 또 한 번 곰의 위치를 알렸다. 곰은 까치들에게 제발 들키지 않게 해 달라고 애원하는 눈빛을 보냈지만 소용없었다. 그래서 펄쩍 뛰어오르고 사납게 울부짖으면서 겁을 주려고 했지만, 역시 실패였다. 까치들은 오히려 더 흥분해서 한층 시끄럽게 굴었다.

한편 왕은 곰이 도망가는 것을 보고 있었다. 그래서 까치들의 날카로운 울음소리를 길잡이 삼아 서둘러 곰의 퇴로를 차단하러 나섰다. 왕은 곰이 가는 길 위쪽에 있는 높은 바위에서 멈추었다. 바위

거인들의 싸움(곰 위에 올라탄 왕)

덤불은 호랑이에게 훌륭한 매복 장소가 되어 주었다. 새들의 울음소리가 가까워지자 맹수는 뛰어내릴 준비를 했다. 강철 같은 근육이 팽팽하게 당겨지고 꼬리 끝이 흔들렸다. 왕이 온 힘을 집중하자 두 눈에서는 광채가 났다. 마침내 곰이 나타났다. 곰은 검은 갈기 위로 두 귀를 바짝 세운 채 살금살금 걷고 있었다. 사방을 살피고 냄새를 맡아보며 여전히 경계 태세를 늦추지 않던 곰은 적의 기운을 본능적으로 직감했다. 왕이 기회를 엿보며 숨어 있는 바위는 곰이 따라가는 좁은 길 2미터 위에 있었다. 곰은 바위를 보자마자 좀 더 빨리 전진하기 시작했다. 곰은 적의 공격을 피하기 위해선 자연을 방패로 삼을 수밖에 없다고 판단했다. 이 순간에는 후각도 소용없기 때문이다.

곰은 튀어나온 바위 아래쪽으로 가서 몇 번 뒷발로 서서 주변을 살폈다. 하지만 위쪽에서 무슨 일이 일어나고 있는지는 보지 못했다. 마침내 곰이 네 발로 기어 다시 길을 가기 시작했을 때, 호랑이의 용수철 같은 근육이 순식간에 눈앞에 나타났다. 거대한 몸집이 온 무게로 곰의 등을 덮쳤다. 불시에 공격당한 곰은 한 번 으르렁거리지도 못하고 납작하게 엎드렸다. 호랑이는 집게처럼 튼튼한 턱으로 단번에 적의 굵은 목과 목덜미를 낚아챘다. 왕의 발은 곰의 코와 주둥이를 움켜잡고 있었다. 종두칼처럼 날카로운 자개빛 발톱이 곰의 코 깊숙이 박혔다. 순식간에 한 대를 후려치자 곰의 머리는 뒤로 젖혀졌고, 호랑이의 송곳니는 한층 더 깊이 가련한 짐승의 목에 들어박혔다.

하지만 곰은 멧돼지와는 달랐다. 멧돼지처럼 쉽게 끝날 놈이 아니었다. 왕은 곰의 힘과 능란한 공격술을 모르는 바가 아니었기에, 적에게 숨이 붙어 있는 한 턱을 벌리지 않을 작정이었다. 곰은 끔찍한 상대를 떨쳐 내려고 땅에 구르면서, 뾰족한 발톱으로 무장한 발을 이용해 호랑이의 옆구리와 어깨에 깊은 상처를 냈다. 하지만 아무 소용이 없었다. 그럴수록 강철 집게 같은 턱은 한층 더 심하게 조여 왔다. 곰은 자신이 무너지고 있음을 느꼈다. 곰은 나무줄기나 가지가 왕을 떨어뜨려 주기만을 바라며 자신의 사형 집행인을 태운 채 필사적으로 앞으로 나아갔다. 하지만 이 마지막 방편도 소용이 없기는 마찬가지였다. 왕과 곰은 이제 서로 엉켜 한 덩어리를 이루었

134

다. 죽음만이 둘을 떼어 놓을 수 있었다.

한편 왕은 한 순간도 턱을 벌려서는 안 된다는 것을 잘 알았다. 그런 행동은 왕 자신을 심각한 위험에 노출시킬 수도 있었다. 정면 대결을 한다면 곰은 왕에게 위협적인 반격을 가할 수 있는 존재였다.

두 거인의 싸움이 막바지에 다다랐다. 곰은 힘이 빠졌고 움직임도 둔해졌다. 목에서는 피가 솟구쳤고, 구슬픈 포효에 섞여 간간이 목이 쉰 듯 캑캑거리는 소리가 들렸다.

하지만 왕은 헐떡거리며 겨우 숨을 몰아쉬면서도 결단코 먹이를 놓지 않았다.

이 사투는 양쪽의 힘을 완전히 소진시키면서 30분간이나 계속된 이후 대단원의 막을 내렸다. 곰은 점점 더 숨 쉬는 횟수가 적어졌고 근육은 탄력을 잃었으며, 다리는 꼼짝도 하지 않았고 눈빛은 흐려졌다. 강인한 몸은 늘어져 경련을 일으키더니 뻣뻣하게 굳어 버렸다. 하지만 왕은 힘이 빠져 죽을 지경이면서도 무시무시한 턱을 곧바로 풀지 않았다. 왕은 희생물의 심장과 동맥이 완전히 박동을 멈출 때까지 기다려 조심스럽게 반쯤 입을 벌렸다. 그리고 몸싸움을 하는 동안 긴장하고 무감각해져 경련을 일으키는 근육을 풀기 위해 몇 번 입을 다물었다 벌렸다를 계속했다.

마침내 안심한 호랑이는 정신을 차리고 곰의 발톱에 입은 상처를 찬찬히 살펴보고는 정성스럽게 핥았다. 침의 작용으로 새어나오던 피가 조금씩 멎었다. 하지만 싸움의 현장은 온통 피투성이였다. 풀과 덤불, 작은 관목들은 짓이겨지고 부러져 있었으며, 희생물의 발톱은 땅 이곳저곳에 깊은 골을 내 놓았다. 왕의 하얀 털 뭉텅이와 곰의 검은 털이 사방에 나뒹굴었다. 누구의 털이랄 것도 없이 온통 붉은 피로 물들어 있었다.

두 거인의 싸움은 타이가에 사는 모든 생물들을 놀라게 했다. 동물들은 사방에 울려 퍼지는 끔찍한 소리를 듣지 않으려고 가능한 한 먼 곳으로 피했다. 날렵하고 호기심 많은 갈색 다람쥐와 검은 다람쥐는 집에 숨어서 초조한 눈빛을 던질 뿐이었다. 알록달록한 깃털의 청딱따구리와 까막딱따구리는 나무 쪼기 공사를 멈추고 마른 삼나무 가지 위에 꼼짝 않고 앉아 자신들이 태어난 숲의 정적을 깨뜨리는 범상치 않은 소리에 귀를 기울였다.

"산과 숲을 다스리는 제왕이 곰이랑 싸우고 있는 모양이야."

청딱따구리가 붉은 모자를 쓴 친구에게 말했다.

"도대체 무슨 일이야? 그 많은 멧돼지랑 노루랑 사슴으로도 성에 차지 않는 모양이지? 드디어 본색을 드러낸 거야! 도대체 뭐가 뭔지 통 모르겠네."

"어쩔 수 없는 일이지."

초연한 듯한 다른 청딱따구리가 대답했다.

"너는 아직 어려서 이해하지 못할 거야. 우리의 왕에겐 신성한 표시가 있어. 왕의 운명은 오로지 신에게 달려 있지. 내 오랜 친구인 통리가 그렇게 말했어. 통리는 돌아가신 우리 증조할아버지가 40년 전에도 알고 지내던 친구야. 난 바로 어제도 그 노인의 오두막 근처에서 맛있는 애벌레를 먹었거든. 통리가 한 말이라면 믿을 만해. 그런데 퉁리가 영고탑 마을에서 밀가루를 가져다주는 일꾼한테 말하길, 요 근래에 타투딩즈 산에 출몰하는 호랑이가 바로 한국호랑이인 늙은 왕의 아들이라는 거야. 그 호랑이가 자신의 힘을 시험하고 있는 중이래. 내 말을 믿어. 이 세상 모든 일에는 운명이라는 게 있는 거야. 난 경험이 많아서 그런 사실을 다 알고 있거든."

오랜 세월의 경험으로 현명해진 까막딱따구리는 붉은 오디새에게 이렇게 말했다.

역사에 남을 만한 싸움이 벌어지는 동안 울려 퍼진 엄청난 포효에 어치와 까치 떼는 부채꼴로 흩어져 날아갔다. 이 새들은 곧 타이가 방방곡곡에 소식을 퍼뜨렸다. 그래서 모든 동물들은 30년 전부터 코쿠이찬 지역에 터를 잡고 살던 히말라야 흑곰의 죽음을 알게 되었다.

여름에도 오두막집에 머물러 있던 늙은 모피 사냥꾼들은 즉시 까마득한 옛날부터 고개에 세워져 있는 신당으로 가서, 위대한 산과 숲의 정령에게 바치는 향초를 피우고 기도를 드리며 무릎을 꿇어 절을 올렸다. 기도가 한 번 끝날 때마다 모피 사냥꾼들은 종을 쳤다. 종소리는 규칙적으로 울리며 광대한 타이가를 가로질러 퍼져 나갔고, 그 메아리는 또 다른 산으로 퍼져 나갔다.

같은 시간, 위대한 왕은 육중한 곰의 몸뚱이를 조각내느라 여념이 없었다. 왕은 가장 연하고 맛있는 부위를 골라서 큰 소리를 내며 게걸스럽게 먹어치웠다. 왕에게는 희생물의 크고 단단한 뼈도 비스킷이나 마찬가지여서 전혀 문제가 되지 않았다. 넓적다리와 가슴, 엉덩이 살 일부를 차례차례 먹어치운 왕은 포만감을 느꼈다. 왕은 불룩한 배로 겨우 기어서 가장 가까운 산비탈 꼭대기로 올라갔다. 그리고 어린 자작나무와 개암나무들로 에워싸인 잎이 무성한 커다란 전나무 그늘에 누웠다. 맹수는 곧 잠이 들었다.

북쪽의 아주 가벼운 바람이 코쿠이찬 산의 신선한 향기를 싣고 불어왔다. 이런 바람이 불어올 때면 타이가의 한가운데에서는 경이로운 꿈이 잉태되었다. 정오의 햇살 아래 타이가의 동물들은 행복한 낮잠에 빠져들었다. 매미와 메뚜기의 지칠 줄 모르는 합창 소리 외에 이 웅장한 오지 삼림 지대에는 거의 들릴까 말까 한 소리 하나만이 들려왔다. 소리는 열기에 젖은 대기 전체로 퍼져 나갔다.

그것은 바로 땅이 숨 쉬고 식물이 호흡하는 소리였다. 그 소리는 힘찬 사랑의 노래라기보다는 행복하게 잠들어 있는 세상의 잔잔한 중얼거림 같았다. 높고 투명한 하늘은 대지로 빛을 내려보냈고, 찬란한 태양은 끊임없는 운동의 원천인 힘과 활력을 실은 물질로 모든 것의 원자 하나하나까지 가득 채웠다.

남쪽으로는 멀리 타투딩즈 산의 봉우리가 안개 낀 지평선 위로 뚜렷이 윤곽을 드러냈다. 그 모습은 마치 보랏빛 도는 분홍색을 머금은 어두운 덩어리 같았다. 동쪽에서는 가장자리가 하얀 비구름이 천천히 모습을 드러냈다. 마치 노아령 산맥의 무성한 언덕이 갈지자 모양의 능선 위에 기대어 있는 듯했다. 구름 아래쪽은 납처럼 회색빛을 띠었고, 이따금 멀리서 번쩍하는 번갯불이 보였다. 식물의 향기와 뜨거운 대지의 냄새로 공기는 숨이 막힐 듯했다. 사방에 퍼져 있는 수증기는 밤새 열대성 폭우가 쏟아질 것임을 알려 주었다.

하지만 저녁 무렵 해가 산 너머로 지고 타이가의 가파른 비탈 위로 거무스름한 반점처럼 어둠이 내려앉자, 자연은 다시 생기를 띠고 낮잠을 멀리 던져 버린 듯했다. 살아 있는 모든 것들은 사방에서 생존의 권리를 부르짖으며 목청을 높였다.

타이가는 온갖 소리로 가득 찼고, 거대한 삼나무 꼭대기는 가벼운 열대 계절풍에 흔들렸다. 매미들은 귀가 찢어질 듯 울어 댔고, 늪지의 올빼미들은 숲 깊은 곳에서 은 종 같은 소리를 내며 울었다. 타이가의 캄캄한 밤이 거대한 둥근 지붕처럼 대지를 덮었다. 무수한 별들이 흩뿌려졌고, 은하수는 이 지붕을 끝에서 끝으로 가로질렀다. 반딧불이의 불빛이 어두운 숲과 산을 배경으로 반짝거렸다. 숲 전체는 그 불빛으로 환상적인 장관을 연출했다.

그러나 동쪽에서 비바람이 몰아쳐 왔다. 번쩍이는 번갯불이 어둠을 가르고 천둥은 먼 곳에서 쉼 없이 으르렁거렸다. 하지만 강력한 타이가의 제왕은 성난 자연의 소리는 듣지도 못한 채 능선 꼭대기에서 여전히 깊은 잠에 빠져 있었다.

# 하렘에서

열기를 머금은 초록빛 여름도 금세 지나갔다.

푸르고 청명한 하늘, 생기를 주는 밤 서리와 더불어 황금빛 맑은 가을이 뒤이어 찾아왔다. 가을 숲은 셀 수 없이 많은 색조로 반짝이는 호화로운 양탄자를 덮어 놓은 것처럼 화려했다. 짙은 초록의 배경 위에 온갖 무지갯빛이 넘쳐흘렀다.

바야흐로 사방에서 생명력이 넘쳤다. 풍성한 수확물로 부풀어 터질 듯한 숲은 마지막 뜨거운 햇볕 아래 쉬면서 편안한 시간을 보냈다. 겨울이 오기 전 11월의 마지막 화창한 날씨 속에 거미줄이 그물처럼 수풀과 잡목 숲을 덮었다. 맑고 투명한 공기는 시들어 가는 나뭇잎과 꿀벌이 내뿜는 향기로 가득 찼다.

수꿩들은 그토록 즐거웠던 봄날을 회상하고 새벽부터 황혼까지 강가의 가시덤불을 울음소리로 가득 채웠다. 보잘것없는 들꿩들은 사시나무 덤불을 떠나 숲 가장자리로 뛰어가 과감하게 도가머리(새의 머리에 길고 더부룩하게 난 털)를 세우고 전투태세를 취한 채 사랑의

140

노래를 부르기 시작했다.

우아한 수사슴들은 아름다운 암사슴을 차지하기 위한 싸움의 열기에 휩싸여 저녁부터 아침까지 기나긴 밤 내내 세레나데를 목청껏 불러 댔다. 수사슴들의 높은 금속성 울음소리는 맑은 공기를 타고 깊은 골짜기까지 메아리가 되어 울려 퍼졌다.

노아령 산맥에 속한 하마린 고개는 코쿠이찬 산과 카마칸 산의 움푹한 경계에 있다.

그곳에 늙은 수사슴 한 마리가 다섯 마리의 젊은 암사슴으로 이루어진 무리와 함께 풀을 뜯고 있었다. 이 나이 든 수사슴은 열렬한 독점욕과 질투심으로 가득 차, 진정한 술탄으로 군림하며 암컷들을 지켰다. 자신의 애첩 중 하나라도 하렘에서 단 몇 발자국도 나가지 못하게 단속했다. 수사슴은 아주 가벼운 일에도 모든 애첩들을 폭력으로 엄히 다스렸다. 심한 경우에는 뿔을 사용하는 것도 서슴지 않았다. 얌전하고 온순한 암사슴들은 반발 없이 수사슴의 모든 욕구를 충족시켰다. 나이가 많은 암사슴들만이 겨우 어느 정도의 자유를 누릴 수 있었다. 수사슴은 애첩 중 하나가 조금이라도 부정한 짓을 저지른 것 같으면 아무렇지 않게 죽여 버리기도 했다.

맑고 조용한 밤이었다. 늙은 수사슴은 마치 술탄처럼 후궁들의 처소를 순찰했다. 어쩌다 암사슴이 무리에서 조금 떨어져 있으면 돌아오게 하느라 잔뜩 격앙되어 콧바람을 내뿜었다.

멀리서 다른 수사슴들이 순찰을 도는 소리가 들려왔다. 무리를 지키기에 여념이 없는 늙은 수사슴은 그 소리에 귀를 기울였다. 그

만주의 살아 있는 황금(사슴 가족)

리고 눈에 띌 정도로 노하여 앞발로 땅을 긁고 날렵하고 고집 세 보이는 머리를 들어 우렁찬 울음소리를 냈다. 목구멍에서 하얀 수증기 같은 입김이 새어나오고, 낮고 깊은 목소리가 산속으로 흩어졌다. 암사슴들은 조용히 풀밭에서 풀을 뜯었다. 몇 마리는 앞발을 몸 아래로 접어 넣고 먹은 것을 되새김질하고 있었다. 기다란 귀는 규칙적으로 움직이고 짙은 속눈썹 아래 아름다운 눈은 괴로움 어린 온순한 빛으로 주인을 바라보았다.

그런데 바로 옆 작은 골짜기에서 젊은 수사슴의 울음소리가 들려

142

왔다. 목소리로 미루어 다섯 살쯤 된 수놈이었다. 이 수사슴은 처음으로 기사들의 경쟁에 뛰어든 참이었다.

이 젊은 수사슴도 암컷의 무리를 이끌고 있다고 짐작한 늙은 투사는 똑같은 싸움 신호로 대답했다. 그리고 젊은 수사슴에게서 매력적인 첩 몇 마리를 빼앗아 자신의 무리를 늘릴 수 있으리란 희망을 품고 목소리가 나는 방향으로 서둘러 갔다.

젊은 수사슴은 늙은 수사슴의 거친 목소리를 듣고 걸음을 멈추었다. 그리고 계속해서 울어 대면서 전투태세를 갖추었다. 뒤에서 천진난만한 암사슴 두 마리가 궁금한 나머지 뒤얽혀 있는 나무들 밖으로 고개를 내밀었다. 암사슴들에게 자신의 아름다움과 용맹을 뽐내고 싶은 젊은 기사는 자신만만한 눈빛을 던지고 무른 땅을 앞발로 세차게 쿵쿵 굴렀다.

맞수가 젊고 경험이 부족하다는 것을 확신한 늙은 수사슴은 평상시의 조심성은 온데간데없이 경솔하게 적을 맞으러 나갔다. 풋내기 상대가 기다리고 있는 숲의 빈터에 도착한 늙은 수사슴은 뾰족한 큰 뿔로 공격 태세를 취한 채 적에게 덤벼들었다. 겁 없는 젊은 수사슴은 대결에 응하기로 결심했다. 하지만 두 몸이 부딪치자마자 적이 더 강하다는 것이 금세 증명되었다. 그때부터 젊은 수사슴은 목숨을 보존할 생각뿐이었다. 그러기 위해서는 뿔 공격을 피하고 이 불공평한 싸움에서 무사히 벗어날 수 있는 적당한 순간을 노려야 했다.

앞에 있는 적수가 전혀 경험이 없다는 것을 알아챈 늙은 수사슴은 가능한 한 빨리 적수를 떼어 내고 싶었다. 그래서 상대의 뿔을 쳐내면서 살짝 뒤로 물러섰다. 젊은 수사슴은 그 틈을 타 폴짝폴짝 옆으로 뛰어 잡목 숲 속으로 사라졌다.

승리자는 쩌렁쩌렁하게 콧소리를 울리고, 잠시 내버려 두었던 자신의 암컷 무리에게 두려움을 심어 주기 위해 발로 땅을 긁어 댔다. 그리고 이내 가장자리에서 꼼짝 않고 수컷들의 싸움을 지켜보고 있던 젊은 두 암사슴을 가까이 살펴보았다. 늙은 수사슴은 젊은 암컷 두 마리의 냄새를 찬찬히 맡아 보더니 뿔로 쳐서 자신의 암컷 무리가 있는 장소로 걸어가게 했다. 새로운 후궁들은 얌전히 고개를 숙이고 유순하게 앞으로 나아갔다. 갑자기 나타난 새 주인은 뒤에서 뾰족한 무기로 가볍게 툭툭 치며 두 마리 암사슴을 몰았다.

하지만 늙은 수사슴이 젊은 맞수에게서 이렇게 암컷들을 빼앗는 사이, 그 자신의 하렘에서는 중대한 사건이 벌어지고 있었다. 네 살 먹은 수사슴 한 마리가 술탄의 후궁 중 하나와 사랑에 빠져, 위험한 왕이 자리를 비운 틈을 타서 감시가 없는 처소에 침입해 연정의 상대를 빼낸 것이다. 두 연인 사이에 합의가 있었다는 것은 두말할 나위도 없었다. 그렇지 않고서는 젊은 구애자가 그리 손쉽게 매혹적인 암컷을 차지할 순 없었을 것이다.

수사슴들 사이에서 이런 경우는 매우 흔하다. 늙은 수사슴 한 마리가 이끄는 암사슴 무리가 뒤처졌다가, 우연히 술탄이 없는 틈을 노려 짝 없는 수사슴을 따라가는 것이다.

방금 빼앗은 암컷들을 자신의 하렘으로 데리고 가던 늙은 수사슴은 자신이 아끼는 애첩 중 하나가 사라졌다는 것을 금세 알아차

144

렸다. 풀밭 주위를 샅샅이 뒤져 본 후 배신자 암컷이 연인과 함께 떠나 버렸다는 것을 알게 된 술탄은 노발대발하여 폭발하기 일보 직전이었다. 수사슴은 애꿎게도 자신에게 충실한 암컷들을 모조리 뿔로 들이받았다. 그렇게 화풀이를 하고 나서는 도망자들을 찾아 나섰다. 뛰어난 후각에 의지해 도망자들의 흔적을 찾아내려는 것이었다.

하지만 도망가는 연인들은 그리 어리석지 않았다. 그들은 무시무시한 술탄의 수색 범위에서 재빨리 벗어났다. 젊은 암사슴이 숨을 돌리거나 군침 도는 맛있는 새싹을 뜯으려고 잠시 멈추면, 초조한 돈 후안은 네모진 가느다란 두 쌍의 무기로 즉시 연인에게 신호를 보내 길을 재촉했다.

캄캄한 타이가의 밤이 막 찾아왔고, 달은 아직 뜨지 않았다.

애인을 빼앗아 간 젊은 사슴을 뒤쫓는 늙은 수사슴은 상대방을 속이기 위해 이따금 젊은 수컷의 소리를 흉내 내며 울었다. 그러면 사방에서 수많은 목소리가 응답해 왔다. 덕분에 결국 그들의 행방을 놓치고 말았다. 늙은 수사슴은 두고 온 암컷들의 안전이 걱정된 나머지 추적을 포기하기로 했다. 맹목적인 집착과 질투, 복수심 때문에 이미 너무 멀리 와 있었다. 수사슴은 다시 몇 번 낮은 울음소리를 내고는 서둘러 되돌아갈 채비를 했다.

바로 그때였다. 갑자기 아주 가까이서 젊은 수컷이 응답하는 소리가 들렸다.

# 집으로 돌아갈 때

늙은 수사슴은 적에 대한 복수심에 불타 최대한 빨리 앙갚음을 하고 싶은 나머지, 곡예사처럼 바위와 부러진 나무를 펄쩍펄쩍 뛰어 넘으며 전속력으로 달렸다. 그리고 마침내 작은 풀밭에 이르렀다. 한 가운데에는 폭풍우에 꺾인 거대한 삼나무 한 그루가 쓰러져 있었다. 하지만 그것이 수사슴의 일생에서 최후의 도약이 되고 말았다.

삼나무 바로 뒤에 위대한 왕이 지키고 있었던 것이다. 수사슴이 장애물을 넘자마자, 타이가의 제왕은 앞발로 일격을 가해 수사슴을 쓰러뜨리고 목덜미에 송곳니를 꽂았다. 늙은 수사슴의 운명은 거기서 끝나고 말았다.

뒷다리에 몇 번 경련을 일으켰을 뿐, 곧장 고꾸라져 버렸다. 암사슴들뿐 아니라 타이가에서 열렬한 사랑의 노래를 부르던 젊은 수사슴들조차 그토록 두려움에 떨게 했던 이 아름다운 동물은 이제 꼼짝도 못하는 시체가 되었다.

왕은 수사슴들의 외침이 무슨 의미인지 알고 있었다. 그래서 방

146

금 수사슴들의 울음소리를 듣고는 젊은 수사슴의 소리를 흉내 내어 그중 한 마리를 유인하기로 마음먹었다. 왕의 계획은 큰 성공을 거두었다. 질투에 눈이 먼 광적인 사랑의 희생자인 늙은 수사슴이 덫에 걸려든 것이다.

왕은 바위로 막혀 있는 외딴 장소로 무거운 고깃덩어리를 옮겼다. 그리고 언제나 그렇듯이 가장 맛있는 넓적다리와 엉덩이 살부터 맛보기 시작했다. 그러고 나서 좀도둑들의 습격을 막기 위해 남은 부분을 풀과 잔가지로 덮어 두었다.

훌륭한 식사를 마친 왕은 늘 그렇듯 몸을 깨끗이 닦고 옆에 있는 전나무 아래에 누웠다. 부근의 땅은 사시사철 푸른 전나무 잎으로 뒤덮여 있어 따뜻하고 푹신한 침대가 되어 주었다. 왕은 그곳에서 스물네 시간을 잤다.

다음 날 저녁, 잠에서 깬 왕은 한껏 기지개를 켜고 커다란 입을 벌려 하품을 했다. 그러고는 목도 축이고 간밤에 먹은 고기의 뒷맛이 남아 있는 입을 헹굴 겸 근처 돌 틈을 흐르는 작은 개울로 향했다. 개울가에 도착한 맹수는 잠시 움직이지 않고 주변의 소리에 귀를 기울였다. 꼬리만이 계속 규칙적으로 움직였다. 몇 초가 지나자, 왕은 물 쪽으로 거대한 머리를 숙이고 특유의 방식으로 거칠고 넓은 혀를 사용해 달각달각 소리를 내며 정신없이 물을 먹기 시작했다. 길고 하얀 구레나룻이 흐르는 물에 젖었다. 갈증이 났던 터라 왕은 오랫동안 목을 축이고 나서 입을 씻고 헹구었다. 몸단장을 하면서 왕은 눈까지 잠기도록 흐르는 차가운 개울물 속에 머리를 담갔

147

다. 왕이 내는 소리는 조용한 숲 속에 아주 또렷하게 퍼져 나갔다. 하지만 왕은 자신을 둘러싼 세상에는 전혀 신경 쓰지 않고 몸 씻기에 집중한 채 크게 숨을 쉬고 코를 흥흥거렸다.

몸을 덮고 있는 털을 다시 매끈하게 정리하고 나무껍질을 사용해 발톱을 청소한 뒤, 맹수는 바위 근처에 숨겨 놓은 남은 수사슴 고기를 찾으러 갔다. 그리고 늙은 수사슴 몸통 앞쪽의 견갑골 부분과 굵은 목으로 푸짐한 식사를 즐겼다. 포식을 한 덕에 힘과 생기가 넘쳐 심신이 거뜬하고 원기왕성해진 왕은 타투딩즈 산을 향해 다시 걷기 시작했다. 그곳은 어린 시절의 희미한 추억과 뭐라 형용할 수 없는 따뜻한 손길로 왕을 끌어당겼다.

한 해 동안 왕의 몸집과 키는 거의 두 배 가까이 커졌다. 끊임없이 움직인 덕에 거대한 네 발은 강하게 단련되었고, 유연한 동시에 강철처럼 강해졌다. 가슴과 등, 목의 튀어나온 근육은 먼 선조들의 품격 있는 근육과 견주어도 손색이 없었다. 왕의 키는 또래의 호랑이들보다 반절은 더 컸다.

현명한 통리가 이 호랑이를 슈하이의 산과 숲을 지배하는 '위대한 왕'이라고 부른 것은 정말이지 탁월한 식견이었다.

모피 사냥꾼과 마적, 나무꾼, 심마니들은 위대한 왕의 모습에서 산신령의 현신을 보았고, 왕을 기려 노야령 산맥의 여러 고개에 신당을 세웠다. 그들은 신당을 꾸미기 위해 얇은 종이에 왕의 모습을 그려서 붙였다. 사람들은 자주 향초에 불을 붙여 그 그림 앞에 놓아 두었고, 그동안 성스러운 종소리가 깊은 숲 속에 울려 퍼졌다.

148

물고기를 잡는 왕

고독한 여행자들은 신당 주변에 붙여 놓은 작은 판 위에 새겨진 이런 글귀를 읽을 수 있었다.

여행자여, 걸음을 멈추어라. 그리고 기도의 초에 불을 붙여라! 네 영혼과 마음이 깨끗하다면 두려워하지 말고 너의 길을 계속 가라. 이 산과 숲의 위대한 신령이 너를 곤란과 위험으로부터 지켜 줄 것이니.

타이가의 주민들은 위대한 신령의 노여움을 살까 두려워 결코 '호랑이'라는 낱말조차 입 밖에 내지 않았다. 대신 '그것'이라고 부르거나 우두머리를 뜻하는 '왕', 혹은 위대한 노인이라는 뜻의 '다라오'(大老)라는 호칭을 쓰려고 애썼다.

모피 사냥꾼들은 자신들이 놓은 덫을 돌아보다가 왕을 만나면 좁은 길에서 물러나 왕에게 길을 양보하고는 무릎을 꿇고 기도를 올렸다. 또한 나무줄기로 만든 막대기를 두드리며 위대한 왕이 자신들의 초라한 인간 형상에 영광스러운 눈길조차 던지지 않고 지나가기를 기다렸다.

이제 왕은 어느덧 세 살이 되었다. 아직 어렸지만 몸집은 이미 어른 호랑이만 해졌다.

이튿날 저녁, 왕은 고향인 타투딩즈 산에 도착했다. 왕은 어린 시절을 보냈던 모든 장소를 돌아보고 자신이 태어난 동굴을 찾았다. 그리고 어머니를 찾아야겠다고 마음먹었다.

왕은 타고난 본능으로 어미 호랑이가 아주 가까운 곳에 있음을 느꼈지만 정확히 어느 동굴을 보금자리로 삼고 있는지는 알 수 없었다. 왕은 어릴 적부터 알고 있던 미로 같은 바위 사이를 샅샅이 뒤진 끝에 마침내 어머니의 흔적을 찾아냈다. 산꼭대기에서 시작된 어미 호랑이의 발자국이 움푹 파인 늪지대의 질퍽한 땅 위에 남아 있었다. 발자국은 이틀밖에 안 된 것이었고, 왕은 그 사실로 미루어 어머니가 멀리 있지 않음을 알았다.

왕은 움푹 들어간 길을 따라 돌이 미궁처럼 얽혀 있는 곳까지 올라갔다. 그리고 그곳에서 2년 반 전에 어미 호랑이가 자기와 여동생을 옮겨 왔던 동굴을 손쉽게 찾아냈다.

동굴로 가까이 가는 순간, 왕은 아주 친숙한 냄새를 맡았다. 하지만 곧 당황해서 멈춰 서고 말았다. 커다란 암호랑이 한 마리가 귀가 먹먹할 정도로 큰 소리로 으르렁거리며 당장이라도 공격할 태세로 왕에게 다가왔던 것이다. 어미 호랑이는 아들을 알아보지 못했던 것이다.

그러자 왕은 몸을 작게 움츠리고 어릴 적의 콧노래를 부르며 어미 쪽으로 기어갔다.

반쯤 지워져 있던 과거의 기억이 어미 호랑이의 머릿속에 번개처럼 되살아났다. 그제야 어미는 사랑하는 자식인 위대한 왕의 모습을 알아보았다.

서로에게 가까워지자, 아들이 먼저 어머니를 맞으러 가서 머리와 눈, 귀, 목을 핥으며 아낌없이 어루만졌다. 어미 호랑이도 행복한 어린 시절을 생생하게 떠올리게 하는 노래를 불러 주며 아들을 정성껏 핥았다. 왕은 넘치는 애정을 느끼며 몸을 뒤집고 누워 마치 다시 예전의 어린 새끼가 된 양 어미의 발이 이끄는 대로 이리저리 굴러다녔다. 이 소리를 듣고 어미 호랑이가 마지막으로 낳은 새끼들이 동굴에서 나왔다. 이 새끼들도 역시 두 마리였다.

어미는 큰아들이 동생들에 대해 어떻게 생각할지 미리 알 수 없었기에, 어린 새끼들을 보호할 태세로 중간에 서 있었다. 하지만 왕은 새끼들 쪽으로 거대한 머리를 내밀어 머리에서 발끝까지 냄새를 맡아 보더니, 다시 가르랑거리면서 동생들에게 친절하게 미소를 짓고 거친 혀로 핥아 주었다. 새끼들은 벌써 거의 한 살이 되어 있었다. 털의 색이나 숱으로 볼 때 새끼들의 아버지는 북방 아무르 호랑이과에 속한 것이 분명했다. 이 호랑이들은 빛깔이 더 밝고 털도 더 길고 숱이 많아서 한국 호랑이나 만주 호랑이와 구별된다.

왕과 의붓 남동생, 여동생의 첫 만남은 이렇게 이루어졌다.

예기치 못한 이 만남을 보고 행복해진 어미는 큰아들을 산꼭대기의 동굴로 들어오게 했다. 호랑이 가족은 1월까지 동굴에 머물렀고, 모두 함께 멧돼지나 사슴 사냥에 나섰다. 새끼들은 손위 세대의 지도 아래 기술을 익혔으며, 먹이를 추격하는 동안 몰이꾼으로서 사냥에 첫발을 내디뎠다.

보통 왕과 어미 호랑이가 멧돼지 떼 주위를 돌다가 멧돼지들이 다니는 장소에 자리를 잡으면, 새끼들은 노련한 두 사냥꾼 쪽으로 사냥감을 모는 책임을 맡았다.

호랑이들은 사슴에게는 다른 방법을 썼는데, 즉 '냄비에 든 음식'처럼 사냥감을 사방에서 에워싸고 한 방향으로 몰면서 접근하는 방식이다. 이런 식으로 공격하면 사슴은 높이 뛰면서 도망치려 애쓰다가 결국 네 마리의 호랑이가 세워 놓은 계략에 말려들었고, 그 손아귀에서 빠져나갈 수 없었다.

# 맹수들의 밤

겨울도 이미 절반이 지나갔다. 하지만 추위는 기세를 더해 가고 있었다.

눈은 두껍게 쌓여 고지를 뒤덮었다. 타투딩즈 산꼭대기 동굴은 더 이상 덩치 큰 호랑이 가족의 안식처 역할을 할 수 없었다. 그래서 늙은 어미 호랑이는 수많은 멧돼지 떼가 양지 바른 장소를 찾아 돌아다니는 남쪽 비탈의 떡갈나무와 개암나무 숲 쪽 산발치로 새끼들을 데리고 갔다.

하지만 왕은 동굴에 남았다. 왕은 서리도 눈보라도 무섭지 않았다. 고지대 급류의 얼음 같은 물에서 미역을 감고 혹독한 칼바람을 맞으며 단련된 왕의 강인한 몸은 뜨거운 혈기와 불굴의 힘을 만들어 내는 원기로 가득 차 있었다. 제일 끔찍한 추위가 몰아닥칠 때도 왕은 1월의 아름다운 밤 달빛을 받으며, 눈이 차지해 버린 고개를 따라 거대한 고원을 당당하게 걸어 다녔다. 얼음 태풍이 돌길을 후려치며 산봉우리 주위에서 아우성칠 때도 왕은 폭풍의 한가운데서 눈 더미 속을 굴렀으며, 그럴 때면 매끈한 털이 열기를 뿜어내며 더욱 강렬한 광채를 띠었다. 산악의 오지에서 포효하는 맹수의 목소리는 폭풍우 소리 같았고, 야생의 협곡에 수없는 메아리가 되어 숲 위로 울려 퍼졌다.

고양이과를 대표하는 동물인 호랑이들은 이제 모두 비밀스러운 사랑이 싹트는 흥분되는 시기를 맞이하게 되었다. 세 살이 된 왕도 이 흐름에 무감하게 있을 수 없었다. 왕의 마음속에는 억제할 수 없는 욕망이 자라나고 있었다. 수컷 호랑이들의 목소리는 점점 더 자주 타이가의 밤 속으로 울려 퍼졌다. 이 포효 소리로 수컷들은 암컷들을 유혹했다. 몇 마리의 수컷이 같은 암컷을 탐내는 경우도 있었는데, 그럴 때면 분란이 일어나 주도권 싸움이 벌어졌고 결국은 몸 싸움으로까지 이어졌다. 자연히 가장 센 수컷이 승리해 경쟁자들을 내쫓았다. 쫓겨난 수컷들은 성이 나서 진정하지 못한 채 암컷을 찾아 타이가를 헤맸고, 결국엔 자기들보다 힘이 약한 맞수들을 만나 쫓아냈다.

이 고장 원주민들의 오래된 설에 따르면, 이 시기에 호랑이들은 아주 사납고 잔인해져서 마주치는 모든 생물을 찢어 죽이며 사람도 예외가 아니라고 한다. 그래서 모피 사냥꾼과 사냥꾼, 숲에 사는 모든 사람들은 맹수들의 흥분과 사랑의 열정이 절정에 이르는 한 주 동안에는 오두막을 나서지 않는다. 이 시기에 사람들은 겁을 먹고 초라한 오두막집에 머물면서 노한 짐승들이 울부짖는 무시무시한 소리를 들을 뿐이다. 하지만 어쩌다 호랑이들이 오두막 중 한 곳으로 쳐

155

들어와 거기 사는 사람들을 모조리 죽이는 경우도 있다.

1월 중순의 이 위험한 시기를 일컬어 '검은 일주일'이라고 한다. 또 호랑이가 숲을 지배하고 살아 있는 모든 것을 떨게 만드는 공포의 밤들은 '맹수들의 밤'이라 부른다.

사랑을 나누고픈 저항할 수 없는 욕망을 느낀 위대한 왕은 얼어붙은 타투딩즈 산꼭대기에서 내려왔다. 1월의 어느 밤 산발치에서 터져 나온 왕의 엄청난 포효는 숲의 모든 네발짐승과 두발짐승을 공포에 빠뜨렸다. 그 소리는 마치 천둥소리처럼 눈 덮인 봉우리들 위로 날아올라 먼 곳으로 사라졌다. 타이가는 정적에 싸여 숨을 죽인 채 꼼짝도 하지 않았다.

"어서 일어나게, 호신."

노인 퉁리가 옆에 자고 있던 일꾼의 어깨를 흔들며 말했다.

"잘 들어 둬. 지금부터 '맹수들의 밤'이야. 불을 밝히고 문에 말뚝을 세워. 어서! 그렇지 않으면 위대한 왕이 우리를 찾아올지도 몰라. 다시는 햇빛도 못 보고 저승에 있는 조상님들을 만나게 될지도 모른다고. 아, 왕의 목소리가 들리는구나! 가까이, 아주 가까이 있어!"

과연 바로 그 순간 천둥처럼 으르렁거리는 소리가 들렸다. 처음에는 멀찍이 들리더니 점점 더 깊게 울리는 낮은 소리가 귀를 찢을 듯한 음색으로 점차 격렬해지면서 가까워졌다. 소리가 어찌나 컸던지 오두막 창문이 떨리고 문틀에 발라 놓은 종이가 흔들리기 시작했다.

이 목소리에는 무언가 근원적이고 말로 표현할 수 없는 것이 있었다. 그 시간에 들리는 음성은 동물의 가슴이 아니라 돌로 이루어진

156

산 깊숙한 곳이나 우리 모두의 어머니인 대지의 한복판에서 뿜어져 나오는 것 같았다. 그러므로 이 소리를 듣고 살아 있는 모든 것들이 움직이거나 자신을 방어할 힘을 완전히 잃고 땅 위로 떨어진다고 해도 전혀 놀랄 일이 아니다.

심지어 다른 호랑이 수컷들조차 왕의 목소리가 울려 퍼지기 무섭게 입을 다물고 우두머리의 눈에 띄지 않기 위해 덤불숲으로 몸을 피했다. 하지만 반대로 암컷들은 왕의 호의적인 관심을 받으려 애쓰며 왕이 있는 쪽으로 향했다.

타이가의 주민들은 근처의 모든 암호랑이들이 왕의 목소리를 듣자마자 10킬로미터, 아니 심지어 20킬로미터의 먼 거리를 무릅쓰고 서둘러 오고 있다고 확신했다.

타이가의 제왕은 이 모든 후보자들 중에서 오직 하나의 부인만을 고른다. 그리고 다른 암호랑이들은 다시 자신의 터전으로 돌아가 일상생활을 계속한다.

왕의 부인은 자기가 어미가 될 것임을 느끼게 되는 순간까지 어디든 남편을 따라다닌다. 그러다 때가 되면 새끼를 낳을 굴을 찾아 남편을 떠난다.

산과 숲에 사는 사람들에게 자신의 왕림을 알린 후, 왕은 좁은 능선 쪽으로 전진해 광대한 하이린 계곡을 굽어보는 돌출된 바위 위에 자리를 잡았다. 그곳에서는 계곡의 전경이 눈앞에 펼쳐졌다.

맹수는 몇 번 더 포효하더니 조용히 주위의 소리에 귀를 기울였다. 하지만 밤의 정적을 흔드는 소리는 전혀 없었다. 메마른 삼나무 꼭대기에 앉아 있는 음산한 올빼미까지도 침묵하면서 왕의 강인하고 어두운 윤곽에 눈빛을 고정했다. 왕의 모습은 반짝이는 눈 위에 조각처럼 미동도 없이 뚜렷하게 드러났다. 오직 뾰족한 꼬리 끝만이 끊임없이 움직이며 감정을 드러내고 있었다.

30분도 지나지 않아 암호랑이 한 마리가 어두운 숲에서 나타나 왕 쪽으로 향했다. 열 발짝쯤 떨어진 거리에 이르자, 암호랑이는 눈 위에 엎드려 활짝 뻗은 앞발 위로 아름다운 둥근 머리를 숙이고는 기대에 부푼 채 가만히 있었다. 가장자리가 노란색인 커다랗고 둥근 두 눈이 사랑으로 반짝이며 왕을 향했다. 꼬리 끝의 움직임이 암호랑이의 감정을 나타내고 있었다.

위대한 왕은 그 자리에 잠자코 있었다. 꼬리만이 시계추처럼 규칙적으로 움직이며 가볍게 바닥을 치면서 활기차게 떨렸다.

첫 번째 암호랑이에 이어 늙은 암호랑이와 이제 막 청년기에 접어든 암호랑이, 이렇게 두 마리가 또 나타났다. 처음 도착했던 암호랑이는 두 마리를 발견하더니 갑자기 일어나 위협적으로 으르렁거리며 그 앞으로 갔다. 세 마리는 한데 뭉쳐 승자를 가리기 위한 싸움을 시작했다. 암컷들은 발로 옆구리와 목을 공격하고 정신없이 서로의 털을 뭉텅이로 뽑아 대며 싸웠다. 그것이 이 싸움의 규칙이었다. 하지만 암컷들은 피를 흘리지 않았으며 계속 같은 자리에서 움직이지 않았다. 그러나 늙은 암컷이 털이 무성한 발로 처음 한 대를 날리자마자 어린 암컷은 곧장 모로 쓰러졌다.

세 마리의 암호랑이가 가르랑거리면서 찢어지는 소리로 울부짖는

전리품 나누기

것을 본 왕은 마지막 포효를 내질렀다. 그 낮은 소리는 바람 한 점 없는 혹한의 공기 속으로 멀리 사라져 갔다. 그리고 나서 왕은 몸을 돌려 자신의 마음에 들려고 애쓰는 세 경쟁자들에게 친히 눈길을 보냈다.

왕은 조금도 서두르는 기색 없이 자신에게 걸맞은 위엄을 지키면서 싸우고 있는 두 암호랑이에게 다가갔다. 그러나 암호랑이들은 왕에게 전혀 주의를 기울이지 않는 듯했고, 계속해서 서로 아주 맹렬한 공격을 주고받았다. 왕은 기분이 상하고 불쾌해져서 얌전하게 떨어져 앉아 있는 어린 암컷 쪽으로 갔다. 그리고 킁킁거리며 주둥이의 냄새를 맡아 보더니 코를 핥아 주고는 따라오라는 몸짓을 했다.

승리의 영광을 위해 악착같이 싸운 나이 든 두 암호랑이는 헛고 생만 한 셈이었다. 하지만 왕이 선택받은 암컷을 데리고 멀어질 때까지도 두 암컷은 쉬이 진정하지 못하고 여전히 위협적으로 서로에게 으르렁거렸다. 마침내 모든 것이 부질없는 짓이라 여긴 두 암컷은 평정을 되찾았고, 어디에서든 이 실망감을 지워 버리기 위해 마치 아무 일도 없었다는 듯 함께 길을 떠났다.

같은 날 밤, 왕은 아무도 접근할 수 없는 타투딩즈 산의 높은 꼭대기로 연인을 데리고 갔다. 그곳에서 신혼부부는 거대한 화강암 덩어리에 둘러싸여 제삼자들의 호기심 어린 눈을 피해 조용히 첫날밤을 보냈다. 아주 옛날부터 존재해 온 캄캄한 타이가는 두 연인에게 사랑의 노래를 들려주었고, 눈보라가 혼례를 치르기 위해 걸어온 두 호랑이의 흔적을 지워 주었다.

한 쌍의 짐승이 산자락 너머 높은 곳에서 생명을 창조하는 첫사랑의 기쁨에 탐닉하는 동안, 살아 있는 어떤 존재도 감히 나무가 우거진 그 구역을 지나가지 못했다.

# 숲의 수다쟁이들

결혼식 다음 날 아침, 반짝이는 겨울 햇빛이 산봉우리를 황금빛으로 물들이자 곧 호기심에 이끌린 숲의 수다쟁이들이 수많은 무리를 이루어 멧돼지들의 휴식처 바로 위에 있는 넓은 떡갈나무 숲으로 몰려들었다. 수다쟁이 새들은 기관총 탄환같이 수선스럽고 날카로운 소리로 오지의 거대한 평온을 깨뜨리며 조용하고 차가운 공기 속에서 쨉쨉거리기 시작했다.

숲에서 벌어지는 모든 일을 알고 있는 까치들이 제일 극성스럽게 떠들었다. 까치들의 사촌인 붉은 깃털의 어치들도 까치들을 거들려고 수선을 피웠다. 한시도 가만히 있는 법이 없는 수다스러운 깨새들도 잡담을 늘어놓느라 정신이 없었다. 덕분에 회색 모자를 쓴 늙은 위선자 청딱따구리는 머리에 쥐가 날 지경이었다.

"너희들 그 암호랑이 알아?"

까치 한 마리가 가까운 친척들 곁에 자리를 잡으며 재잘거렸다.

"우리 숲에서 정말 믿어지지 않는 일이 일어나고 있다니까! 우리가 '줄무늬 말뚱가리'라고 부르는 그 암호랑이가 훌륭하디 훌륭한 늙은 왕이 죽기만을 기다렸다가 사촌인 '얼룩 양말'이랑 보란 듯이 돌아다니고 있어. 그 하이린 계곡의 표범 말이야. 어린 암호랑이들한 테 퍽이나 좋은 본보기지! 정말 수치스러운 일이야!"

"야, 야, 친구, 그건 이미 오래된 얘기잖아."

여기저기 말을 옮기고 다니느라 꽁지 깃털이 다 빠져 버린 다른 까치 한 마리가 끼어들었다.

"내가 아주 따끈따끈한 소식을 하나 말해 주지. 아마 너희들 샘이 나서 죽고 싶을걸. 너희들 우리 위대한 왕이 부인을 간택한 거 알고 있어? 아마 한국 호랑이일 거라고 생각하지? 하긴, 너희들이 알아맞힐 리가 없지! 주인공은 바로 아무르에서 온 보잘것없는 흰색과 회색 점박이 아줌마라고. 알아? 암호랑이처럼 생기지도 않았다니까! 도대체 뭣 땜에 왕이 우리 숲의 암호랑이 중에서 적당한 결혼 상대를 고르지 않은 걸까? 게다가 그 암호랑이는 다리도 절고 결점투성이란 말이야! 아름다움과는 거리가 멀다고!"

"내 생각은 달라. 그건 틀린 말이야."

붉은 갈색의 어치가 대꾸했다.

"내가 얼마 전에 그 암호랑이를 봤는데 한국 호랑이들만큼 아주 훌륭했어. 어쩌면 더 나을지도 몰라. 털이 얼마나 반짝거리고 부드럽다고. 아주 예쁘다니까."

"에이, 에이, 이봐."

조그마한 깨새 한 마리가 쩍쩍거렸다.

숲의 수다쟁이 험담꾼(어치와 까치)

"지금 그런 게 중요한 게 아냐. 그보다도 그 붉은 늑대 암컷이 왜 그렇게 자주 밤마다 퉁리의 오두막으로 내려가는지나 좀 말해 봐. 내가 어느 날 아침에 봤는데, 그 붉은 늑대 암컷이 회색 개한테 애교를 부리면서 강가에서 만나기로 하더라니까. 내가 그 방탕한 암컷이랑 하밀의 붉은 늑대를 이어 주려고 얼마나 애를 썼는데 그런 짓을 하다니! 나한테 고맙다는 말 한마디 없이! 흥, 조만간 자연의 심판이 내릴 거야!"

이 끊임없는 잡담과 험담은 결국 여느 때처럼 수다쟁이 새들 전부가 참여하는 말다툼으로 번졌다. 새들이 법석을 떠는 통에 옆에 있는 떡갈나무 발치에서 잠자고 있던 늙은 멧돼지가 잠에서 깨고 말았다. 멧돼지는 눈살을 찌푸리고 귀를 흔들며 한참 동안 이 쑥덕공론을 듣고 있던 참이었다. 마침내 더 참지 못한 멧돼지는 잠자리에서 일어나 새떼를 쳐다보았다.

"야, 너희들 이제 그만큼 소리 지르고 떠들었으면 됐잖아? 제발 너희들이나 잘해. 남의 일에 신경 끄고 가만히 좀 있으라고!"

하지만 그 결과 새 떼 전체는 마치 한 마리의 새처럼 일제히 멧돼지를 향해 돌아서더니 온갖 험담과 욕설을 가차 없이 퍼부어 대기 시작했다. 늙은 멧돼지, 그리고 가까이 혹은 멀리 있던 모든 멧돼지들은 곧 가차 없는 조롱의 대상이 되었다.

정신없는 고함 소리에 아연실색한 가엾은 멧돼지는 고개를 흔들고 꿀꿀거리면서 수다쟁이들이 내뱉는 비웃음 세례에서 벗어나기 위해 도망쳤다.

"자업자득이야!"

꽁지 없는 까치가 소리쳤다.

"그러니까 너도 남의 일에 끼어들지 말고, 그 평퍼짐한 주둥이로 땅이나 잘 파시지! 자기가 무슨 심판관이야! 아직 왕한테 잡아먹히지 않았으니 열심히 뛰어다녀야 할 게다. 멍청한 갈라진 귀 같으니! 보호자 노릇을 하려다가 귀뿐 아니라 다리도 잃고 말걸!"

이것이 바로 수다쟁이들이 '갈라진 귀'라는 별명으로 불리는 훌륭한 늙은 멧돼지를 배웅하며 작별하는 방식이었다. 이 멧돼지는 젊은 시절에 호랑이의 손아귀에서 죽을 뻔하다가 귀가 찢어지는 대가를 치르고 빠져나왔다. '갈라진 귀'는 맹수의 송곳니와 발톱, 사냥꾼의 총알에 입은 상처로 뒤덮인 늙은 상이군인이었다. 흉터와 상처투성이인 두꺼운 피부가 많은 전투 경력을 대변했다. 등과 머리의 무성한 털은 완전히 하얗게 세어 버렸다. 오른쪽 어금니는 부러지고, 세월이 흘러 완전히 노래진 왼쪽 송곳니는 활처럼 굽어 있었다. 이 멧돼지가 발굽으로 밟고 지나간 자리는 황소 발자국만큼이나 컸다.

멧돼지는 나지막이 꿀꿀거리더니, 볼품 없는 꼬리를 흔들며 도토리를 찾기 위해 긴 주둥이로 땅을 뒤적거리면서 햇빛을 받으며 앞으로 걸어갔다.

하지만 동시에 깊은 생각에 잠겼다. 멧돼지는 수다스러운 새들과 인간을 비교하다가 둘 사이의 커다란 공통점을 발견했다. 멧돼지는 개인적으로 두 발 달린 존재의 지적인 능력을 그다지 높이 평가하지 않았다. 수없이 인간과 마주치면서 멧돼지는 만물의 영장이라 불리는

165

인간이 얼마나 어리석고 육체적으로 허약한지 확신하게 되었다.

'그 영장이란 것들은 정말 보잘것없어. 우리 왕의 한입거리야!'

숲의 노병은 맛있는 도토리를 씹으면서 속으로 중얼거렸다.

'그러니 인간의 정신에 대해서는 더 말할 것도 없지!'

멧돼지는 기름진 떡갈나무 열매로 배를 채우면서 오랫동안 투덜거리며 세상에 대한 불평불만을 쏟아 냈다. 마침내 걷잡을 수 없이 졸음이 몰려오자, 멧돼지는 잠을 청하기 위해 거의 자기 나이와 비슷한 늙은 나무 발치의 휴식처로 발길을 돌렸다.

그사이에, 숲의 수다쟁이들은 친구들이나 가깝고 먼 친척들 누구에게도 좋은 말 한 마디 건네지 않고 밤새 일어난 따끈따끈한 소식을 숲 방방곡곡에 퍼트리러 이내 뿔뿔이 흩어졌다.

무시무시한 검은 일주일이 지났다.

평온해진 타이가에서는 다시 일상의 생활이 이어졌다.

여위고 굶주린 왕은 사랑하는 암컷과 함께 타투딩즈 산 높은 곳에서 다시 내려왔다. 암컷도 무척 배가 고팠다. 사랑만 먹고 살 수는 없는 법이다!

# 연인을 잃다

호랑이들이 능선을 따라 내놓은 오솔길에 다다르자, 왕의 연인은 비탈에서 풀을 뜯고 있는 멧돼지 몇 마리를 불시에 습격할 수 있으리란 확고한 희망을 품고 길로 들어섰다. 왕은 사랑에 빠진 충실하고 착한 남편으로서 한시도 암호랑이 옆을 떠나지 않았다. 하지만 암호랑이는 벌써 남편 곁을 잠시 떠나 고독을 음미하고 싶다는 생각뿐이었다. 다른 모든 관심사를 제치고 배가 고프다는 느낌만이 암컷을 사로잡고 있었다. 왕도 역시 맛있는 고기 조각을 입안에 넣을 수 있다면 얼마나 행복할까 하고 생각하는 중이었다.

그때, 별안간 메마른 천둥소리처럼 귀를 찢는 엄청난 소리가 들려와 왕은 정신을 잃을 뻔했다. 조용하고 차가운 대기가 순식간에 진동하고, 잠들어 있던 타이가도 짧은 신음을 내뱉었다. 고운 눈가루가 회오리처럼 공중으로 솟구치더니 오솔길에 엎드려 있는 암호랑이를 덮쳤다.

열 발자국쯤 뒤에 있던 왕은 깜짝 놀라서 주저앉았다. 방금 무슨

167

일이 벌어진 것인지 전혀 알 수 없었다. 하지만 눈이 내려앉고 시끄러운 소리도 숲 속을 울리며 사라지자, 왕은 폭발이 일어난 장소로 다가갔다. 몹시 놀란 왕의 두 눈 앞에는 침통한 장면이 펼쳐졌다. 젊은 암호랑이가 미동도 없이 오솔길 위에 쓰러져 있었다. 눈이 부드러운 수의처럼 회색과 노란빛이 도는 암호랑이의 멋진 털을 덮고 있었다. 왼쪽 견갑골에서 아주 진한 색의 뜨거운 피가 가느다란 줄기처럼 흘러나와 흰 눈을 가로지르며 길을 내듯 뻗어 있었다. 암호랑이는 오른쪽 옆구리를 땅에 댄 채 누워 있고, 머리와 발은 힘없이 늘어져 있었다. 밧줄처럼 뻗은 꼬리는 뻣뻣하게 굳은 상태였다. 순식간에 찾아온 죽음이었다.

왕은 무슨 일이 일어난 것인지 이해하지 못했다. 그래서 꼼짝도 하지 않는 암호랑이의 몸을 발로 일으키려고 애썼다. 하지만 암호랑이의 몸은 피에 물든 눈 위로 마치 자루처럼 힘없이 다시 떨어졌다. 길게 찢어진 깊고 검은 상처가 암호랑이의 옆구리에 틈처럼 벌어져 있었다. 왕은 연인을 다시 일으키려고 몇 번 더 시도하다가 소용없는 짓이라는 걸 깨달았다.

왕은 죽음을 느꼈다. 그러자 왕의 머릿속에서는 원시 세계의 요구와 법칙, 오래된 유전적 혈통에 어울리는 변화가 일어났다. 복잡한 생각을 하지 못하는 왕의 정신은 흐려졌고, 내부의 온 존재는 뒤죽박죽이 되었으며, 그때까지 평온했던 두 눈은 진정으로 맹렬한 광기를 담은 분노의 섬광을 내뿜었다. 왕은 뒷발을 짚고 거대한 몸을 일으켜 절망과 고통의 포효를 내질렀다. 이 울부짖음은 세차게 숲 속을 울렸다. 산의 바닥과 지축이 흔들리는 듯했다.

타이가의 모든 살아 있는 존재는 숨죽이며 무슨 일이 벌어질지 기다리고 있었다.

왕은 죽은 연인의 곁으로 돌아가 옆에 앉았다. 그리고 강하고 아름다운 머리를 주검의 가슴 위에 올려놓았다. 가슴에서 주체할 수 없는 복수심이 느껴졌다. 왕은 무엇이 암호랑이를 죽게 했는지 곰곰이 생각했다. 그리고 교묘한 물건을 들고 다니는 인간이 바로 주범이라는 걸 깨달았다. 왕은 예전에 모피 사냥꾼들의 오두막 근처로 사냥을 다니면서 이미 그 도구에 관해 알고 있었다.

암호랑이는 리싼이라는 모피 사냥꾼이 호랑이들이 다니는 오솔길에 장치해 놓은 총이 발포되면서 죽은 것이었다. 총알과 금속 조각이 장전된 총은 오솔길에서 세 발짝 되는 거리에 호랑이의 가슴 높이에 맞추어 사다리 같은 것에 묶여 있었다. 그리고 오솔길을 가로질러 아주 가느다란 금속 줄이 놓여 있었다. 호랑이가 지나가다가 이 줄을 건드리는 즉시 방아쇠에 고정된 발사 장치가 자동적으로 움직이고 총알이 발사되는 것이다. 총은 나뭇가지로 가려져 있었고, 금속 줄은 서리가 쌓여 보이지 않았다. 오솔길 근처에는 인간들이 이 함정에 빠지지 않도록 총을 숨긴 곳 이쪽저쪽의 나무줄기에 확실히 눈에 띄게 홈을 새겨 위험 지역 표시가 되어 있었다.

하지만 이런 숲의 문자를 알 리 없는 호랑이는 무방비로 당할 수밖에 없었다.

태양이 장밋빛 광선으로 타투딩즈 산꼭대기를 비추고 타이가에

169

서 밤의 어둠이 물러가자, 언제나 부지런한 모피 사냥꾼 리싼은 긴 지팡이를 들고 등에 배낭을 메고 덫을 살펴보러 오두막을 떠나 좁은 산길을 따라 뛰었다.

올겨울에 리싼은 벌써 상당한 양의 사냥감을 잡았다. 그중에는 값비싼 검은담비와 겨울잠쥐, 다람쥐도 있었다. 하지만 아직 호랑이를 잡는 행운이 따랐던 적은 없었다. '라오후(老虎, 늙은 호랑이)' 한 마리의 가죽만 해도 영고탑 마을에서는 족히 몇 천 따양(大洋, 중국의 옛 화폐 단위)은 나갔다. 그런데 리싼은 호랑이들이 자기의 사냥 구역에 자주 출몰하여, 능선과 비탈을 따라 좁은 길을 내며 돌아다닌다는 사실을 알게 되었다. 그래서 친구 중 늙은 점쟁이에게 부탁하여 총알에 신속하고 결정적인 효력이 생기는 주문을 자신의 총에 걸어 달라고 한 뒤, 가득 장전한 총을 호랑이가 다니는 높은 지대 중한 곳에 고정해 놓았다.

리싼은 총을 장치해 놓은 능선을 향해 오솔길을 따라 재빨리 올라갔다. 그가 알기로 호랑이들은 밤에만 깨어 있었다. 리싼은 길 위에 갓 생긴 호랑이 흔적이라도 발견할 수 있으리란 기대를 품고 목표 지점을 향해 나아갔다.

능선 꼭대기에 다다르자 모피 사냥꾼은 늙은 삼나무 줄기에 마련된 작은 신당 앞에서 잠시 묵념을 했다. 그러고 나서 자신이 총을 장치해 둔 곳을 향해 나 있는 오래된 호랑이 발자국을 따라 걷기 시작했다.

해는 중천에 떠 있었다. 타이가는 온통 정적에 싸여, 청딱따구리가 부리로 나무를 쪼는 소리와 희미한 들꿩 울음소리만 들릴 뿐이었다. 겨울 햇볕에 몸을 덥히던 회색 다람쥐 한 마리가 제 집인 나무 구멍으로 들어가더니 뒷발로 서서 신기한 듯 삼나무 그늘을 따라 걷고 있는 모피 사냥꾼의 굽은 형체를 훑어보았다.

백 보 정도만 더 걸으면 덫을 놓아 둔 곳에 다다를 참이었다. 리싼은 귀를 기울였다. 사방은 조용했다. 리싼은 오십 보를 더 걷더니 다시 멈춰 섰다. 그리고 바위 뒤에 숨어서 총을 숨겨 놓은 지점을 향해 초조한 시선을 던졌다. 그곳에서는 총이 있는 지점이 잘 보였다. 리싼은 잡목 숲을 유심히 살피다가 붉은 기가 도는 황갈색 호랑이의 몸체 하나가 오솔길 위에 뻗어 있는 것을 분명히 볼 수 있었다. 리싼은 기쁨에 넘쳐서 이 사냥 전리품이 가져다줄 수천 따양을 미리 음미해 보았다. 그리고 더 이상 아무것도 생각하지 않은 채 조심성 없이 쓰러진 호랑이 쪽으로 달려갔다. 그러나 목표물에서 스무 발짝쯤 떨어진 곳에서 리싼은 그 자리에 못 박힌 듯 서 버렸다.

고통에 잠겼으나 복수심으로 불타오르는 위대한 왕이 미동도 없이 죽은 연인 곁에 앉아 있었다. 하지만 왕은 이번엔 타이가의 정적 속에서 뽀드득뽀드득 눈을 밟으며 서둘러 다가오는 발걸음 소리를 들었다. 네발짐승이 아닌 두발짐승의 발소리였다. 발소리는 가까워지면서 점점 더 잘 들렸다. 운명은 왕에게 복수를 허락했다. 끔찍한 불행을 초래한 장본인을 넘겨준 것이다!

범죄자가 이렇게 친히 납시었다. 배낭의 무게에 등이 휜 죄인의 시선은 경악과 고통이 뒤범벅되어 광란의 공포에 휩싸인 채, 산과 숲

171

의 제왕의 무시무시한 수축된 눈동자에 고정되었다.

왕은 최면을 거는 듯한 두 눈으로 이 인간의 모든 의지를 무력화하며 일어섰다. 인간에게는 더는 아무런 의욕이나 자기 보존 본능도, 심지어 생각할 능력도 없었다. 인간과 짐승이 서로를 마주 보았다. 둘의 시선이 상대를 훑었다. 하지만 인간의 힘은 미약했다. 인간은 호랑이에게 항복했다. 리싼은 눈을 내리깔고 기절했다. 리싼의 몸은 자루처럼 눈 속으로 푹 꺼졌고 배낭은 옆으로 굴렀다.

적극적으로 싸우기는커녕 변변한 반항도 하지 못하는 산송장 앞에 서 있던 호랑이는 다가가서 발로 인간의 몸을 툭툭 쳐서는 얼굴이 하늘을 향하게 돌아눕혔다. 그리고 냄새를 맡아 보더니 조금 물러서서 발 위에 고개를 얹고 앉았다. 호랑이의 시선은 인간을 떠나지 않았다. 목숨을 건 싸움을 예상했는데, 기대가 어긋난 것이다. 위대한 왕은 인간을 건드리지도 않았다. 깨어나면 싸우려고 기다릴 뿐이었다.

몇 분이 지났을까. 드디어 정신이 든 리싼은 몸을 움찔했다. 자신이 살아 있는 것이 믿어지지 않는 듯 눈을 만져 보았다.

그때였다. 그 움직임만으로 충분했는지, 위대한 왕은 포효하며 달려들어 300킬로그램이 넘는 몸으로 모피 사냥꾼을 으스러뜨렸다. 그러고 나서 입으로 인간의 몸을 옆으로 물고 마치 암고양이가 생쥐를 던지듯 공중으로 던지고는 땅에 닿기도 전에 다시 잡아 더 높이 다시 한 번 던졌다. 모피 사냥꾼의 깡마른 몸뚱이는 이렇게 두번 공중으로 내던져진 후 눈 위로 떨어져 꼼짝도 하지 않았다. 호흡과 흉곽 근육의 수축만이 아직 숨이 붙어 있음을 알려 주는 유일한 표시였다.

기진맥진한 인체의 마지막 떨림을 느끼면서, 호랑이는 인간에게 다가갔다. 그리고 모자가 벗겨진 모피 사냥꾼의 머리를 입으로 물고 턱을 다물었다. 인간의 두개골이 우지끈 부서지는 소리와 긴 신음만이 들려왔다.

진홍빛 피가 하얗게 덮인 눈을 물들였다. 왕의 송곳니는 희생물의 짧게 깎은 머리에 깊은 구멍을 냈다. 핏줄기가 끝도 없이 흘러나왔다. 운명은 보잘것없이 깡마른 육체를 미련 없이 내버렸다. 인간의 몸에서는 작은 숨소리조차 느껴지지 않았다.

왕의 복수는 완수되었다. 왕은 두발짐승의 육체가 완전히 생명을 잃었음을 느끼고 구석구석 송곳니를 대 보았다. 이 먹이로 배고픔을 충분히 달랠 수 있을 거란 생각이 들었다. 하지만 우선 옷을 벗겨야 했다. 작업은 그다지 쉽지 않았다. 왕은 송곳니와 발톱을 이용해 솜으로 튼튼하게 안을 댄 두꺼운 옷을 벗겨 내느라 애를 먹었다. 이 일을 마치자, 호랑이는 솜을 댄 윗옷과 바지를 잘게 찢은 뒤 푸른 동맥이 줄무늬처럼 비치는 납빛 도는 노란 인간의 몸을 먹어치우기 시작했다. 호랑이의 강한 송곳니 아래서 인간의 뼈는 마치 밀짚처럼 바스러졌다. 30분이 지나자, 창자까지 모조리 호랑이의 불룩한 배 속으로 자취도 없이 삼켜졌다. 남은 부분이라곤 아무것도 없었다.

날개 달린 수다쟁이들이 어김없이 타이가의 장례식에 찾아와 숲 위를 날며 끊임없이 재잘거렸다. 새들은 이 피의 식사의 보잘것없는 찌꺼기를 주워 먹으려고 눈 위를 폴짝폴짝 뛰어다녔다.

복수의 욕망과 아귀 같은 배고픔을 동시에 채운 왕은 연인을 떠올렸다. 그리고 다가가서 다시 일으켜 보려고 애썼다. 그러나 얼어붙은 연인의 몸은 왕의 말을 듣지 않았고 여전히 나무처럼 딱딱할 뿐이었다. 왕은 마지막으로 암호랑이의 냄새를 맡고 생기를 잃은 흐릿한 두 눈을 뜨거운 혀로 핥은 다음 깨끗하고 고운 눈으로 덮어 주었다. 그런 다음 천천히 오솔길을 따라 올라가 다시 타이가의 깊은 곳으로 들어갔다. 지칠 줄 모르는 새들은 저녁까지 재잘거렸다. 비극의 흔적과 쓰러진 암호랑이의 작은 눈 무덤이 남아 있는 능선 꼭대기에서 오랫동안 새들의 소리가 울려 퍼졌다.

사라진 모피 사냥꾼의 친구인 청년 푸타이는 오랫동안 친구가 돌아오기를 기다렸다. 기다림에 지친 푸타이는 리싼의 부모와 친구들에게 실종 소식을 알리고 수색대를 조직하기 위해 영고탑 마을로 내려갔다. 위대한 왕이 출몰하는 지역에서 혼자 친구를 찾으러 다니는 것은 너무나 위험한 일이었다. 겨울이 끝나고 햇볕에 눈이 녹을 때가 되어서야 모피 사냥꾼의 부모는 아들의 옷 조각 몇 개를 발견할 수 있었다. 또 타투딩즈 산의 지맥 중 하나에서 쓰러진 암호랑이의 시체도 발견했다. 그들은 그곳에 돌무덤을 쌓고 향초를 피웠다. 그리고 영고탑 마을로 돌아와 위대한 산신령에게 바치는 탑을 세웠다.

# 조상들의 부름

인간의 살을 맛본 위대한 왕은 '만물의 영장'에 대한 존경심을 잃었다.

동시에 다른 곳으로 떠나 기분을 전환하고 미지의 새로운 감정을 느끼고 싶은 욕망에 사로잡혔다. 내면의 강한 음성이 먹이와 매력적인 모험으로 가득 찬 낯선 고장들에 관해 은밀히 속삭였다. 그것은 정언 명령과도 같은 거역할 수 없는 조상들의 부름이었다. 호랑이는 그 부름에 따라 거의 무의식적으로 남쪽을 향해 떠났다. 그곳은 바로 조상들이 태어난 곳이자 아버지인 늙은 왕이 생을 마감한 신성한 호수 옆, 용의 동굴이 있는 곳이기도 했다.

왕은 한국의 웅장한 아열대숲에 오랫동안 머물렀다. 그곳은 인간이 없고 사냥감이 풍부해 완전한 자유를 누릴 수 있었다. 왕은 연안의 평원을 덮고 있는 밀림과 산에 사는 야생 동물을 쫓으며 몸을 단련하는 데 전념하면서 한국의 숲에서 조용히 10년을 보냈다. 그곳에서 왕의 심신은 완전히 성숙했다. 왕은 타이가 주민들에게 엄청난

175

원시의 힘이자 신성한 존재인 진정한 '위대한 왕'이 되었다.

그러나 조용한 아침의 나라의 기후는 너무 더웠기 때문에 왕은 북쪽 지방의 시원함이 그리웠다. 그래서 한국에서 북쪽을 향해 뻗어 있는 산맥을 따라가면서 항카 호수와 아무르 강 쪽의 만주 땅을 탐사하기 시작했다.

왕은 억누를 수 없는 힘에 이끌려 안개 낀 캄캄한 어느 겨울밤 쑹화강 어귀를 가로질러 소싱안링(小興安嶺) 산맥의 울창한 비탈을 돌아다니다가 마침내 이듬해 봄 아무르 강 연안에 이르렀다. 왕은 어느 바위 꼭대기에서 멈추었다. 왕 앞에 펼쳐진 거대한 평지 위로 짙은 강물이 흐르고 있었다. 오후의 태양이 뜨거운 빛으로 강물의 넓은 표면과 멀리 지평선에 닿아 있는 푸른 산, 전나무가 우거진 근처 소싱안링 산맥의 산비탈을 비추고 있었다. 위대한 왕은 바위 위에 서서 오랫동안 이 장관을 바라보았다.

나무를 실은 배 두 척을 뒤에 거느리고 기선 한 척이 강을 따라 내려오고 있었다. 강인한 왕은 깜짝 놀라 신기한 듯이 이 괴물을 응시했다. 괴물은 호랑이의 머릿속에 온갖 추측을 불러일으켰다. 호랑이는 그것이 인간과는 상관없는 살아 있는 어떤 존재라고 생각했다. 기선이 시야에서 사라지자, 왕은 바위를 떠나 강기슭 쪽으로 내려왔다. 그리고 무릎까지 잠길 만큼 물속에 들어가 뜨거운 혀로 차가운 물맛을 음미했다. 강의 깊이를 가늠해 보고 싶었던 왕은 목까지 물에 담그고 헤엄을 치기 시작했다. 반대쪽 강기슭까지의 거리는 적어도 1킬로미터는 되었다. 왕은 강 한가운데까지 헤엄쳐 갔다가 뒤로

176

아무르 강가의 왕

돌았다. 하지만 물살 때문에 오른쪽으로 떠밀려 바위가 있는 하류 쪽의 기슭으로 다시 돌아왔다. 왕은 몸을 흔들고 잠시 강둑 위에 머물러 있다가 곧 강에 등을 돌리고 타이가로 들어갔다. 타이가의 뚫을 수 없는 잡목 숲은 강물이 있는 곳까지 뻗어 있었다.

넓은 강물이 북쪽으로 향하는 맹수의 발걸음을 저지했다. 왕은 고향으로 돌아가기로 결심하고 남쪽으로 향했다.

그 시기에, 얼마 전 북쪽에서 온 인간들은 슈하이의 산과 숲을 가

177

로지르는 철도를 건설했다. 불모의 고장에 새로운 생활의 물결이 퍼져 나갔다. 새로 온 사람들은 나무를 베고 타이가의 땅을 평평하게 만들어 이 지역에 도시와 마을을 세웠다.

예전에 이 자유로운 황무지의 초록 언덕에는 순록의 울음소리가 울려 퍼지고 수많은 야생 동물들이 살았지만, 이제는 금속으로 만든 번쩍이는 날쌘 용이 끊임없는 굉음을 내며 굴러다녔다. 용은 긴 철로를 따라 거대한 꼬리를 뒤에 끌고 다녔다. 고막을 찢을 듯 삑삑거리는 용의 소리는 숲의 신성한 평화를 깨뜨렸고, 타이가의 모든 야생 생물은 아무도 접근할 수 없는 미로 같은 산과 깊숙한 숲 속으로 도망쳤다.

왕은 12월의 어느 아름다운 밤에 쑹화강 왼쪽 기슭에 도착했다. 멀리 퉁허(通河)라는 도시의 불빛이 반짝거리는 것이 보였다. 왕은 위험을 무릅쓰고 얼어붙은 강 위로 걸어가야 할지 어쩔지 정하지 못하고 한참 동안 서성거렸다. 강 표면은 마치 식탁보를 깔아 놓은 것처럼 평평했고 찬란한 달빛으로 가득 차 있었다. 끝도 없는 평원처럼 펼쳐진 쑹화강은 알 수 없는 두려움을 던져 주는 미지의 세계 같았다.

왕은 무성한 숲 속 풍경에 익숙한 동물이었다. 울창한 나무들이 빽빽하게 들어 찬 산맥들, 헤치고 들어갈 수 없을 정도로 무성하게 자라난 온갖 식물들이 바위들과 얽혀 있는 숲, 이것이 바로 왕과 그 조상들이 태어나고 자란 환경이었다. 대대로 물려받은 습성은 어찌할 수 없었기에, 왕은 광장 공포증을 극복하는 데 오랜 시간이 걸렸다. 왕은 적의를 품은 듯한 평평하고 광활한 강과 맞설 결심을 하지 못해, 며칠 동안이나 강기슭을 덮고 있는 무성한 잡목 숲 속을 돌아다니기만 했다.

그러던 어느 순간, 왕은 남쪽의 안개 낀 지평선 위로 울창한 노야령 산맥의 푸르스름한 윤곽을 보았다. 제일 높은 코쿠이찬 산과 타투딩즈 산봉우리의 윤곽이 하늘 위로 신기루처럼 모습을 드러냈다. 왕은 자신이 태어난 산에서 120 내지 130킬로미터 정도 거리를 두고 떨어져 있었다. 왕은 견딜 수 없는 향수를 느끼며 멀리 있는 산을 바라보았다.

그동안 왕은 숲에 있는 가까운 농가에서 가축과 개를 물어 와서 배를 채웠고, 덕분에 그 지역의 주민들 사이에는 공포가 싹텄다. 오두막에 사는 모든 사람들은 밤이고 낮이고 무시무시한 호랑이 얘기만 했다. 이 비범한 호랑이의 대담무쌍하고 잔인한 무용담을 서로 늘어놓았다. 겁에 질린 사람들은 작은 신당 앞에서 향초를 피웠다. 그리고 무릎을 꿇고서 죽은 조상들을 망각하고 죄를 지은 인간들을 벌주러 멀리서 온 위대한 산신령에게 기도를 올렸다.

달도 없는 어느 캄캄한 밤, 잔뜩 눈을 머금은 하늘 아래 땅을 스칠 듯 내려앉아 지평선과 지척의 산맥까지 가려버린 안개 속에서, 왕은 얼어붙은 쑹화강을 건넜다. 쑹화강과 마이(螞蟻)강의 합류점이 정면으로 바라다보였다.

건너편 기슭으로 온 왕은 밀주(密酒) 공장 근처 강을 따라 나 있는 좁은 길에서 한 무리의 중국인들과 마주쳤다. 중국인은 여덟 명이었는데, 모두 기병총으로 무장하고 있었다. 기병총은 총신이 아래로 향한 채 어깨에 걸려 있었다. 털이 많은 검정색 개 두 마리가 정찰병 노릇을 하며 앞서 가고 있었다. 그들은 밀주 공장을 약탈하러 온 마적 떼였다. 맹수가 근처에 있다는 것을 귀신같이 알아챈 개들은 꼬리를 내리고 길 위에 멈추어 주인들을 기다렸다.

호랑이는 아직 200걸음 정도 떨어져 있었다. 왕은 조용하면서도 절도 있게 성큼성큼 앞으로 나아갔다. 왕과 개들 사이의 거리가 빠르게 좁혀졌다. 상대할 수 없는 적의 기운이 느껴지자, 개들은 사람들 쪽으로 바싹 붙어서 시끄럽게 짖어 댔다. 하지만 한 발짝도 앞으로 나오진 않았다. 개들의 이런 행동을 본 마적들은 호랑이가 있음을 눈치 챘다. 마적들은 맹수를 '라오토우르'(老頭兒, 중국에서 노인 또는 늙은 남자를 속되게 이르는 말)라고 부르면서 낮은 목소리로 말하기 시작했다.

왕은 인간의 무리를 발견하고는 걸음을 늦추더니 멈춰서 고개를 들고 두 귀를 세웠다. 다른 때와 마찬가지로 꼬리도 곧 조금씩 흔들리기 시작했다. 왕은 번쩍이는 커다란 두 눈동자로 눈 위의 짙은 얼룩 같은 작은 패거리를 쏘아보았다.

마적들은 즉시 이 호랑이가 퉁허 인근을 공포에 떨게 만든 바로 그 왕이라는 것을 알아차렸다. 그리고 황급히 길에서 빠져나와 옆에 있는 야생 포도나무 사이에 숨었다. 손에 총을 들고 있었지만 감히 쏠 엄두도 내지 못했다. 반면 개들은 맹수의 눈빛에 마비되어 그대로 길 위에 주저앉아 버렸다. 개들은 서로 몸을 바투 붙인 채 기어

들어가는 소리로 짖어 댔다. 다리는 하나같이 바들바들 떨고 있었다. 개들은 전투 의지를 완전히 상실했고 긴장으로 심장이 터질 듯했다.

인간들이 자기에게 길을 양보한 것을 보고, 왕은 다시 앞으로 나아갔다. 개들과 열 발짝쯤 되는 거리에 이르자, 왕은 잠시 멈춰 있더니 전혀 힘들이지 않고 날쌔게 도약하여 두 마리의 개를 한꺼번에 내리눌렀다. 왕은 부드러운 털이 덮인 발로 두 마리에게 동시에 치명적 일격을 가했다. 개들은 두개골이 부서진 채 눈 위를 굴렀다. 호랑이는 입으로 두 마리의 먹이를 물고 인간들 쪽으로는 눈길도 주지 않은 채 강변의 잡목 숲 깊이 들어가 홀로 식사를 즐겼다.

# 고향으로 돌아오다

다시 '맹수들의 밤'이 다가오고 있었다.

타이가의 주민들은 신경을 잔뜩 곤두세우고 이 시기를 대비했다. 네발짐승들은 제각기 흩어져 숲, 그중에서도 특히 떡갈나무 숲으로 이동했다. 떡갈나무 숲 속에는 호랑이의 갑작스러운 공격의 위험을 덜 수 있는 장소들이 있었기 때문이다. 모피 사냥꾼들은 초라한 오두막과 산막을 튼튼히 한 다음, 숲 속의 작은 제단 앞에 향초를 피우고 산신령에게 열심히 기도를 올렸다. 무쇠 종을 울리는 소리도 점점 더 자주 들렸다. 종의 금속성 소리가 평화롭고 신성한 타이가 속으로 퍼져 나갔다.

왕은 행복했던 어린 시절의 추억에 불가항력적으로 이끌려 남쪽으로 향했다. 저녁에서 아침까지, 왕은 깊은 타이가 숲 속에서 다른 호랑이들의 발자국을 쫓으며 능선을 따라 걸었다. 낮에는 바위로 둘러싸인 동굴 속이나 그냥 양지 바른 곳에서 휴식을 취했다. 주로 멧돼지로 배를 채웠으나, 가끔은 순록이나 노루 몰이를 하는 붉은 늑대들 덕을 보기도 했다. 그런 경우에는 쉽게 몸을 숨길 수 있는 사냥 지역 한가운데로 슬그머니 들어가 쫓기는 짐승들 중 한 마리를 낚아챘다.

붉은 산적들은 자신들이 호랑이와 상대하고 있다는 것을 알고 감히 대가를 요구하지 않았다. 어린 호랑이를 상대할 때와 다른 행동이었다. 붉은 늑대들은 아직 어린 호랑이들이 근처에 있으면, 큰 규모로 떼를 지어 포위한 다음 먹잇감이 돌아다니는 지역에서 쫓아낼 때까지 짖고 울어 대면서 위협했다. 하지만 위대한 왕은 그렇게 호락호락한 상대가 아니었다. 왕이 단 한 번 성난 눈길을 던지기만 해도 모든 작은 육식동물들은 겁을 먹고 맹종했다.

계속해서 남쪽 방향으로 걷고 있던 왕은 마이강 쪽으로 접어들었다. 이 강은 노야령 산맥의 서쪽 비탈에서 시작된다. 맹수는 나침반도 동서남북을 알려주는 아무런 방향 지시 도구도 없었지만, 조상으로부터 물려받은 특수한 감각에 의지해 실수 없이 옳은 방향으로 나아갔다.

이해에 삼나무는 많은 열매를 맺었다. 삼나무 열매는 북서 계절풍에 흔들려 떨어져서 늙은 나무들의 발치에 층을 이루며 끊임없이 쌓였다. 이 열매는 모든 다람쥐들의 주식이자 대부분의 설치동물의 양식인 동시에, 반추동물이나 육식동물 같은 다른 많은 동물들의 별미였다. 껍질과 함께 씹어 먹는 통통하고 기름진 삼나무 열매는 소화가 잘 되며, 타이가의 모든 네발짐승은 이 열매를 다량으로 섭취한다. 멧돼지와 곰, 사슴은 거의 한 해 걸러 한 번씩 풍년이 들 때

183

면 이 열매만 먹는다.

위대한 왕은 떠돌아다니는 생활을 함에도 실컷 배를 채웠고, 더 이상 이 삼나무 열매를 우습게 보지 않았다. 왕은 앞니로 솜씨 좋게 껍질을 벗겨 가며 여정 중간중간에 삼나무 열매를 무척 자주 먹었다.

이 시기에 왕의 몸은 완전한 성체에 이르렀다. 왕은 만주 호랑이의 빼어난 표본으로서, 이 고양이과 동물 특유의 모든 동물학적 특징을 띠고 있었다. 끊임없이 움직이는 활동적인 생활 덕분에 왕의 몸에는 피하지방이 그다지 쌓이지 않았다. 쉴 새 없는 운동으로 근육은 가황고무 같았고 뼈는 단련된 강철 같았다. 왕은 생명체가 견딜 수 있는 최대한의 압력을 견딜 수 있었다. 왕의 생명력은 엄청났고, 그 힘이 빚어내는 결과 역시 실로 놀라웠다. 왕은 전혀 힘들이지 않고 24시간 안에 150킬로미터에서 200킬로미터에 이르는 거리를 주파할 수 있었다. 혹은 300킬로그램 이상 나가는 멧돼지를 입에 물고 쓰러진 나무들과 2미터 높이의 바위를 뛰어넘어 1킬로미터나 2킬로미터에 이르는 가파른 비탈의 꼭대기까지 올라갈 수도 있었다.

맹수는 그다지 애쓰지 않고서도 도약을 위해 조금 뒤로 물러났다가 10미터 가까운 간격의 바위 틈을 훌쩍 뛰어넘었다. 허공을 가로지르듯 유연하고 가볍게 위로 튀어 오르는 모습은 네발짐승의 움직임이라기보다는 차라리 새의 비상에 가까웠다. 왕의 힘과 날렵함, 뛰어난 솜씨, 아름다움을 따라올 동물은 어디에도 없었다.

왕은 신체의 특성뿐 아니라 생물학적인 생김새에서도 누구도 반박할 수 없는 그야말로 타이가의 왕이었다. 호랑이는 30살이나 40

살에 최고로 왕성한 시기에 도달한다. 그 후에는 살이 찌고 게으르고 무기력해진다. 근육은 느슨해지고 이빨과 털은 윤기를 잃는다. 늙은 호랑이는 빠르고 힘이 넘치는 민첩한 야생 동물을 사냥할 수 없기 때문에 오소리와 새끼멧돼지, 송아지를 비롯한 온갖 종류의 어린 반추동물로만 만족한다. 산토끼와 꿩, 뇌조, 그리고 다른 작은 짐승들에게도 눈을 돌린다.

많은 인간이 모여 사는 곳 부근에서 이런 호랑이는 그야말로 재앙이 된다. 이런 호랑이들은 방목지뿐 아니라 외양간이나 다른 닫혀 있는 건물 안 가축들까지 강탈한다. 이런 경우 호랑이는 마당에 침입해 헛간과 오두막을 부수고 들어가 말이나 소, 노새, 송아지, 새끼돼지, 개, 가금류 등 닥치는 대로 무엇이든 빼앗아 가 버린다. 길을 가다 인간을 만나도 예외가 없다. 호랑이는 발로 쳐서 인간을 쓰러뜨린 다음 타이가로 물고 간다. 특히 나이가 들어 쇠약해진 어떤 호랑이들은 다른 모든 고기보다 사람 고기를 좋아하기 때문에 식인호랑이가 된다. 아무런 저항에도 부딪히지 않는 이런 종류의 호랑이들은 먹이를 획득하는 것이 얼마나 쉬운지 알고 있기에, 숲 변두리에 있는 촌락이나 농가 근처에 거처를 정하고 힘없는 주민들에게 피해를 입힌다. 이런 일은 호랑이가 사냥꾼의 총알에 맞아 쓰러지는 그날까지 계속된다.

설 전야에 왕은 랑잘린 고개에서 마이강의 계곡까지 이어진 좁은 길을 따라 걷고 있었다. 하늘에는 별이 총총 떠 있고 어둠이 짙은 밤이었다.

얼마 떨어지지 않은 곳에 기차역이 나타났다. 이곳은 예전에 숲 속의 빈터였다. 그러나 이제 나무를 완전히 베어 내어 한 그루도 남아 있지 않았다. 돌로 지은 몇 개의 건물과 급히 세운 허술한 목조 건물 몇 군데에서 빛이 반짝거렸다. 그 아래, 언덕 발치에서는 제재소의 기계 굉음이 울리고 있었다.

왕은 흠칫 놀라서 멈추었다. 그리고 오랫동안 이 새로운 광경을 바라보았다.

한 번도 본 적이 없는 풍경이었다. 왕은 몇 년 전에 어머니, 여동생과 함께 바로 이 지역을 돌아다니던 일을 똑똑히 기억하고 있었다. 그때 이곳에는 울창한 타이가가 펼쳐져 있었고 온갖 숲의 속삭임이 가득했으며, 인간의 거주 시설이라곤 찾아볼 수 없었다. 지금은 불을 밝힌 수많은 창문이 달린 흉측한 커다란 건물에서 귀를 찢는 듯한 소음이 들려오고 있었다. 예전에 이곳에는 모피 사냥꾼의 초라한 산막 하나만이 있었다. 왕은 사냥을 나가거나 코쿠이찬 산 쪽으로 돌아오면서 그 산막 앞을 자주 지나곤 했다.

그때 이후로 모든 것이 너무도 빨리 변해 버린 것이다!

도대체 어찌된 영문이란 말인가? 왕은 이 변화에 관해 철저히 알아보고 원인을 조사하기로 마음먹었다. 왕은 마이강을 가로질러 이주민 집단이 사는 곳으로 향했다. 길을 가다 자주 멈춰 서서 삼삼오오 새로 들어선 작은 오두막의 창문에서 새어 나오는 빛을 보았다. 또 그곳에서 흘러나오는 온갖 기괴한 소리에도 귀를 기울였다.

몇몇 곳에서는 인간들의 목소리와 외침이 들려왔다. 하지만 그 소리는 왕이 어린 시절 야생의 타이가에서 듣던 소리가 아니었다. 지금 들려오는 인간의 소리는 오만하고 대담했다. 그 소리를 듣고 왕은 최근에 이곳으로 온 아주 다른 종류의 인간들, 그리고 완전히 다른 미지의 세계가 존재한다고 느꼈다. 그 순간 어느 집의 문이 열리더니 한 무리의 인간이 쏟아져 나왔다. 그들의 생김새와 목소리는 모피 사냥꾼이나 나무꾼들의 모습과는 전혀 닮은 데가 없었다.

왕은 반짝이는 눈동자로 모든 광경을 관찰하면서 길 한가운데에 가만히 있었다. 인간의 무리와는 오십 보쯤 떨어져 있었다.

인간들은 어둠 때문에 왕을 알아보지 못했다. 하지만 왕은 그들을 똑똑히 보았고, 참을 수 없는 호기심을 느꼈다.

"이봐, 이봐! 저거 정말 호랑이처럼 생겼는데!"

무리 중 한 명이 눈 위의 짙은 얼룩처럼 보이는 호랑이의 윤곽을 손가락으로 가리키며 소리쳤다.

"여보게들, 정말 호랑이라니까! 두 눈도 초롱처럼 반짝거리잖아!"

"거 참, 야코프, 허풍 그만 떨어!"

동료들이 맞은편 기차역 쪽으로 야코프를 끌고 가면서 외쳤다.

"여기 호랑이가 있다니 자네 술을 너무 마신 게야! 이 주정뱅이 목덜미를 붙잡아서 얼른 역으로 가세나! 이먄포(一面坡)에서 오는 기차가 곧 도착할 거야. 벌써 신호등을 켜고 신호기도 열었다니까."

이런 말을 하면서 동료들은 야코프를 잡아 역 쪽으로 밀었다. 하지만 야코프는 조금도 주장을 굽히지 않았고, 방금 바로 자기 앞에 서 있는 호랑이를 두 눈으로 똑똑히 보았노라고 취한 목소리로 떠들었다. 동료들은 그의 말을 전혀 믿지 않았다. 쾌활한 한 무리의 인간들은 역의 환한 문을 지나 금세 사라졌다.

왕은 두 눈을 크게 뜨고 시끄러운 인간 무리를 눈으로 좇았다. 그리고 굴뚝에서 소용돌이 같은 연기와 불똥을 내뿜는 제재소 근처를 어슬렁거리기 시작했다. 그러고 나서 공장을 굽어보는 높은 곳으로 기어 올라가 앉아서 이 낯선 풍경을 응시했다. 왕은 조금도 즐겁지 않았다.

바로 그때, 서쪽에서 여행객을 태우고 온 기차가 역으로 들어오기 시작했다. 기차는 철도를 따라 천천히 전진했다. 기차는 마치 잔인한 괴물 같았다. 기차 바퀴는 철로의 접합부에 닿을 때마다 헐떡거리며 으르렁댔고, 브레이크에서는 끽끽 소리가 났다. 유리로 된 눈들이 어둠을 가로질렀다. 괴물의 머리는 하얀 수증기 같은 연기를 뱉어 내고 불빛으로 환히 밝혀져 있었다. 옆에 붙어 있는 한 쌍의 눈 같은 헤드라이트는 엄청나게 눈부신 빛을 뿜어 댔다.

고막을 찢는 듯한 끼익 소리가 대기를 가르며 왕의 청각 기관을 찔렀다. 왕은 귀를 수축시키고 눈을 찡그렸다. 금속 괴물이 멈추었다. 엄청난 수의 사람이 내리더니 금속 괴물 근처에서 뛰어다녔다. 멀리서 금속 괴물의 소음과 인간의 목소리, 삐걱거리는 톱 소리가 들렸다. 이 소리를 듣고 왕은 기분이 몹시 불쾌했다. 모든 것이 너무도 귀에 거슬렸기에 왕은 도저히 평정을 되찾을 수 없었고, 머릿속에는 매순간 여러 생각이 교차했다.

왕의 머릿속은 정신없이 움직였다. 이제 왕은 특이한 능력을 지닌 새로운 사람들이 도착한 후 상황이 변해 버렸다는 확신을 갖게 되었다. 뱀같이 생긴 흉측한 금속 괴물은 분명 인간에게 복종하고 있었다. 엄청나게 밝은 창이 달린 데다 내장에서 울부짖는 소리를 내뱉고 연기와 불을 토해 내는 거대한 건물들 역시 이 두발짐승들의 창조물이었다. 상자처럼 생긴 집을 짓고 조용한 타이가를 가로질러 철도를 놓은 것도, 왕이 태어난 덤불숲을 없애 버린 것도 바로 두발짐승들이었다. 그 두발짐승들은 야생 동물과 새들의 집이자 생존의 근원인 숲마저 불태우고 파괴했다.

왕의 가슴에는 이 새로운 인간들에 대한 잠재울 수 없는 분노와 복수심이 차올랐다.

왕은 아직 어떻게 해야 할지 알 수 없었지만, 절대적인 힘과 더불어 인간에 대한 복수심이 마음속에서 점점 더 커져 갔다. 왕은 15년 동안 타이가의 산과 숲을 지배했고, 타이가에는 왕에게 걸맞은 적수란 없었다. 그러나 이제 군주로서 왕의 권리는 효력을 다했으며 야생 오지 속에서의 특권도 위태롭다는 것을 깨달았다.

왕은 달빛을 바래게 하는 이상한 불빛과, 친숙했던 자연의 소리들을 흡수해 버리는 기차역의 소음에 신물이 났다. 왕은 다시 일어나서 긴 포효를 내질렀다. 그 포효 소리에는 강력한 적을 향한 위협과 탄식이 섞여 있었다.

그러나 역에서도 거주 구역에서도 인간들은 이 포효 소리를 들을 수 없었다. 수화물 창고의 시끄러운 호각 소리와 공장의 톱과 증기관 소음이 그 소리를 덮어 버렸기 때문이다.

189

몹시 우울해진 왕은 타이가로 들어가 코쿠이찬 산 정상으로 향했다. 그곳은 복잡하게 얽혀 있는 울창한 비탈과 협곡 사이로 멀리서도 뚜렷이 보였다. 왕은 이 장소들을 어린 시절부터 알고 있었다. 일단 집으로 돌아오자, 왕의 심장은 다시 기쁨으로 뛰었다. 왕은 거대한 허파로 고향의 공기를 한껏 들이마셨다. 그리고 너무도 낯익은 덤불숲을 거대한 가슴으로 헤치면서 즐겁게 돌아다녔다.

다시 '맹수들의 밤'이 되었다. 타이가의 원주민과 동물들은 오두막과 둥지, 굴속에서 꼼짝도 하지 않았다. 이 오래된 고장에서는 거대한 호랑이들이 울부짖는 소리와, 변치 않는 낮은 노래로 속삭이듯 그에 답하는 소리가 황혼에서 새벽까지 이어졌다.

그 모든 소리 가운데, 위대한 왕의 무시무시한 음성이 이따금씩 멀리서 또렷이 들려왔다. 왕의 목소리는 마치 산의 협곡에서 터져 나오는 천둥소리처럼 다른 모든 소리를 덮어 버렸다.

하지만 마이 역과 코쿠이찬 산 서쪽 아래를 잇는 철로 공사를 위해 인간들이 들이닥쳤다. 그들은 산발치에 숙소를 짓고 가까운 비탈과 산꼭대기에서 수백 년 된 삼나무들을 쓰러뜨리기 시작했다.

가차 없는 도끼질에 둘레가 몇 아름이나 되는 나무들이 쓰러졌다. 나무들이 쓰러지면서 내는 굉음이 원시림의 정적 속에 울려 퍼졌다.

톱은 끽끽거리고, 도끼질 소리는 둔탁한 메아리가 되어 울렸다. 말을 탄 공사 감독들은 소리를 질러댔다. 고막을 찢을 듯한 소음이 태고 이래 처음으로 오지의 맑은 공기를 가득 채웠다.

타이가는 고통에 신음하고 끝없이 흐느꼈다. 삼나무의 벌어진 상처에서는 굵은 눈물방울 같은 진액이 하염없이 흘러내려 차갑고 푹신한 눈 위로 떨어졌다. 타이가는 마치 운명을 한탄하는 이별 노래를 부르는 것 같았다. 노랫소리는 둥근 천장 모양의 차갑고 무심한 하늘 아래에서 울리다가 서서히 사라졌다.

# 숲의 러시아인들

'맹수들의 밤'이 절정에 달했다.

호랑이들의 소리가 먼 숲 여기저기에서 울려 퍼졌다. 철도에서 근무하는 러시아 군인들은 코쿠이찬 산발치에 있는 군 초소에서 '번개' 램프의 불빛을 받으며 평화롭게 식탁 주위에 앉아 있었다. 군인들은 떠나온 고향과 군대 생활, 자신들의 꿈, 사냥에 대해 대화를 나누고 있었다. 요컨대, 운명의 조화로 야생 숲만 널려 있는 이곳 만주까지 떠밀려 와 단조로운 생활을 하는 단순한 러시아인들의 머릿속에 생기를 불어넣어 줄 만한 재미있는 이야기들을 쏟아 내고 있었던 것이다.

한편으로 그들은 각자 열심히 할 일을 하고 있었다. 한 군인은 총을 닦는 막대기로 자기 무기를 닦고 있었고, 그 옆의 군인은 『꿈의 열쇠』를 읽고 있었다. 또 다른 군인은 피곤한 눈을 껌벅이며 군복 안으로 손을 집어넣어 등을 긁고 있었고, 그 옆에 있던 군인도 잘 준비를 한 후 굴뚝에 바지를 걸어 말리는 참이었다. 마지막으로 고참

192

병 하나는 이미 야전 침대 위에 뻗어 말처럼 코를 골고 있었다.

"야, 말뤼긴, 내일 사냥이나 가는 게 어떠냐?"

아르세니예프 하사가 소총을 들어 걸이에 건 다음, 꿈풀이에 관한 책을 읽고 있던 젊은 군인에게 물었다.

"내일은 날씨가 좋을 것 같아. 차르(제정 러시아 시대 황제의 칭호)의 산에는 멧돼지도 있다더군. 중국 애들이 말해 주던데. 멧돼지 발자국이 엄청나게 많다고 자신 있게 말하더라고. 삼나무 숲이 멧돼지 발자국으로 온통 푹푹 파였다네."

"네. 알겠습니다. 그러죠 뭐."

말뤼긴이 책을 덮은 후 한껏 기지개를 켜면서 대답했다.

"그럼 총알에 홈을 파 놔야겠어요. 그렇지 않으면 바늘로 찌르는 정도의 위력밖에 없으니까요."

말뤼긴은 일어나서 소총을 살핀 다음 폭발성을 높이기 위해 총알의 외피에 홈을 내기 시작했다.

"너희들 조심해야 할걸. 지금은 '맹수들의 밤'이 한창이니까. 호랑이랑 맞닥뜨릴 수 있는 곳엔 가지 마."

차를 끓이는 커다란 양철 그릇에서 뜨거운 차를 열 잔째 따르고 있던 군인이 말했다.

"겨우 한 시간 전쯤 보초를 서다가 건달 같은 녀석들이 이야기하는 걸 들었는데, 언덕 위에서 울부짖는 호랑이 소리를 들으면 소름이 끼친대. 중국인들이 그러는데 호랑이들 중에는 그 유명한 '왕'도 있는데, 말하자면 호랑이들의 통치자래. 그놈은 피도 눈물도 없는 짐승이라서 인간을 만나면 미처 대처할 시간도 주지 않고 잡아먹어 버린다는 거야. 키도 집채만큼 커서 어디 있든 눈에 띈다고 하던데. 사냥 나가지 마, 아르세니예프! 예감이 좋지 않아서 그래. 사실 어제 내가 꿈을 꿨는데, 네가 호랑이랑 마주친 거야. 근데 총이 아니라 지팡이 하나만 들고 있더라고. 그러더니 삼나무 위로 올라가서 새처럼 날아가 버리더라. 진짜야. 가지 마! 호랑이들이 결혼식을 다 치를 때까지 기다리라고!"

"됐네, 이 사람아. 노인네처럼 꿈 타령은."

아르세니예프가 내일의 사냥에 필요한 물건과 식량을 챙기면서 대답했다.

"그리고 난 네가 말한 왕인가 뭔가 하는 거 하나도 안 무서워. 그거 다 허풍이야! 왕이라니, 그런 건 있지도 않아. 그리고 혹시 그 왕의 가죽이라도 손에 넣으면 족히 천 루블은 벌게 될걸. 너도 그렇게 생각하지, 말뤼긴? 가서 잠이나 자. 내가 새벽에 깨울 테니."

이렇게 말하고 나서 아르세니예프는 옷을 벗고 찢어진 모포를 몸에 감더니 곧장 코를 골기 시작했다.

아르세니예프는 열렬한 사냥꾼에다 뛰어난 총잡이였다. 동료들은 그에게 광신자라는 별명을 붙여 주었다. 철도에서 군 복무를 하는 3년 동안 아르세니예프는 곰과 멧돼지 여러 마리와 셀 수 없이 많은 사슴과 노루를 잡았다. 작년에는 심지어 어린 호랑이도 한 마리 잡았는데, 어떤 중국인에게 500루블을 받고 팔았다.

깊은 밤, 야생의 숲에 묻힌 군 초소는 '번개' 램프에서 새어 나오는 희미한 불빛을 받으며 평화로운 잠에 빠져들었다. 누워 있는 군인들의 모습은 구분할 수 없을 정도로 똑같았다. 이따금 문이 열려 달그락거리는 난로 뒤에서는 귀뚜라미 한 마리가 노래하고 있었다. 동물의 털로 만든 커다란 외투로 따뜻하게 몸을 감싼 보초병이 돌아다니는 연병장에서는 숲의 희미한 소리가 들려왔다. 때때로 멀리서 나는 천둥의 메아리 같은 소리가 밤의 정적을 흔들고는 차르의 산으로 사라져 갔다.

아름다운 겨울 아침이 막 밝았다. 태양이 코쿠이찬 산 높은 곳의 화강암 지대를 황금빛으로 물들였다. 산의 좁은 계곡들에는 아직 어슴푸레한 빛만 들었다. 청딱따구리와 나무발바리들은 정처럼 단단한 부리로 나무줄기를 쪼는 작업을 다시 시작했다.

두 사냥꾼이 조심스럽게 타이가의 오솔길에서 전진하고 있었다. 힘이 넘치고 날쌘 아르세니예프가 앞장을 섰다. 말뤼긴은 소총을 손에 들고 그 뒤를 따랐다. 둘은 코쿠이찬 산 정상을 향해 올라가고 있었다. 두 사람은 길 위에서 멧돼지와 호랑이의 발자국을 무척 많이 발견했다. 대부분은 오래된 것이었다. 하지만 아직 서리에 굳지 않은 갓 생긴 발자국도 있었다. 산의 움푹 파인 지대에 도착하자, 사냥꾼들은 걸음을 멈추고 주변의 소리에 귀를 기울였다. 그러나 타이가에서는 아무 소리도 들려오지 않았다.

"우리 서로 흩어져서 가는 게 어때, 말뤼긴? 어떻게 생각해?"

둘 중 고참이 담배 파이프에 불을 붙이면서 물었다.

"둘이 같이 가면 소리도 너무 많이 나고 다른 소리를 들을 수가 없어. 이 움푹한 지대를 따라 좀 가다가 산으로 올라가서 전방을 살펴봐. 나는 능선을 따라 갈 테니까. 여기서 출발해서 네다섯 시간쯤 더 가면 고개에서 만날 수 있을 거야. 그러면 정오일 테고 그때 같이 요기를 하자고."

"알겠습니다. 혼자인 게 아무래도 낫겠죠. 하지만 조심하십시오. 누구 총소리든 들리면 곧장 그쪽으로 달려가기로 하죠! 하사님은 천천히 가세요. 나무들이 얽혀서 길을 막고 있으니 전 서둘러 가죠. 얼추 비슷한 시간에 도착하겠네요. 그럼 이따 뵙겠습니다!"

말뤼긴은 그렇게 말하고 나무가 우거진 움푹한 지대로 들어갔다. 한편 아르세니예프는 가파른 능선을 따라 올라갔다. 이미 오전도 한참 지나가고 있었다. 타이가는 고요했다.

한 고개에서 아르세니예프는 방금 생긴 멧돼지 발자국을 발견했다. 삼나무 숲에서 배를 채우고 휴식처 쪽으로 다시 올라간 것이 틀림없었다. 아르세니예프는 손으로 멧돼지 흔적을 더듬어 보았다. 그리고 흡족한 마음으로 걸음을 재촉해 소리를 내지 않으면서 이 민첩한 먹이를 쫓아갔다. 그러나 곧 어디선가 까치들이 시끄럽게 우는 소리가 들렸다. 아르세니예프는 경계심을 가지고 주의 깊게 그 소리에 귀를 기울였다.

'뭔가가 있는 게 분명해. 까치들은 이유 없이 절대로 짹짹거리지 않거든.'

그는 속으로 생각했다. 바로 그 순간, 까치들이 짹짹거리는 소리가 그의 머리 바로 위에서 들려왔다.

"뭐야! 저리 꺼져!"

아르세니예프는 삼나무 열매 하나를 주워 새들에게 던지면서 위협하듯 을러 댔다. 하지만 그 동작은 날개 달린 수다쟁이들을 한층 더 격앙시킬 뿐이었다. 새들은 앞다투어 몰려들어 군인을 둘러싸고 날카로운 소리로 울어 댔다. 아르세니예프는 새들이 멀리 흩어지기를 바라면서 멈춰 섰다. 하지만 까치들은 그를 놓아주기 싫다는 듯 더 시끄럽게 떠들었다. 그 소리는 온 주위에 위험하고 집요한 적이 다가가고 있음을 알리는 신호이기도 했다. 새들의 외침은 효과가 있었다.

삼나무 발치에 잠들어 있던 멧돼지는 잠시 그 소리를 듣고 있다가 잠자리를 떠나 움푹 파인 지대 맨 꼭대기에 있는 다른 휴식처를 향해 이동하기 시작했다. 산양 가족도 좋아하는 휴식 장소를 버리고 바윗길이 있는 방향으로 폴짝폴짝 뛰기 시작했다.

그곳에서 멀지 않은 곳에 있는 절벽의 평평한 돌 위에서 위대한 왕도 휴식을 취하고 있었다. 왕은 소란스러운 밤을 보내고 잠들어 있었지만 까치들이 시끄럽게 울어 대자 잠에서 깼다. 왕은 고개를 들고 예민한 귀를 곤두세우고는 생각하기 시작했다.

'무슨 일이지? 도대체 누가 고요한 오후의 평화를 깨뜨리는 거야? 동물일 리는 없고, 그럼 필시 인간이겠군! 무슨 일인지 가 봐야겠어.'

이런 생각이 들자 왕은 곧바로 일어나서 시끄러운 장소로 어슬렁 어슬렁 조용히 기어갔다.

소싱안링 산맥의 용사(큰사슴)

아르세니예프는 성가신 새들을 무시하기로 하고 다시 능선을 따라 길을 재촉했다. 폭풍우에 쓰러진 거대한 삼나무 줄기 바로 옆에 다다르자, 아르세니예프는 걸음을 멈추었다. 그리고 나무줄기 위로 기어갈 것인지 아니면 그냥 조금 돌아서 갈 것인지 망설였다.

왕은 나무의 다른 쪽 끝에 숨어서 도약의 순간을 기다리고 있었다.

아르세니예프는 나무줄기 위로 기어가기 시작했다. 하지만 반대쪽 땅 위로 뛰어내리자마자 벼락 같은 일격이 느껴졌고, 곧 납작하게 땅에 붙고 말았다. 최후의 순간에 그의 머릿속에는 호랑이에게 공격을 당했고 방어를 해야 한다는 생각이 스쳐갔다. 하지만 이미

198

쓰러진 사냥꾼의 뇌는 기능을 잃었다. 왕은 앞발로 사냥꾼을 인정사정없이 내리쳤고, 인간의 흉곽은 완전히 으스러졌다. 몸속의 모든 기관이 쏟아져 나와 형체를 알 수 없는 덩어리를 이루었다. 죽음은 순식간이었다.

분노를 잠재운 왕은 인간의 몸에서 조금이나마 생명의 징후를 읽어 내려고 애썼다. 왕은 적의 고통을 즐기고 싶었다. 그러나 인간의 숨이 완전히 끊어지자 왕은 얼굴이 하늘로 향하도록 시체를 뒤집어 놓고 오랫동안 쳐다보았다. 마치 인간의 얼굴과, 생기를 잃었지만 여전히 의미심장한 눈빛을 연구라도 하는 것 같았다.

왕은 무성한 금빛 수염에 강한 인상을 받아 혀로 수염을 뒤적여 보았다. 그리고 살짝 벌어진 창백한 입술 위에 묻은 피를 핥았다. 왕은 송곳니와 발톱을 동시에 사용해 인간의 옷을 벗기느라 무척 애를 먹었다.

거대한 건물, 그리고 자신에게 복종하는 금속 괴물들이 뛰어다닐 철길을 만들러 온 낯선 존재들의 모습은 이러했다! 왕은 온갖 생각에 잠긴 채 인간의 허리를 물고 덤불숲의 거대한 나무 발치로 옮겼다. 그리고 무시무시한 송곳니로 사냥꾼의 몸을 조각낸 다음 먹어치우기 시작했다.

이어서 젊은 암호랑이가 주인을 찾아 산에서 내려왔다. 왕은 기쁜 듯 반기면서 가르랑거리는 소리로 암호랑이를 맞았다. 그리고 먹이에서 가장 맛있는 부위의 조각들을 암호랑이에게 양보했다. 얼마 지나지 않아, 사냥꾼 군인의 흔적이라곤 속옷과 겉옷의 천 조각 몇 개와 삼나무 줄기 근처에 떨어져 있는 소총밖에 남지 않게 되었다.

이 식사를 마친 후 호랑이는 사람 고기 냄새를 좋아하게 되었다. 나아가 두발짐승은 육체적으로 허약하며 그들이 사용하는 도구가 있을 때만 가치가 있다는 것을 확신하게 되었다.

곧 까치와 어치, 까마귀가 떼를 지어 호랑이들의 먹이 위를 선회하기 시작했다. 새들의 흥분된 울음소리는 두 번째 사냥꾼의 주의를 끌었다. 말뤼긴은 벌써 약속한 장소에 도착해 고참을 기다리고 있었다. 말뤼긴은 작은 장작더미에 불을 지피고 두 시간가량 쉬었다. 그러다 기다림에 지쳐 고참을 찾으러 능선을 따라 내려가기 시작했다.

말뤼긴은 새들의 고함소리에 불안해졌다. 그 또한 이 수다쟁이들이 이유 없이 울어 대지 않는다는 것을 잘 알고 있었기 때문이다. 고참의 흔적을 전혀 찾아내지 못한 말뤼긴은 마침내 끊임없이 소란스러운 소리가 나는 방향을 향해 걸음을 재촉했다. 하지만 재앙이 일어난 장소에 도착하기도 전에 아르세니예프의 죽음을 알게 되었다. 까마귀와 까치들이 피투성이가 된 아르세니예프의 옷 조각을 타이가 여기저기에 흩뜨려 놓았기 때문이다.

방금 피의 연회가 벌어진 장소에서 군인은 온통 붉게 물든 눈과 몇 개의 천 뭉치, 담배쌈지와 파이프, 성냥, 빵 한 조각만을 발견할 수 있었다. 허리띠는 실탄이 가득한 탄약 주머니와 함께 반쯤 눈 속에 처박힌 채 바로 옆 땅에 널브러져 있었다.

발자국으로 보아 두 마리의 맹수가 있었던 것이 확실했다. 덩치 큰 한 마리와 좀 더 작은 다른 한 마리가 함께 산꼭대기 쪽으로 떠난 흔적이 있었다.

"왕의 짓이야."

말뤼긴은 중얼거렸다.

"이 정도 크기의 발자국은 한 번도 본 적이 없어! 불쌍한 아르세니예프! 대단한 사냥꾼이었는데! 이 식인귀 같은 왕이란 놈을 꼭 잡고 말겠어. 언젠가 그 가죽을 벗겨서 빚을 갚고 말겠어!"

이런 생각으로 잔뜩 흥분한 말뤼긴은 총을 손에 들고 방금 일어난 비극의 조그만 부분이라도 낱낱이 알아내기 위해 주위를 한 바퀴 돌았다. 그는 쓰러진 삼나무 근처에서 아르세니예프의 소총과 찢어진 탄띠를 발견했다. 안전장치가 그대로 있는 것을 본 군인은 공격이 아주 갑작스럽고 예기치 못한 것이었음을 짐작했다.

그는 나무줄기 위에 앉아 잠시 쉰 다음 죽은 고참의 무기와 실탄을 챙겨 초소를 향해 출발했다. 망자를 기리기 위해 가엾은 하사의 담배 파이프도 챙겼다.

해가 지려 했다. 먼 봉우리와 산맥들은 이미 보랏빛 안개로 뒤덮였다. 서리가 더해지고 있었다. 멀리서 쿵쾅대는 천둥소리처럼 맹수들의 포효 소리가 다시 들려오기 시작했다. 말뤼긴은 더 빨리 걸었다. 그는 여전히 소총을 손에 들고 길에서 튀어나오는 어떤 적에게든 발포할 준비를 한 채 재빨리 산을 내려왔다.

마침내 나무를 베어 낸 숲의 빈터 한가운데, 멀리 창문에서 새어 나오는 불빛이 보였다. 군 초소였다. 말뤼긴은 용감한 동료가 사망했다는 슬픈 소식을 전하러 뛰어갔다.

# 타이가의 소음

타이가의 주민들은 사냥 나간 병사가 위대한 왕의 손아귀에 걸려 죽었다는 사실을 금세 알게 되었고, 어딜 가나 그 이야기뿐이었다. 토박이 모피 사냥꾼들은 그 소식에 은밀한 기쁨마저 느꼈다. 그들은 산신령인 위대한 왕이 자신들이 할 일을 대신해 주었다고 여기며 매우 흡족해했다. 원주민들은 고대 숲의 신성한 평화를 침범하고 아름답고 유서 깊은 사냥 금지 구역을 파괴해 버린 새로운 이주민들을 침략자라 여겼다. 위대한 왕이 자신들을 대신해 보기 좋게 복수해 준 것이다. 원주민들은 숲의 신당 앞에서 왕에게 열렬한 기도를 올리고 타이가의 정적 속으로 그 소리가 울려 퍼지도록 작은 주석 종을 쳤다.

타이가는 곧 온갖 소음으로 가득 찼다. 대대로 내려온 안식처와 오래된 먹이 구역, 수백 년 된 목초지가 별안간 파괴되어 소멸되는 것을 본 네발짐승과 날짐승들은 인간 원주민들과 합세하여 침략자들에게 선전포고를 했다. 모두들 저마다의 방식으로 침략자들에게 피해를 입히려고 애썼다. 다들 교활한 인간의 머리에서 나온 발명품들을 파괴할 기회가 있으면 놓치려 하지 않았다.

멧돼지 떼는 전신용 기둥의 밑을 파서 쓰러뜨리고 줄을 뽑았다. 덕분에 주 전선과 지선 사이의 통신이 두절되었다. 타이가 변두리에 있는 침략자들의 채소밭은 멧돼지와 곰의 습격을 받았다. 새들은 일치단결하여 밭을 엉망으로 만들어 놓았다. 사람들이 숲 가장자리에 불을 놓고 허수아비나 바람개비 모양의 물건을 세워 놓아도 전혀 아랑곳하지 않았다. 가을이 되자, 이번에는 곰들이 전신용 기둥을 파괴했다. 곰들은 기둥에 꿀벌 집이 있을 것이라 기대하고 기어올랐다가 결국 전선을 끊어 놓고 내려왔다.

한번은 이런 기막힌 경우도 있었다. 철로를 따라 걷던 곰 한 마리가 자기 앞으로 달려오는 기차를 보고 처음 보는 짐승이라고 생각하고는 싸울 태세를 하고 앞으로 덤벼들었다. 이 용감한 곰은 안타깝게도 바로 기차에 깔려 죽고 말았다.

같은 시기에, 날렵한 다람쥐들은 숲에서 나와 침략자들의 곡물 씨앗을 훔쳐 겨울 양식으로 비축했다. 꿩과 뇌조, 새끼 자고새들도 설치동물과 함께 이 약탈에 한몫했다.

타이가에서는 사냥꾼들이 호랑이의 먹이가 되는 비극적인 일이 늘어났다. 이 전쟁에서 위대한 왕은 호랑이 진영의 상징이 되었다.

아르세니예프의 비극적인 사고는 초소의 군인들과 모든 철도 종사원을 흥분시켰다. 그때까지 호랑이들은 인간을 마주치는 일을 피해 왔다. 호랑이들은 인간에게 길을 양보하고 타이가 깊숙이 사라져 버렸기 때문에 인간을 두려워하는 것처럼 보였다. 하지만 상황은 변했고, 원주민들의 생각도 완전히 바뀌었다. 숲의 침략자들 중 한 명을 해치운 위대한 왕은 '인간은 해칠 수 없는 존재'라는 후광을 파기해 버렸다.

염탐꾼 까치와 다른 수다쟁이들은 소리치고 수다 떨고 모든 당사자들을 헐뜯고 동요시켜서 최선을 다해 이 싸움을 거들었다. 타이가에 울려 퍼지는 야생의 노래는 한층 더 요란해졌고, 이 노래의 불길한 메아리는 침략자들의 거주지까지 전해졌다.

그사이에 태양은 한 해의 공전 궤도를 따라 나아갔다. 이미 봄의 소리가 야생의 슈하이를 가득 채웠다.

한 해의 일을 마친 노인 퉁리는 설날을 보내기 위해 다시 영고탑 마을로 내려갈 계획이었다. 노인은 이미 순록 힘줄로 만든 끈으로 엄청난 부피의 배낭을 단단히 묶어 놓았다. 자작나무 껍질로 짠 배낭에는 동물 가죽이 가득 들어 있었다. 노인은 오두막 바깥벽에 배낭을 내려놓았다. 이 모피 사냥꾼은 산의 신령인 위대한 왕에게 기도를 드리고 작은 종을 세 번 친 다음, 늙고 굽은 등에 배낭을 메고 얇은 가죽끈으로 세심하게 고정했다. 노인은 숲 위에 떠 있는 태양의 위치를 눈여겨보고는 하이린 강의 계곡으로 내려가 늘 다니던 오솔길을 따라 동쪽을 향해 걸었다.

퉁리는 밤이 되기 전에 영고탑 마을에 도착하기 위해 몹시 서둘렀다. 나이가 많았지만 그의 다리는 여전히 젊은이 못지않게 지구력이 있었다. 덕분에 그는 잘 다져진 오솔길을 따라 재빨리 걸어갈 수 있었다. 타이가의 노병의 머릿속에는 여러 상념이 찾아들었다. 상념은 가벼운 새처럼 멀리 조상들의 무덤 쪽으로 날아올랐다. 오래전부터 그의 지친 영혼은 그곳을 향해 있었다.

수년 전 호랑이를 만났던 장소에 다다르자, 노인은 걸음을 멈추고 숨을 고른 다음 쓰러진 나무줄기에 배낭을 기대어 놓고 걸터앉았다. 노인은 예전의 만남을 회상하면서 호랑이가 있었던 지점으로 시선을 옮겼다.

무엇에 홀린 것일까? 노인의 상상이 만들어 낸 망상일까? 바로 그 장소에 또다시 어둠에 싸인 호랑이의 윤곽이 나타났다. 이번에는 훨씬 키가 컸다.

오솔길 위에 멈춘 호랑이는 늙은 모피 사냥꾼을 찬찬히 훑어보았다.

퉁리는 그 날카로운 눈빛의 무게에 짓눌려 살짝 휘청거렸다. 등에는 한기가 느껴졌고 세월이 느껴지는 늙은 두 손은 가볍게 떨렸다. 하지만 인생의 풍상으로 단련된 그의 심장은 조금도 요동치지 않았다. 환각이 아닌 사실임을 확실히 깨달은 노인은 침착하게 배낭을 고쳐 메고 긴 지팡이를 짚고서 다시 길을 가기 시작했다. 모피 사냥꾼은 같은 장소에 미동도 않고 서 있는 호랑이에게서 시선을 떼지 않은 채 용감하고 단호한 걸음으로 다가갔다.

위대한 왕(확실히 그 호랑이였다)은 마치 대리석상처럼 꼼짝도 하지 않았다. 밧줄처럼 팽팽한 꼬리조차 흔들지 않았다. 두 시선이 교차했다. 거리는 좁혀지고 있었다. 하지만 인간이 20보 정도 거리까지 다가오자 왕은 재빨리 오솔길을 떠나 육중한 걸음으로 두껍게 쌓인

왕과 곰 사이의 다정한 대화

눈을 밟으며 덤불숲 속으로 사라졌다. 인간과 맹수는 서로의 생각을 이해했던 것이다.

이 늙은 모피 사냥꾼의 모습이 왕의 기억 속에 되살아났다. 도저히 잊을 수 없는 모습이었다. 대담하고 용감무쌍한 움직임, 노인의 시선 속에서 빛나는 불굴의 의지는 타이가의 군주를 압도했다. 처음 만났을 때와 마찬가지로 왕은 노병의 목숨을 살려 주고 길을 양보했다.

'맹수들의 밤'이 끝났다. 왕은 고향인 타투딩즈 산의 부름을 느꼈다. 아무 걱정 없던 유년 시절의 추억에 잠기자, 왕의 눈앞에는 지난 날의 아름다운 영상이 되살아났다. 왕은 타투딩즈 산 전체를 한 바퀴 둘러본 다음, 구석구석의 친숙한 장소들과 눈을 감고도 찾아갈 수 있는 모든 동굴과 은신처, 휴식처를 찾아갔다. 그곳들은 이제 생존을 위한 싸움으로 단련되고 굳건해진 왕의 마음에 새로운 아련한 느낌을 던져 주었다. 왕은 자신이 태어난 동굴에 자리를 잡았다. 지난 15년 동안 그곳의 모습은 조금도 변하지 않았다. 하지만 동굴의 크기는 좀 더 작게 느껴졌다. 돌로 된 천장이 너무 낮아서 왕의 거대한 몸이 겨우 들어앉을 정도였다. 왕은 하이린 강의 수원인 이 타투딩즈 산에서 오랫동안 홀로 머물렀다.

뜨겁고 숨 막히는 여름밤에는 언제나 차가운 강에서 즐겁게 미역을 감았다. 그럴 때면 왕은 강물 속에서 몸을 뻗은 채 빠른 물살이 자신을 실어 가도록 내버려 두었다. 그러다 어느 장소까지 밀려오면 거대한 몸이 바위에 부딪혔다. 거스를 수 없는 물결에 떠밀려 평평한 강둑으로 내던져진 것이다.

나이가 들어가면서 왕은 먹이를 고를 때 더욱 까다로워졌으며 멧돼지와 노루 고기로 이루어진 단조로운 식단에 더는 만족할 수 없게 되었다. 진정한 미식가인 왕은 다양한 먹이를 원했고, 식도락을 즐기고 진미를 맛보려 했다. 그래서 온갖 종류의 동물을 먹어 보았다. 그러다 왕은 자신의 지위에 걸맞은 대상을 발견했다. 그것은 숭어와 자치였다. 왕은 강가에 가만히 앉아서 기회를 노리다가 발로 쳐서 이 물고기들을 능숙하게 낚아서 기슭으로 던졌다. 강가의 모래에서 햇볕을 쬐는 무거운 거북들도 왕의 새로운 먹이가 되었다.

잠두콩밭을 빠르게 휘젓고 다니는 살 오른 꿩들도 왕의 손아귀에서 벗어날 수 없었다. 꿩을 잡기 위해 왕은 꿩들이 휴식 장소에서 도망치게 만든 다음 넓은 곡선 모양으로 포위했다. 그리고 이 새들이 자신의 몸에 부딪혀 위로 날아오르는 순간 뒷발로 서서 공중에서 잽싸게 잡았다.

시간은 빨리 흘러갔다. 여름과 가을이 다시 이어졌다. 10월 중순이 되자 눈이 내렸고, 혹한의 시기 동안 잠을 자는 동물들은 서둘러 겨울을 보낼 장소를 차지했다.

늘 늑장을 부리는 곰들은 굴을 찾아 숲을 헤매다가 결국엔 아무 곳이나 골라 들어앉았다. 더 이상 선택의 여지가 없었기 때문이다. 어느 날, 왕은 갓 생긴 젊은 곰의 발자국을 발견하고 쫓아갔다. 그러나 교활한 털북숭이 곰 녀석은 위험을 감지하고 생각 끝에 근처에 있는 미루나무의 구멍 속에 틀어박혔다. 적을 따돌리기 위해 곰은 몇 번 원 모양을 그려서 발자국을 완전히 뒤죽박죽으로 만들어 놓은 다음 돌아서서 뒷걸음질을 쳤다.

　계속 곰을 쫓던 왕은 반대 방향으로 나 있는 발자국을 보고 어리 둥절해져서 걸음을 멈췄다. 왕이 복잡한 원 모양을 다 해독하고 둔해 빠진 어린 짐승에게 속은 걸 알아차렸을 때, 곰은 이미 왕에게서 도망쳐 확실한 은신처에 숨어 있었다. 곰은 수백 년 된 미루나무 높은 곳에 조용하게 자리를 잡았던 것이다.

　왕은 마침내 도망자의 발자국을 따라 바로 그 나무 발치에 이르렀다. 곰은 호랑이의 발소리를 듣고 구멍 밖으로 넓은 이마가 보이도록 머리를 내밀었다. 하지만 이 뚱뚱한 숲의 익살꾼이 그때 왕에게 무슨 말을 했는지는 알 수 없다. 둘의 밀담을 지켜본 증인이 아무도 없었기 때문이다. 어디에 무슨 일이 일어나는지 다 알고 있다고 자부하는 날개 달린 수다쟁이들조차 무슨 말이 오갔는지 알지 못했다.

　오직 타이가만이 가을의 슬픈 선율로 둘의 이중창을 반주해 주었다.

# '갈라진 귀'

드문드문 나무가 나 있는 떡갈나무 숲의 양지 바른 풀밭 위는 온통 북적거렸다. 커다란 줄무늬 털 호랑이들의 추격을 피해 거대한 멧돼지 떼가 막 도착한 참이었다.

호랑이들은 멧돼지 무리에서 꽤 많은 수의 새끼들과 젊은 암컷들을 빼앗아 갔다. '갈라진 귀'라는 별명으로 불리는 늙은 우두머리의 명령에 복종하지 않은 수많은 새끼들이 고아가 되었다. 갈라진 귀는 여기저기서 굴러들어온 온갖 멧돼지들이 제멋대로 행동하는 큰 무리를 이끄느라 애를 먹었다. 동시에 이곳저곳을 살피고 한 마리 한 마리를 다 감시해야 했다. 그렇지 않으면 늘 위태로웠다. 가족애가 넘치는 이 순진한 동물들에게는 적이 너무도 많았다. 불행하게도, 그 적들은 모두 돼지고기를 무척 좋아했다. 갈라진 귀의 일은 보통 고된 것이 아니었다. 정말 힘겨웠다. 한술 더 떠서 동료들도 훼방만 놓고 무리의 평화를 유지하는 데 방해가 되었다.

어린 멧돼지들은 조금 크면 자신의 힘만 믿고 늙은 멧돼지에게 트집을 잡기 일쑤였고 절대로 복종하지 않았다. 이젠 정말 은퇴해서 멀리 떨어져 있는 외딴 곳에 자리를 잡고 인생의 풍랑이나 근심을 잊고 살 때가 된 것이다. 아닌 게 아니라 늙은 멧돼지는 몇 번이나 무리를 떠나 가까운 산에서 홀로 살려고 했다. 하지만 그때마다 우두머리를 잃은 멧돼지들이 새끼가 없는 늙은 암컷을 길잡이 삼아 찾아왔다. 그러면 늙은 우두머리는 위로를 받고 마음을 가라앉히고는 다시 사랑하는 무리의 대장 역할을 수행했다. 기나긴 낮과 불안한 밤 동안, 갈라진 귀는 피곤해서 쓰러질 것 같았지만 투덜거리는 무리를 보호하면서 계속 산과 숲을 가로질렀다.

빛나는 겨울 태양이 막 정오를 넘어섰다. 양탄자처럼 쌓인 흰 눈이 뜨거운 햇빛을 받아 반짝였다. 마치 불이라도 붙은 듯 눈이 부셨다. 멧돼지 떼는 언덕의 경사면 위에 흩어져 생기를 불어넣어 주는 이 빛을 받으며 쉬거나 한가로이 놀고 있었다. 기름진 도토리로 배를 채운 멧돼지들은 깊은 잠에 빠졌다. 다 큰 수컷과 암컷들은 개암나무나 떡갈나무 가지로 잠자리를 만들어 옆구리를 바닥에 대고 누워, 잠결에 가볍게 꿀꿀거리기도 하면서 완전한 휴식을 즐겼다. 멧돼지들은 무리의 가장인 늙은 우두머리가 잠을 자지 않고 아주 작은 위험에도 신호를 울릴 준비를 한 채 근처를 철저히 감시하고 있으리라 확신했다. 정적을 깨는 것은 드물게 들려오는 새끼들 소리뿐이었다. 새끼 멧돼지들은 잠자리 위에 조용히 잠들어 있는 어미 근처에서 끊임없이 장난을 쳤다.

하지만 경험이 풍부한 늙은 우두머리는 이런 정적 속에 위험이 도사리고 있다는 것을 쓰라린 체험을 통해 알고 있었다. 고요함을 맹신해서는 안 된다. 미리 대비를 해야 하며, 무엇보다도 바람이 불어오는 방향을 향하고 있어야 한다! 우두머리는 유선형 주둥이를 앞으로 내밀어 커다란 콧구멍으로 바람을 들이마셨다.

급박한 위험은 느껴지지 않았다. 하지만 갈라진 귀는 숲에서 아주 희미하게나마 육식동물이 풍기는 수상한 냄새를 맡았다. 특히 부패한 피 냄새와 암모니아 냄새가 좀 더 뚜렷하게 느껴졌다. 그것은 바로 탐욕스러운 고양이과 동물들에게 나는 냄새였다. 갈라진 귀는 모든 향기 중에 그 냄새를 완벽하게 감지한 것이다. 갈라진 귀는 자신의 느낌을 확인하기 위해 수상쩍은 냄새가 나는 언덕 꼭대기까지 올라갔다. 그 위에서는 두 비탈을 포함해 광대한 풍경을 볼 수 있었다. 두 비탈 중 하나는 멧돼지 떼가 있는 곳이었고, 다른 하나는 정면에 있었다. 그 둘을 잇는 계곡도 보였다. 늙은 멧돼지는 귀를 기울였다. 한쪽 귀는 찢어져서 거의 쓸모가 없었지만, 다른 귀가 두 귀 몫을 해서 아주 작은 소리도 감지했다. 늙은 우두머리는 까치와 어치가 우는 소리를 들었다. 그 소리로 미루어 곧 위험이 닥칠 것이라고 결론을 내렸다. 갈라진 귀는 즉시 약속된 신호로 위험을 알렸다. 그 신호란 몸을 부르르 흔들며 콧바람을 내뿜고, 있는 힘껏 발로 땅을 구르는 것이었다. 그 모습은 마치 모두에게 "준비해!"라고 말하는 것 같았다.

멧돼지들은 한 마리도 예외 없이 모두 경계 태세를 취했다. 천방지축인 새끼 멧돼지들까지도 갑작스러운 신호를 들었을 때의 모습 그대로 꼼짝도 않고 있었다. 멧돼지들은 모두 늙은 우두머리가 한 번도 틀린 적이 없으며 위험이 진짜일 것이란 사실을 알고 있었다. 하지만 아무도 위험의 정도나 원인을 알지는 못했다. 멧돼지 떼는 우두머리를 믿고 명령을 기다렸다. 몹시 불안한 시간이 흘렀다.

그때 갈라진 귀는 부스럭거리는 수상한 소리를 들었다. 관목 사이로 무언가가 스쳐 가는 듯한 소리였다. 갈라진 귀는 그 방향으로 날카로운 시선을 던졌다.

덤불숲 한가운데에서, 뱀처럼 생긴 두 개의 기다랗고 어두운 황갈색 몸이 구불거리며 교묘히 움직이고 있었다. 이 적들은 무리에서 조금 떨어져 새끼들과 함께 있는 암컷 멧돼지 쪽으로 나아가고 있었다. 거리는 채 40보 정도밖에 떨어져 있지 않았다. 어린 호랑이 두 마리였다! 한시도 지체할 수 없었다. 움직여야 했다.

차가운 공기 속으로 두 번째 신호가 울려 퍼졌다. 온 멧돼지 떼가 마치 한 마리처럼 뛰기 시작하더니 서둘러 비탈 꼭대기를 향했다. 마치 마법 지팡이를 휘두른 것처럼, 2초도 지나지 않아 멧돼지들은 자취를 감추었다. 오직 우두머리인 갈라진 귀만이 후미에서 천천히 위엄 있게 물러서면서 이따금 멈추어 이 불운한 사냥꾼들에게 최후의 시선을 던졌다. 어린 호랑이 두 마리는 아직 강인한 우두머리가 이끄는 멧돼지들을 잡을 능력이 없었다.

호랑이들은 먹이를 놓쳤다는 것을 깨닫고 숨어 있던 곳에서 나왔다. 그리고 도망친 멧돼지들의 온기가 남아 있는 휴식처를 한 바퀴 돌아보았다. 호랑이들은 당황한 기색이었고, 서로의 시선을 피하면서 원통함을 숨기려고 애썼다. 털로 뒤덮인 긴 꼬리가 신경질적으로 움직였다.

말 많은 까치들은 나무에서 나무로 옮겨 다니면서 서투른 두 어린 맹수를 비웃으며 투덜거렸다. 두 맹수는 까치들의 기대를 저버린 것이다. 그들 덕분에 훌륭한 돼지고기를 맛볼 수 있으리라 군침을 삼키며 기다리던 까치들은 이만저만 실망한 것이 아니었다.

그사이에 갈라진 귀는 서두르지 않고 조용히 무리의 뒤를 따라갔다. 호랑이는 결코 한 번 놓친 먹이를 뒤쫓지 않는다는 것을 알고 있었기 때문이다. 멧돼지 무리는 두 능선만을 넘고 멈춰 서서 우두머리를 기다렸다. 마침내 우두머리가 다시 나타나자, 암컷들은 기쁜 듯 꿀꿀거리고 짧은 꼬리 끝을 흔들어 고마움을 표현하면서 반갑게 맞았다. 어른 수컷들도 지도자의 행동에 만족했다. 하지만 장래의 우두머리에 걸맞은 위엄을 지키면서 자기들만의 방식으로 감사를 표했다. 철없는 새끼들은 이미 좀 전의 위험을 잊어버리고, 앞다투어 뛰어다니며 언니 오빠의 옆구리를 찌르면서 또다시 장난을 쳤다. 그러면 손위 멧돼지들은 발굽으로 새끼들을 '픽' 하고 치곤 했는데, 충격이 상당했다.

하지만 저녁이 되기 전에 어디서 배를 채울 것인지 생각해야 했다.

뜯어 먹기 좋은 풀이 있는 곳을 훤히 꿰뚫고 있는 갈라진 귀는 무리를 꽤 먼 거리에 있는 하밀 강의 수원에 위치한 떡갈나무 숲으로 데리고 갔다. 그곳에는 도토리와 호두가 풍부할 거라고 생각했다.

멧돼지 떼는 촘촘하게 종대를 이루어 걸었다. 어미와 새끼들이 가

214

운데에 서고, 다 큰 수컷들이 양옆에 섰다. 우두머리가 앞장을 서고, 바로 뒤에 새끼가 없는 늙은 암컷들이 따랐다. 후방은 가장 나이 많은 암컷이 지켰다. 이 암컷은 열의 후미를 감독하면서 무리가 흐트러지지 않게 하고 뒤처진 멧돼지들을 재촉했다.

정해진 곳에서 풀을 뜯을 경우, 멧돼지 무리는 멈추지 않고 행군을 계속했다. 이런 여정은 때로 수십 킬로미터나 이어졌으며, 그럴 때 몇몇 고집 센 녀석들이 뒤에 남지 않게 통제하는 일은 할머니 멧돼지의 역할이었는데 여간 고역스러운 일이 아니었다.

저녁이 다 되어 석양이 진홍빛으로 산비탈을 비추었다. 멧돼지 무리는 삼나무 숲 가장자리에 가까워졌다. 숲 뒤에는 떡갈나무 서식지가 펼쳐져 있었고, 갈라진 귀는 그곳에 먹이가 풍부하게 있기를 바랐다. 무리가 흩어지기 전에, 갈라진 귀는 우선 그 지역을 정찰하러 갔다. 비탈 전체를 돌아본 우두머리는 떡갈나무 발치마다 꽤 많은 도토리가 있으며 어느 쪽에도 아무런 위험이 없다고 확신했다. 갈라진 귀는 무리 쪽으로 돌아가 아직 햇빛이 드는 완만한 비탈 위로 멧돼지들을 데리고 왔다. 멧돼지 무리는 또다시 사방으로 흩어졌다. 가족마다 마음에 드는 떡갈나무 아래로 가서 자리를 잡았다. 마른 잔가지와 개암나무 싹으로 이루어진 신선한 잠자리는 어미 한 마리가 새끼들을 모두 데리고 잘 만큼 넓었다.

늘 그렇듯 우두머리는 멧돼지 무리를 세심하게 감독했으며, 타이가에서 들려오는 모든 소리에 귀를 기울이고 커다랗고 뜨거운 콧구멍으로 밤공기를 들이마시면서 이따금 주위를 순찰했다.

215

밤은 조용히 지나갔다. 이튿날 아침 동쪽에 해가 떠오르자마자, 갈라진 귀는 일어서서 다시 맡은 바 책임을 수행하기 시작했다. 아름다운 첫 햇살이 순식간에 노야령 산맥의 바위투성이 능선 위로 나타나, 산비탈에서 풀을 뜯어 먹는 멧돼지 무리의 평온한 풍경을 비추었다.

아무도 지나간 적 없는 흰 눈 위에 어른 멧돼지들의 모습이 어두운 반점처럼 드러났고, 그 사이로 작고 검은 점들이 나타났다 사라지곤 했다. 그 작은 점들은 지칠 줄 모르는 새끼 멧돼지들이었다. 새끼들은 자신들을 위협하는 새로운 위험은 알지도 못한 채 놀이에 흠뻑 빠져 있었다.

그때였다. 무기를 든 인간들이 삼면에서 멧돼지 떼를 포위하여 점점 가깝게 접근하고 있었다. 능선을 따라 포수들이 사슬처럼 뻗어 있었고, 양 측면에는 다른 사냥꾼들이 개를 데리고 서 있었다. 사냥꾼들은 천천히 집요하게 멧돼지들의 뒤를 밟아 마침내 그 주위를 에워싸고 아침이 오기만을 기다렸던 것이다.

갈라진 귀가 위험을 알아차렸을 땐 이미 너무 늦어 버렸다. 불시에 포위된 늙은 멧돼지가 위험 신호를 보내는 순간, 참을성 없는 개 한 마리가 주인의 손에서 벗어나 짖기 시작했다. 늙은 우두머리의 위험 신호가 울리자마자, 멧돼지들은 경계 태세를 취했다. 하지만 줄이 풀린 개들이 멧돼지 무리 한가운데로 달려들었다. 그야말로 난투극이 벌어졌다.

개들은 짖어 대고 새끼 멧돼지들은 끽끽거렸으며, 어른 멧돼지들은 꿀꿀거렸다. 그 와중에 잦은 총소리도 끼어들었다. 그때까지 한 번도 울린 적 없는 귀를 찢는 듯한 총소리에 타이가의 깊은 정적이 깨져 버렸다.

싸움이 벌어지는 장소에서조차 뭐가 뭔지 분간할 수가 없었다. 개와 멧돼지의 몸이 공처럼 한데 얽혔고, 눈은 마치 폭풍우에 휩쓸리기라도 한 듯 공중으로 튀어 올랐다. 어린 멧돼지들은 다 자란 멧돼지들의 발 사이로 도망치다가 총알을 맞고 쓰러졌다. 어른 멧돼지들은 용감하게 공격에 저항했다. 사력을 다한 방어였다. 멧돼지들은 개들을 공중으로 집어 던졌다가 떨어지는 놈들을 뾰족한 발굽으로 짓뭉갰다. 갈라진 귀는 자신의 도움이 필요한 곳이면 어디든 몸을 던졌고, 휘어진 노란 어금니로 여러 마리의 배를 갈랐다.

그러나 싸움은 오래가지 않았다. 15분이 지나자, 전장은 수컷과 암컷 어른 멧돼지 다섯 마리와 어린 것들 열다섯 마리가량의 시체로 뒤덮였다. 그 옆에는 배가 갈린 개들이 여럿 누워 있었다. 상처를 입고 불구가 된 다른 개들은 구슬픈 신음 소리를 내면서 피가 흐르는 상처 부위를 핥았다.

갈라진 귀는 포수들이 능선을 따라 숨어 있는 산맥을 앞장서서 넘은 후, 무리의 대다수를 북쪽의 코쿠이찬 산으로 데려가는 데 성공했다. 늙은 우두머리는 운이 좋아 무사히 포수들의 손아귀를 빠져나왔지만, 많은 멧돼지들이 심한 상처를 입었다.

상처 입지 않은 개들은 멧돼지 무리를 쫓았다. 개들이 짖는 소리는 합창처럼 오랫동안 울려 퍼졌다. 멀리 마지막 개 짖는 소리를 깊

'갈라진 귀' (휴식지에서 쉬고 있는 은둔자 멧돼지)

은 숲이 집어삼킬 때까지 울림은 계속되었다.

사냥꾼들은 싸움터를 둘러본 다음 상처 입은 멧돼지들의 목숨을 칼로 끊었다. 그들은 무기를 먹이의 견갑골 아래로 재빨리 찔러 넣었다. 멧돼지들은 옆구리를 바닥에 대고 온순하게 누워 있다가 피투성이 혀를 이빨 사이로 빼물고 죽었다.

개 두 마리의 숨통도 끊어야 했다. 배에서 뽑혀 나온 창자가 곤죽이 되어 더럽혀진 눈 속에 처박혀 있었다. 이 개들을 살릴 방도는 없

218

었다. 스무 마리의 개 중 여덟 마리가 죽었다. 살아남은 놈들도 하나같이 상처를 입었다.

수컷과 암컷 멧돼지들은 필사적인 용기로 스스로를 방어했고, 그리 호락호락하게 목숨을 내주지 않았다. 불시에 습격을 받은 이 멧돼지들은 총에 맞을 위험만 무릅쓰면 도망을 칠 수도 있었다. 하지만 어린 새끼들을 지키기 위해 도망을 못 간 멧돼지들은 어린 주검들 위에 쓰러져 숨을 거두었다.

갈라진 귀는 제일 먼저 무사히 자리를 뜰 수도 있었다. 하지만 무리에 대한 책임감으로 목숨을 걸고 싸움에 뛰어들었다.

사냥꾼은 다섯 명이었는데, 숲으로 파견된 군 초소에서 온 자들이었다. 그들은 흡족하고 기쁜 마음으로 파이프 담배를 피우면서 쓰러진 짐승들의 배를 갈랐다.

차갑고 맑은 공기 속으로 그들의 즐거운 목소리가 쩌렁쩌렁 울려 퍼졌다. 그 소리는 가까이 있는 길에서 반복해 메아리치다가 조금 후에는 멀리 있는 협곡에서 메아리가 되어 울렸다.

도망을 가는 동안, 멧돼지들은 걸음을 늦추지 않으면서 다시 전투 대열을 갖추었다. 어른 수컷들은 다시 무리의 양 측면에 자리를 잡고서 끈질기게 따라붙은 개들을 뾰족한 어금니로 위협했다. 하지만 개들은 주인 없이 저희들만으로는 성공할 수 없다는 것을 깨달았는지 점차 뒤처졌고 결국 사냥꾼들 곁으로 돌아갔다.

계속해서 무리의 맨 앞에서 걷고 있던 갈라진 귀는 주체할 수 없는 강박관념에 사로잡혔다. 이번에 갈라진 귀는 자신의 힘이 우두머리로서의 책임감을 따라가지 못한다는 것을 깨달았다. 정말로 은퇴할 때가 온 것이다. 갈라진 귀는 무리를 산의 남쪽 비탈로 데리고 왔다. 멧돼지들은 비탈의 울창한 개암나무 숲에 자리를 잡았다. 그곳에서는 호랑이들의 눈을 피해 몸을 숨길 수 있었다.

하지만 바로 다음 날부터, 늙은 우두머리는 자신을 대하는 멧돼지들의 태도가 변한 것을 느꼈다. 예전의 복종심과 고분고분한 모습은 온데간데없었다. 그 정도는 심해서, 아직 어린 암컷들조차도 길을 양보하지 않았고 새끼들은 아주 무례하게 우두머리의 옆구리를 밀쳤다. 그러던 어느 날, 이제 막 어른이 된 하얗고 거대한 어금니를 가진 젊은 멧돼지 한 마리가 부드럽고 향긋한 전나무 가지로 만든 우두머리의 잠자리를 차지해 버렸다. 늙은 멧돼지는 이 행동에 분개하여 불손한 젊은 멧돼지를 훈계하려 했으나, 저항에 부딪혀 뒤로 물러서고 말았다.

모두가 잠든 밤, 갈라진 귀는 무리를 떠나 남쪽 먼 곳, 중심 봉우리의 서쪽으로 향했다. 옛날 어린 새끼 시절에 어미와 함께 돌아다니던 곳이었다.

무리에서 떨어져 48시간 동안 걸은 늙은 멧돼지는 이제 모든 걱정에서 벗어나 편안히 여생을 마칠 수 있으리라 확신했다. 갈라진 귀는 높은 고개 근처의 동굴을 거처로 정했다. 그곳에서는 가없는 녹색 대양인 야생 슈하이의 광대한 전경이 한눈에 들어왔다.

# 타이가의 법

북쪽의 사이클론이 만들어 내는 차가운 바람이 산과 숲을 얼리고 하얀 겨울 수의로 뒤덮었다.

모피 사냥꾼들은 이 계절에 동물의 털을 장만해야 하기 때문에 무척 분주하게 움직였다. 겨울 숙영지에 있는 초라한 오두막에서 열심히 일을 하거나 인적 없는 산길로 직접 나가기도 했다. 모피 사냥꾼들은 산으로 올라가 사방에 함정을 파고 올가미와 그물, 온갖 종류의 덫을 놓았다. 잡은 동물의 가죽은 우선 구석구석 잘 말렸다. 그런 다음 오두막 안에 마련한 특수한 창고나 특정한 나무 구멍 안에 가죽을 쌓았다. 이런 나무 구멍에는 특별한 비밀 장소가 있었는데, 타이가의 금고라고 할 수 있었다.

원주민들의 법은 모피를 도둑질하는 것을 용서하지 않는다. 귀중한 동물 가죽을 그토록 공들여 지키는 것은 사람이 모피를 훔쳐 갈까 봐 그런다기보다는 들에 사는 생쥐나 들쥐, 두더지 같은 숲의 작은 도둑 떼를 막기 위해서이다. 태곳적에 만들어진 이 법은 인간이

221

만든 법 제도 중 가장 오래된 것이지만 글로 쓰인 적은 한 번도 없다. 하지만 기원은 원시 인류가 살던 시절로 거슬러 올라간다. 그 시기에 생존을 위한 투쟁은 얼마나 강한 육체적 힘을 지니고 있느냐에 따라 좌우되었고, 언제나 값비싼 대가를 치러야만 삶의 권리를 지킬 수 있었다.

야생의 원시 자연 한가운데서 형성된 이 법은 여전히 숲과 대초원이 보존되어 있는 여러 지역에 오늘날까지도 흥미로운 유산으로 남아 있다. 그런 곳에서 인간은 아직도 가장 미개한 생존 조건과 마주해야 한다.

이 법은 점차 관습으로 변모했으며, 겉으로는 삶 자체와 환경, 그리고 그 지방의 생활 조건에 의해 규정된 법의 형태를 띠게 되었다. 자연과 마찬가지로 이 법도 냉혹하다. 관용이나 감상이란 없다. 모든 인도주의적 원칙이 배제되며, 이 법의 정의는 극도로 공정하다.

'눈에는 눈, 이에는 이'가 이 법의 중심 원리이다.

모피를 훔치면, 관련 조항에 의거해 사형에 처한다. 이 법을 농락하는 것은 불가능하다. 설사 죄인이 국법의 힘을 빌린다 해도, 운명을 피할 수는 없다. 타이가의 네메시스가 관장하는 준엄한 집행의 손길은 결국 죄인을 찾아낸다. 결정권을 가진 것은 바로 야생 오지의 관습법인 것이다. 타협을 모르는 이 법은 깊은 원시 타이가에서 유감없이 효력을 발휘한다.

어느 날, 평소와 달리 퉁리의 오두막이 사람으로 꽉 차 있었다. 캉위에는 여러 구역에서 온 나이 든 모피 사냥꾼들이 자리를 잡고 있었다. 집주인까지 포함해 모두 다섯이었다. 노인들은 양반다리를 하고 앉아 긴 파이프 담배를 물고 있었다. 구릿빛의 늙은 손에 깊게 팬 주름으로 보아, 모두 권위를 지니고 존경을 받을 만큼 나이를 먹은 사람들이었다. 젊은 중국인 한 사람이 캉 옆 바닥에 무릎을 꿇고 있었다. 그의 팔은 팔꿈치까지 밧줄로 묶여 있었다. 옷차림으로 보아 일꾼이었다. 멍청해 보이는 얼굴 표정은 아무 생각이 없는 듯했다. 또 다른 다섯 남자가 땅에 쪼그리고 있었다. 몇몇은 담배를 피우고, 다른 몇 사람은 주의 깊게 귀를 기울이고 있었다.

타이가의 재판이었다. 각 구역의 연장자들은 지금 판사로 와 있었다. 팔이 묶인 사람이 피고였다. 그는 주인의 검은담비 털가죽 두 개를 훔친 혐의로 고발되었다. 주인인 모피 사냥꾼 역시 땅에 앉아 있었다. 다른 사람들은 호송자인 동시에 재판의 판결을 집행하는 역할을 맡았다. 겨울날의 엷은 빛이 조그만 창문에 발라 놓은 기름종이를 통과해 오두막의 어둠을 뚫고 들어왔다. 흐릿한 빛 몇 줄기가 타이가의 총회에 참석한 몇몇 사람의 은밀하고 음침한 윤곽 위로 내려앉았다.

퉁리가 재판장으로 선출되었다.

"지금 우리 앞에는 쑹파가 앉아 있소."

퉁리가 판사들에게 말을 던졌다.

"이 남자는 자기의 주인, 훌륭한 모피 사냥꾼인 푸린의 검은담비 가죽 두 개를 훔쳤소. 쑹파, 이것이 사실인가 아닌가?"

퉁리가 피고에게 물었다.

223

"네, 사실입니다."

쑹파가 기어 들어가는 목소리로 말했다.

"하지만 정말 어쩔 수가 없어서 그랬습니다. 그 가죽을 팔아서 다 죽어 가는 어머니께 먹을 것을 사드리려고 했습니다."

"그건 우리가 알 바 아니다."

퉁리가 대답했다.

"너는 제일 중한 범죄를 저질렀다. 도둑질 말이다! 네 어머니의 배고픔을 달래기 위해서라면 가죽 하나만 훔쳐도 충분했을 것이다."

쑹파는 아무 말이 없었다. 창백한 입술 사이로 알아들을 수 없는 소리를 몇 마디 중얼거릴 뿐이었다.

"이제 표결을 합시다."

퉁리가 다시 판사들을 돌아보며 이야기했다. 그들은 지금 진행되고 있는 모든 일에 무관심한 듯했다. 그렇게 말한 후 재판장은 판사들 앞에 철로 만든 하얀 깡통을 내밀었다. 통조림 통이었다. 그리고 한 명 한 명에게 잠두콩 두 개씩을 나누어 주었다. 하나는 검은색, 하나는 하얀색이었다. 재판장은 자기 몫으로도 똑같이 검은색과 하얀색 콩 하나씩을 남겨 두었다.

"쑹파가 자백했소."

노인이 말을 이었다.

"이제 저자에게 벌을 줄 것인지 말 것인지를 결정합시다. 하얀 잠두콩은 사형이고 검은 잠두콩은 목숨을 살려 준다는 뜻이오. 자, 콩을 깡통에 넣어 주십시오."

이렇게 말하고 나서 퉁리는 판사들 주위를 돌았고, 판사들은 각자 하나씩의 잠두콩을 통 안에 넣었다. 쑹파는 이 낟알들이 떨어지면서 내는 작은 소리를 들었다. 마치 자기의 머리 위를 망치로 내리치는 소리 같았다.

　퉁리가 마지막으로 자신의 잠두콩, 검은콩 한 개를 넣었다. 그리고 통 안에 든 것을 전부 캉을 덮고 있는 거적 위에 쏟았다.

　모두 표결 결과가 궁금해 머리를 내밀었다. 거적 위에는 하얀 잠두콩 네 개와 검은 잠두콩 한 개가 있었다. 피고의 운명은 이렇게 결정되었다.

　퉁리는 한 마디도 하지 않은 채 잠두콩을 주워서 깡통을 선반 위에 올렸다. 모두 일어섰고, 늙은 모피 사냥꾼은 쑹파 쪽을 돌아보며 이렇게 말했다.

　"너는 사형 선고를 받았다. 여름이라면 생매장할 것이나, 지금은 추위와 서리 때문에 땅이 꽁꽁 얼어붙었다. 그러므로 우리는 너를 위대한 왕에게 데리고 갈 것이다. 왕은 인간 제물을 원한다. 만일 왕이 너를 살려 둔다면 그건 네 운이 좋은 것이다. 네 운명을 정하는 것은 바로 위대한 왕이다."

　십중팔구 이 모든 것을 예상하고 있던 쑹파는 아무런 동요 없이 판결을 들었다. 까무잡잡한 얼굴은 근육 하나도 떨리지 않았다.

　관습에 따라, 사형 선고를 받은 자는 맛있는 식사를 제공받는다. 작은 고기만두를 먹고 뜨거운 화주도 마음껏 마신다. 쑹파가 완전히 취해 간이침대에 뻗어 버리자, 사람들은 아편 환약 몇 개를 피우게 했

225

다. 덕분에 가련한 남자는 중독 상태가 되어 반쯤 의식을 잃었다.

사형 판결이 내려진 지 두 시간 후, 사람들은 쑹파를 데리고 신령 고개로 향했다. 고개 위에는 호랑이들이 다니면서 내놓은 좁은 길이 있었다. 맹수들은 사냥길에 늘 그곳을 지나다녔다.

고개의 가장 높은 곳에는 거대한 늙은 삼나무 한 그루가 있었다. 삼나무 꼭대기는 당당하게 하늘로 솟아, 마치 근처의 모든 작은 초목들을 내려다보는 어두운 반점 같았다. 폭풍우도 봄철의 돌풍도 이 숲의 왕을 쓰러뜨리지 못했다. 삼나무는 인적 없는 산 속에 홀로 우뚝 서서, 강인한 뿌리로 화강암 바위 사이에 매달려 있었다. 사람들은 이 나무에 쑹파를 단단한 밧줄로 묶었다.

얼어 죽지 않도록 솜을 튼 웃옷을 입히고 털가죽 모자를 씌운 채였다. 마취 기운에 쑹파는 줄곧 몸짓을 하면서 노래를 부르고 큰 소리로 산신령에게 기도를 했다. 이따금 흐리멍덩한 눈빛이 반짝였다. 쑹파는 임종의 순간에 자신을 위로하러 온 부모님과 조상들의 모습을 보고 있었다.

노야령 산맥의 울창한 능선 너머로 이미 해가 저물었다. 타이가에는 밤의 어둠이 펼쳐졌고, 타투딩즈 산의 눈 덮인 정상만이 진홍빛 석양을 받아 짙푸른 저녁 하늘 위에서 빛났다. 타이가의 엄숙한 정적을 깨는 것은 이 반쯤 미쳐 버린 남자의 울부짖음과 비명뿐이었다.

숲 속에서 갑자기 나뭇가지 하나가 우지끈 부러지는 소리가 났다. 그러더니 또 다른 가지 하나가 부러졌다. 얇게 쌓인 눈 위로 살금살금 다가오는 발소리가 들렸다. 복잡하게 얽혀 있는 가시나무와 야생 포도나무 사이에서 뱀처럼 긴 두 개의 어두운 형체가 미끄러지듯 나타났다가 곧 눈 무더기 뒤로 다시 사라졌다. 몹시 불안한 정적이 다시 찾아왔다. 쑹파는 울부짖음을 멈추고 귀를 기울였다. 맹수들은 평상시처럼 돌아다니다가 멀리서 나는 인간의 낯선 목소리를 듣고 사냥을 시작했던 것이다. 덤불숲 안쪽에서 거대한 나무가 솟아 있는 빈터가 뚜렷이 보였다. 나무에는 한 남자가 묶여 있었다.

상황을 이해한 호랑이들은 차례로 매복 장소에서 나와 높고 평평한 땅으로 나아갔다. 그리고 걸음을 멈추더니 빛나는 둥근 눈동자를 인간의 어두운 형체 위에 고정했다.

무시무시한 사형 집행자들을 알아본 쑹파는 취기에서 깨어났다. 꼼짝도 않고 있는 두 짐승의 어두운 윤곽 위로 술에서 깬 시선을 집중했다.

'이것은 환각일까 실제일까? 혼란스러운 상상이 만들어 낸 망상일까 아니면 동물의 모습으로 나타난 저승사자일까?'

그의 쇠약한 정신은 혼란스러워졌다. 쑹파는 정신 나간 흐릿한 눈빛을 앞으로 던지고 음울한 장례식 노래를 불렀다. 노랫가락의 단조로운 음은 밤의 고요 속에서 울리다가 깊은 숲의 미로까지 퍼져 나갔다.

두 마리의 호랑이 윤곽 중에 삼나무에서 더 가까운 것은 젊은 암호랑이였다. 암호랑이 뒤에는 위대한 왕의 육중한 몸집이 서 있었다. 맹수들은 어리둥절해져서 이해할 수 없는 소음에 귀를 기울였다. 그러다 먼저 왕이 다시 정신을 차렸다. 왕은 연인을 앞질러 삼나무로

산신령에게 바치는 제물(손쉬운 먹이)

접근했다.

쑹파의 정신 나간 두 눈 바로 앞에 호랑이의 불타는 듯한 거친 눈빛이 다가왔다. 인간과 짐승은 오랫동안 서로를 훑어보았다. 하지만 암호랑이가 합세했고, 왕은 그쪽을 돌아보며 호랑이들의 언어로 무어라고 말을 했다.

암호랑이는 쿵쿵거리며 쑹파의 머리와 손 냄새를 맡았다. 뜨거운 피와 살의 냄새를 확인한 암호랑이는 갑자기 포효했다. 그리고 발로 인간을 내리쳐서 입을 다물게 한 다음 모자를 벗겼다. 맨머리에 두 번째 일격을 가하자, 목덜미 근처의 뇌 부분이 그대로 드러났다. 끊어진 동맥에서 피가 분수처럼 솟았다.

15분이 지난 후, 이 인간의 몸에서 남은 것이라곤 피 묻은 덩어리 몇 개뿐이었다. 살과 뼈, 힘줄이 조금 남아 있었다. 피 냄새에 취한 맹수들은 밧줄도 풀지 않고 고기를 쥐어뜯었고, 작은 소리로 으르렁 거리고 턱을 부딪쳐가면서 순식간에 먹어치웠다.

실컷 배를 채운 호랑이들은 아름다운 털을 다시 정돈한 뒤, 곧 오솔길을 따라 오갈피나무와 칡덩굴이 얽혀 있는 숲 속으로 사라져 인접한 길로 나아갔다.

삼나무 발치의 형벌 집행 장소에는 솜뭉치와 털가죽 모자, 죄인을 묶는 데 사용했던 밧줄 몇 가닥이 피투성이의 눈 위에 여기저기 널브러져 있었다. 불쌍한 쏭파를 떠올리게 하는 흔적이라곤 고작 그것이 전부였다.

이렇게 타이가의 정의가 실현되었다. 위대한 왕은 최후의 재판관이자 오래된 법의 집행자였다. 엄숙한 정적이 다시 찾아왔다. 멀리서 젊은 호랑이 수컷이 포효하는 소리가 들렸다. 맹수들의 밤이 다시 시작되려는 참이었다. 자극적인 피 냄새에 이끌려, 곧 붉은 늑대들이 이 타이가의 비극이 남긴 초라한 잔해를 찾아왔다.

# 위대한 노인

봄이 되자, 언덕에서는 은방울꽃이 향기를 뿜고 숲 속에서는 뻐꾸기 소리가 들려왔다. 쑹파의 사형이 집행된 장소도 핏빛 양귀비꽃으로 뒤덮였다.

퉁리는 사금과 인삼 뿌리를 찾아 영고탑 마을에서 다시 고향 숲으로 돌아왔다.

노인의 굽은 몸이 신령 고개에 있는 몇 백 년 된 삼나무 그늘 아래 다시 나타났다. 노인은 쑹파의 피가 흩뿌려진 곳에서 피어난 양귀비꽃을 따러 온 참이었다. 이 꽃은 치료 효과가 있었다. 늙은 모피 사냥꾼은 정성스레 꽃을 따서 종이에 만 다음 가슴에 숨겼다. 노인은 양귀비꽃이 몸의 질병과 우울증에 대단한 효력이 있다는 것을 알고 있었다. 이 노인은 의사이자 뛰어난 주술사였다. 그는 자연의 수많은 신비를 훤히 꿰뚫고 있었다. 위대한 왕조차도 그와 눈이 마주치면 길을 양보했다.

그곳에서 자라는 양귀비꽃을 모두 꺾은 다음, 퉁리는 옆에 있는 길로 가서 커다란 화강암 조각을 줍더니 사형의 증인인 늙은 삼나무 줄기 밑에 내려놓았다. 그는 혹독한 기후에도 사라지지 않고 남아 있는 쑹파의 옷 조각 몇 개를 나뭇가지에 걸고 칼을 들어 나무껍질에 홈을 팠다. 그리고 붓글씨 모양으로 이런 문구를 새겨 넣었다.

쑹파, 이곳에 잠들다. 그것은 위대한 왕의 뜻일지니.
그대 여행자여, 걸음을 멈추고 돌을 올려놓아라.
산신령이 그대가 가는 길을 지켜 주기를!

그는 무릎을 꿇고 향초에 불을 붙여 돌 위에 올려놓은 다음 하늘을 향해 팔을 들고 오랫동안 기도를 올렸다. 따뜻한 봄 저녁은 만개한 야생 벚나무와 사과나무 향기로 가득했다. 흐릿한 구름이 타투딩즈 산의 둥근 화강암 지붕을 스쳤다. 타이가는 완전한 고요에 휩싸였다. 풀 한 포기 꽃 한 송이 흔들리는 소리도 들리지 않았다.

늙은 모피 사냥꾼이 다시 몸을 일으키자마자 나무 꼭대기에서 새의 울음소리가 들려와 다가오는 저녁의 침묵을 깨뜨렸다. 그것은 신비의 새 챠오르가 내는 소리였다. 퉁리는 잠시 몸을 떨더니 꼿꼿이 일어나 조금 물러섰다. 피리 소리 같은 새 울음소리가 여러 번 들려온 후, 늙은 모피 사냥꾼은 나무 꼭대기를 쳐다보며 큰 소리로 외쳤다.

"쑹파야! 내가 여기 와 연민의 눈물을 쏟고 있다. 내가 이 고통과 슬픔의 장소에 첫 돌을 놓았다. 너의 기억은 슈하이에 살아 있을 것이다. 괴로워 말아라. 네 어머니는 먹고살 양식과 집이 생겼고 건강하게 잘 지내고 있다. 네 조상들의 무덤도 고요하고 평화롭다."

새의 울음소리가 세 번째 들려오자 퉁리는 입을 다물고 귀를 기울였다. 5분이 지나자, 같은 새의 울음소리가 멀리서 울리더니 세 번 메아리쳤다. 그러더니 다시 완전한 침묵이 찾아왔다.

'이건 새소리가 아니라 가련한 쑹파의 영혼이 내는 소리다.'

늙은 모피 사냥꾼은 속으로 생각했다. 쑹파의 영혼은 숲 속을 날면서 울부짖어 타이가 깊숙한 곳의 고독한 여행자들을 위대한 왕에게로 이끌었다. 쑹파의 영혼은 귀중한 생명의 뿌리를 찾아 헤매다 슈하이의 산에서 길을 잃은 자신의 형제 중 하나를 부르고 있었다.

원주민들은 챠오르라고 불리는 이 신비로운 새가 매년 봄 위대한 왕이 숲을 가로질러 여행할 때마다 함께한다고 믿었다. 이 전설에 의하면, 숲 속에서 죽은 인간들의 영혼이 챠오르의 몸속으로 들어가 한 나무 꼭대기에서 다른 나무 꼭대기로 옮겨 다닌다고 한다. 이 영혼들이 내는 쩌렁쩌렁한 소리는 피리 소리를 닮았다. 그 소리는 아주 멀리서 들려온다. 과학으로는 아직 이 새가 어떤 생물인지 밝혀내지 못했다. 아마도 이 새는 봄이 막 시작될 때 만주 땅으로 오는 것 같다. 이 새는 극히 신중하게 행동해 인간의 눈에 띄는 일이 거의 없기 때문에, 인간은 한 번도 이 새에게 가까이 다가간 적이 없다. 이 새는 타이가의 가장 높은 곳에서 자라는 나무의 꼭대기에 둥지를 튼다.

퉁리는 털이 난 짐승만을 사냥하기 때문에 잡아먹기 위한 사냥감에는 관심이 없었다. 하지만 모든 것에 대해 많은 지식과 경험이 있었기 때문에, 이 지방의 사냥꾼들은 그에게 도움이나 충고를 구하러 찾아왔다. 그는 광대한 슈하이 전체에서 매우 높은 권위를 누렸다. '위대한 노인'으로 불리는 그의 명성은 아무르 강 유역에서 한국의 국경까지 확고하게 자리 잡고 있었다. 그 지역의 모피 사냥꾼이나 사냥꾼들뿐만 아니라, 온갖 신분의 사람들이 말다툼과 분쟁의 해결 책을 얻으러 타투딩즈 산발치에 있는 그의 초라한 오두막으로 찾아 왔다. 퉁리는 앞날을 내다보았고, 사람들은 그를 예언가이자 마법사 라고 생각했다. 또한 아직 굳지 않은 순록과 사슴의 뿔을 담금질하 는 법을 그보다 더 잘 아는 사람은 없었다. 그 누구도 귀한 인삼 뿌 리를 아흔이 넘은 이 노인보다 더 많이 캐지 못했다. 그는 슈하이의 모든 산과 숲을 제 몸처럼 훤히 알고 있었다. 원주민들은 그가 땅속 가장 깊은 곳까지도 볼 수 있다고 확신했다. 금이나 금속, 보석도 그 의 예리하고 날카로운 눈을 피해 갈 수 없었다.

그는 부자, 그것도 아주 큰 부자가 될 수도 있었다. 하지만 위대한 노인은 그런 것을 바라지 않았다. 그는 하이린 강과 무단강에서 자 주 소량의 금을 찾아내곤 했지만, 모두 자선 행위에 썼다. 노인은 사 형당한 쑹파의 어머니인 가련한 미망인에게도 영고탑 마을에 약간 의 땅과 오두막을 사 주어 불쌍한 처지에서 구해 주었다.

슈하이의 모든 동물과 새가 그의 뜻을 따랐다. 그는 뱀도 다스렸 다. 가장 강한 독을 품은 뱀들도 그 앞에서는 무시무시한 머리를 숙 이고 혀로 손을 핥았다. 이 모피 사냥꾼의 오두막에는 아주 오래전 부터 거대한 왕뱀이 살고 있었다. 그 뱀은 길이가 적어도 3미터는 되

233

봄의 노래(산꿩)

었다. 사람들은 퉁리의 조상 중 한 명의 영혼이 뱀의 몸에 깃들어 있으며, 퉁리 자신도 그 뱀이 이백 살은 넘었으리라 믿고 있다고 말하곤 했다.

젊은 모피 사냥꾼과 사냥꾼들은 위대한 노인을 존경하고 숭배했다. 하지만 동시에 결코 깜빡거리지 않는 그의 무서운 눈초리를 두려워했다. 그들은 그가 그 눈길로 사람조차 죽일 수 있을 것이라 믿어 의심치 않았다. 이 원주민들은 또한 산신령의 현신인 위대한 왕이 '맹수들의 밤' 중 하루를 틈타 매년 퉁리의 집으로 찾아와 노인과 대화를 나눈다고 믿었다. 노인은 늙은 떡갈나무처럼 강하고 튼튼했다. 그의 벗겨진 머리와 구릿빛 얼굴은 수백 년 된 삼나무처럼 깊은 주름이 파여 있었다. 그는 사슴 가죽으로 만든 작은 주머니에 신비스러운 부적을 꿰매어 지니고 다녔다. 왼쪽 팔에는 아주 정교한 솜씨로 만든 나무 팔찌를 차고 있었다. 노인은 여름이나 겨울이나 가벼운 옷차림을 하고 늘 멧돼지 가죽으로 만든 산사람의 신발을 신고 다녔다. 그리고 인동덩굴로 만든 길고 비틀어진 지팡이는 결코 그의 몸을 떠나는 일이 없었다.

지나가는 모든 여행자들은 이 늙은 모피 사냥꾼이 사는 숲의 작은 오두막에서 친절하고 융숭한 대접을 받았다. 그의 오두막은 산자락의 그림 같은 작은 강가에 홰를 친 듯 올라앉아 있었다. 방문객이 다시 길을 떠나려고 하면 노인은 며칠 동안 먹을 식량을 준비해 주고 아주 유용한 몇가지 충고도 해 주었다.

타이가의 두 발 달린 불한당인 마적들도 이 위대한 노인에게 두려움이 섞인 마땅한 존경심을 품고 있었다. 마적들은 이 남자가 지닌 힘과 권위, 영향력을 잘 알았다. 한번은 늙은 모피 사냥꾼의 말 한 마디에 이 도적 떼들이 인질들을 풀어 주고 약탈한 모든 재산을 되돌려 준 적도 있었다.

통리는 이런 사람이었다.

# 초소에서

왕은 슈하이의 영토를 돌다가 종종 식량이 풍부한 구역에 다다르는 경우가 있었는데, 그런 곳에 머무르길 좋아했다.

숲, 좀 더 정확히는 삼나무 숲이 벌목되고 나서 멧돼지 떼는 현저히 줄어들었고 풀을 찾아 슈하이의 모든 영토를 헤매 다니기 시작했다. 왕은 겨울에 40마리쯤 되는 이 무리를 쫓아가다가 삼림 개발 구역인 코쿠이찬 지역으로 다시 오게 되었다.

그 소식은 곧 하밀 강 유역을 이루는 타이가의 온 지역으로 전해졌다. 이미 소식을 들은 모피 사냥꾼과 사냥꾼, 나무꾼들은 숲의 제왕의 기분과 목적, 행동에 관한 소문을 서로에게 나지막한 목소리로 전달했다. 이 풍문이 퍼져 나가는 데는 물론 타이가의 수다쟁이들이 한몫했다. 이 수다쟁이들의 견딜 수 없는 울음소리는 모피 사냥꾼들이 다니는 오솔길과 개발 구역으로 가는 길과 선로 위에 울려 퍼졌다.

꽁지가 다시 자란 수다스러운 까치 한 마리가 놀라운 소식을 전

237

해야겠다고 마음먹기 전까지는 그래도 모든 일이 별 탈 없이 흘러갔다. 이 까치는 비밀을 지킨다는 조건으로 친구들에게 왕이 새로 온 인간들에게 전쟁을 선포했으며, 그 전에 위대한 노인을 만났다고 이야기했다. 물론 현명한 사람들과 슈하이의 나이 많은 주민들은 이 터무니없는 이야기를 한 귀로 흘려들었고, 근거 없는 출처에서 흘러나온 소문을 믿지 않았다. 그럼에도 이 이야기는 입에서 입으로 퍼져 나갔고, 소문은 그칠 줄 몰랐다. 소식은 근래의 모든 일의 주범, 다시 말해 새로 온 인간 침략자들에게까지 다다랐다.

새로 온 인간들은 그 이야기를 비웃었고, 조금도 쉬쉬하는 기색 없이 알고 지내는 몇몇 중국인들이 퍼뜨린 모든 소문에 대해 마음껏 떠들어 댔다. 복잡한 생각을 요하는 흥밋거리가 없는 단조로운 생활을 하는 그들에게, 이 모든 것은 짜릿하고 신경을 흥분시키는 이야깃거리였다. 그리고 무엇보다도 즐거움을 주었다.

성탄절과 설날이 지나고 벌목 공사가 다시 시작되었다. 사람들은 훌륭한 기차 설비를 이용해 베어 놓은 나무들을 서둘러 밖으로 운송했다. 오래된 타이가는 감독들의 고함소리와 운반차가 움직이면서 내는 끽끽거리는 소리, 노새와 말 울음소리에 신음하고 찢겼다. 벌목 현장에서는 새벽부터 황혼까지 굉음과 요란한 소리가 났다. 그곳은 별이 총총한 하늘이 숲을 뒤덮는 깊은 밤이 되어서야 다시 침묵과 평화 속에 잠겼다.

또다시 맹수들의 밤이 시작되었다. 나무꾼들은 좁은 가건물에서, 모피 사냥꾼과 사냥꾼들은 오두막에서 맹수들의 포효 소리, 특히

238

멀리서 나는 천둥 같은 소리에 귀를 기울였다.

"저건 왕의 목소리야, 위대한 왕 말이야!"

두려움에 싸인 타이가의 주민들은 이렇게 속삭이면서 서로에게 몸을 꼭 붙이고 지저분한 솜이불을 머리까지 뒤집어썼다.

착하고 온순한 노루들은 겁에 질린 채 타이가에서 빠져나와 나무를 베어 낸 땅 쪽으로 달려갔다. 인간의 거주지에서 아주 가까운 빈터 쪽으로 가서 인간에게 보호를 요청하려는 것이었다. 늑대와 곰에게 과감히 맞서는 개들도 털이 무성한 꼬리를 내리고 아무 데나 몸을 숨겼다. 개들은 맹수들이 자기의 소리를 듣거나 모습을 발견할까 봐 겁을 먹고 있었다. 멧돼지와 사슴들은 숨을 죽이고 휴식지에서 꼼짝도 않으며 구원의 새벽이 오기를 기다렸다. 잠들어 있는 곰들조차도 따뜻한 굴속에서 다른 쪽으로 돌아누우며 한 발로 귀를 틀어막고 조용히 혼잣말로 투덜거렸다.

오직 새로 온 인간들만이 평정을 유지하며 아무 걱정도 하지 않았다. 그들은 기나긴 겨울밤에 멀리서 호랑이들의 음성이 들리면 그저 그 소리에 관해 농담이나 하고 그 지역의 미신을 비웃을 뿐이었다.

분기점에서 30킬로미터 떨어진, 코쿠이찬 산발치에 있는 초소에서도 이 시기의 긴 저녁나절 동안 계속되는 대화의 주제는 온통 호랑이에 관한 것이었다. 초소에는 이미 예전의 군인들 대신 새로운 패거리가 부임해 있었다. 예전처럼 '번개' 램프가 환한 빛으로 방 안을 비추고 나무로 만든 야전 침대들이 벽을 따라 늘어서 있었다. 커다란 소총걸이와 쇠 난로가 방 한가운데 놓여 있고, 난로에서는 금속으로 만든 찻주전자가 끓고 있었다. 군인들은 식탁에 앉아 있거나 작은 침대 위에 누워 있었다. 모두 작년에 있던 사람들과 닮은 모습이었다.

이 세계에는 새로운 것이란 존재하지 않으며, 모든 것이 반복된다. 단지 겉모습이 바뀔 뿐 근본은 언제나 똑같다.

타이가에 새카만 어둠이 내렸다. 얼어붙은 창유리의 톱니 모양 무늬 사이로 총총하게 빛나는 별들이 보였다. 깊은 숲에서 희미한 소리가 들려왔다. 대부분 어렴풋이 들리는 거친 숨소리와 포효 소리였지만, 어쩌다 천둥 같은 굉음도 터져 나왔다. 모든 군인의 주의와 청각이 이 소리로 쏠렸다. 맹수들의 출현에 관한 대화는 그들의 정신을 자극했다.

"다들 저 소리 들려?"

밖에 있는 보초병과 교대하기 위해 막 소총을 집어든 군인 한 명이 물었다.

"왕이 직접 우리를 보러 돌아온 거야. 산에서 들리는 저 소리는 바로 왕의 소리야. 저런, 아주 악을 쓰는구먼! 진짜 천둥 치는 것 같지 않아? 으으으, 저 손아귀에 걸려들면 웃고 떠드는 건 끝이라고! 아르키포프가 보초소를 버리고 돌아온 것도 당연해. 불쌍하게도. 이봐 아르키포프, 아직도 다리가 후들거려?"

그가 야전 침대에 누워 있는 한 군인에게 물었다. 안색이 창백하고 아파 보였다.

"난 겁먹은 게 아냐."

질문은 받은 병사가 열이 있는 움푹한 시선으로 모든 사람들을 둘러보며 말했다.

"하지만 그 고약한 울부짖음을 듣고 나서 몸속에서 뭔가가 파열된 것 같았어. 침도 삼킬 수 없었다고. 다들 알겠지만 난 겁쟁이가 아니야. 신경이 예민할 뿐이라고. 맘대로 할 수 있는 게 아니야!"

"물론 아르키포프는 겁쟁이가 아니지. 그건 내가 알아."

난로의 열기로 젖은 바지를 말리던 군인이 말을 받았다.

"작년에 둘이 함께 마적 몇 놈과 마주친 적이 있었는데, 저 친구가 아니었다면 그 지독한 놈들 중 하나가 낫으로 내 목을 베어 버렸을 거야. 용감한 친구야. 아무렴! 근데 신경이 예민하고 세심한 건 사실이지. 우리 같은 농부 출신들하고는 달라. 우리는 땅이나 파먹고 살던 사람들이라 그런 건 모르니까. 신경이 예민하다고 하면 비웃기나 하지. 아르키포프는 좋은 녀석이야. 뭐 어쨌든 '배운 사람'이니까! 그러니 우리들하고 비교가 되겠어? 배짱만 없을 뿐이지!"

"아르키포프가 겁쟁이가 아니라는 건 인정한다. 하지만 녀석은 제멋대로 행동했다."

당번병 목록에 연필로 근무 배치를 써 넣던 하사가 말했다.

"자기 자리를 지켜야지. 안 그래! 그렇지 않으면 다들 신경이 예민하다는 핑계를 댈 거야. 그런 건 다 허튼소리일 뿐이야!"

하사의 이런 말에 아르키포프의 눈에는 눈물이 고였다. 그는 죄지은 듯한 눈으로 옆 사람들을 쳐다보고는 자리에서 몸을 일으켰다. 입술과 턱이 떨리고 있었다. 아르키포프는 무척 야윈 손으로 침대

가장자리를 짚고는 커다래진 검은 눈동자를 하사에게 고정하고 들릴까 말까 한 목소리로 이렇게 말했다.

"어쨌건 하사님은 내가 겁쟁이라고 생각하는 거야. 좋아, 그 생각이 틀렸다는 걸 증명하고야 말겠어!"

이렇게 말하고 나서 그는 얼굴을 벽으로 향한 채 다시 누워 한마디 말도 하지 않았다.

이런 대화가 오가자 군인들 사이에 차가운 공기가 흘렀다. 침묵은 긴장된 상황의 불편한 느낌을 배가했다. 분위기를 누그러뜨리기 위해, 하사는 식탁에서 일어나 큰 소리로 당번병 목록을 불렀다.

"내일의 근무 명단이다. 보초병 이바노프, 체르뉘크, 멜니크. 보조병 돌고이, 이바노프 2세, 부실로."

하사는 같은 어조로 아르키포프에게 말했다.

"나는 너를 겁쟁이라고 부르지 않았다. 다만 제멋대로 처신하지 말라고 명령하는 거야. 알겠나!"

그는 손목시계를 봤다. 10시였다. 하사는 소등하고 잠자리에 들라고 명령했다.

추시계 바늘이 30분을 가리키기도 전에 초소의 군인들은 희미한 빛 속에서 깊은 잠에 빠졌다. 외벽을 따라 시계추처럼 왔다 갔다 하는 보초병과 그의 보조병만이 깨어 있었다. 가엾은 아르키포프도 잠을 이루지 못했다. 그는 '겁쟁이'라는 부당한 오명을 쓰게 되어 괴로워하고 있었다. 아르키포프는 전혀 잠이 오질 않아 삐걱거리는 침대 위에서 뒤척이다가 담배를 피웠다. 생각을 멈출 수가 없었다. 그

242

러다 어린 시절 전부를 보낸 저 멀리 소중한 고향 볼가 강가까지 생각이 미쳤다. 그는 어린 시절과 포타퓌크 삼촌의 구둣가게에서 견습공으로 일하던 때, 그리고 군에 징집되어 극동 지방의 이 멀고 먼 만주 땅으로 떠나온 일을 회상했다. 아들과 헤어질 때 어머니가 얼마나 가슴 아파했는지 모른다. 어머니는 아들이 그 세상 끝에서 다시는 돌아오지 못할 거라고 생각했다. 그래서 마치 아들이 죽으러 가는 것처럼 서럽게 탄식했다.

'하지만 사실 이 나라도 나쁘진 않아. 여기선 자유롭게 숨 쉴 수 있고, 이 끝도 없는 타이가는 아름다운 노래로 가득하니까. 제대 후에도 여기 머무르면서 어머니를 오시라고 해야겠어. 농가에 정착해서 새로운 인생을 시작해야지. 여긴 날씨도 따뜻하니까. 그리고 나를 겁쟁이라고 부른 자들에게 나에게도 굳은 의지와, 책에서 말하는 아름다움에 대한 갈증이 있다는 걸 분명히 증명해 보이겠어. 게다가 야망도 말이야. 저들은 내게 배짱이 없다고 말하지만, 내가 자기들만큼 용감하다는 걸 똑똑히 보게 될 거야. 내일 당장 사냥을 나갈 테야. 중국인들이 왕에 대해 하는 얘기는 다 허튼소리야! 왕이든 왕 할아버지든 상관없어. 짐승이 다 거기서 거기지 뭐! 난 솜씨 좋은 포수인 데다 휘장도 받았는걸. 무엇보다 이건 운의 문제야. 그런데 죽음이라는 게 정말 그렇게 끔찍할까? 책에서는 죽음에 대해 이러쿵저러쿵 떠들어 대지만, 도대체 누가 죽음을 정확히 알겠어? 결국 한 번 닥칠 뿐이잖아. 내가 왕을 죽일 수 있었으면! 그래서 보기 좋게 한 방 먹은 하사의 표정을 보고 싶군. 부러워서 죽을 지경일 거

야. 내가 자기들보다 낫다는 걸 꼭 보여 주고 말겠어!'

이 모든 생각과 공상으로, 아르키포프는 아침나절이 다 되어서야 불안한 심정으로 잠이 들었다.

이튿날, 근무 교대를 하고 온 보초병들은 밤새도록 이상한 외침과 쨍그랑거리는 양철 소리, 말 울음소리가 코쿠이찬 산 쪽의 타이가에서 들려왔으며, 수많은 곳에서 불이 났다고 이야기해 주었다. 후에 군인들은 호랑이들이 계속 일꾼들이 묵는 숙소 근처를 어슬렁거리면서 개 몇 마리와 벌목 지역 맨 끝의 말뚝에 매어 놓은 말 한 마리를 죽였다는 걸 알게 되었다. 시끄러운 소리는 맹수들을 쫓아내기 위해 일부러 낸 것이었다. 하지만 그렇게 법석을 떨고 불을 질렀어도 아무 소용이 없었다.

그와 같은 호랑이들의 불손한 행동은 벌목 지역 전체를 불안하게 했다. 군 초소의 수장은 타이가로 몇 명의 정찰병을 보냈다. 정찰병들은 맹수들이 말을 덤불숲으로 가지고 가 곧장 먹어치웠다는 것을 밝혀냈다. 발자국으로 미루어 보아, 왕도 분명 그사이에 끼어 있었다. 숲을 가로지르는 오솔길 위에 난 거대한 발자국을 본 중국인들이 그 사실을 확인해 주었다. 이 무서운 사건 덕분에, 나무 운반 작업은 정오가 되어서야 시작되었다. 아직도 몇몇 입찰자들은 산과 바로 붙어 있는 위험한 구역에 인부들을 보내기를 거부했다.

아르키포프도 아주 먼 구역을 수색하는 임무를 맡은 정찰대 중한 명이었다. 그는 왕의 발자국을 찾기 위해 유심히 살폈다. 마침내, 말이 죽었다는 가건물 옆에서 중국인들이 군인들에게 왕의 발자취를 가리켰다. 발자국은 다른 호랑이들보다 거의 두 배나 컸는데 정찰대도 믿기 어려울 정도였다. 크기를 재 보았더니 35센티미터가 넘었다.

"정말 굉장한데!"

정찰병 중 가장 나이 많은 군인이 호랑이의 발바닥과 발가락 흔적을 손으로 더듬으면서 외쳤다.

"이 오른발로 한 대 맞으면 목이 댕강 날아가겠어. 안 그래, 아르키포프?"

하지만 젊은 병사는 생각에 빠져 아무 말이 없었다. 얇은 입술을 가볍게 깨물 뿐이었다. 눈빛만이 결연한 결심으로 반짝였다. 이 순간 아르키포프의 모습은 깊은 구렁으로 몸을 던지려는 사람처럼 두려움을 자아냈다.

"그냥 내버려 둬."

다른 병사들이 말했다.

"아픈 데를 찔려서 저래. 곧 괜찮아질 거야. 저 녀석이 제일 먼저 코웃음을 칠걸."

그렇지만 아르키포프는 괜찮아지지 않았다. 자신만의 생각에 사로잡혀 입을 열지 않았다.

저녁쯤에, 거대한 운반차들이 군인의 호위를 받으며 타이가에서 나무를 싣고 왔다. 아무런 사고도 없었다. 하지만 감독들은 일이 여기서 그치지 않을 거라고 예상했다. 호랑이들이 굶주려 있는 데다 '맹수들의 밤' 철이라 왕이 직접 자신의 왕국을 통제하고 있었기 때문이다.

과연 다음 날 밤 호랑이들은 초소 근처의 또 다른 말 두 마리와 총으로 무장한 채 말뚝에 묶인 말들을 감시하는 책임을 맡고 있던 중국인 한 사람을 죽였다.

이제 사태는 정도를 지나쳤다. 2천 명가량 되는 벌목지의 일꾼들은 공사장에 나가기를 단호히 거부했다. 그들은 그 겨울의 하루 내내 담배를 피우고 차를 마시면서 숙소에 머물렀다.

# 낯선 노래

다음 날, 많은 정찰병들이 벌목 지대 숲을 수색하러 나섰다.

총소리와 인간의 노랫소리는 맹수들을 타이가 깊은 곳으로 내몰았다. 호랑이들은 이미 총소리와 야단스러운 소음에 익숙해졌다. 하지만 아직 깊은 숲 속에 군가가 울려 퍼진 적은 한 번도 없었다. 힘차고 강압적인 군가 선율이 노야령 산맥 속에서 진동하고 하밀 강 유역의 좁고 험한 골짜기로 수백 번의 메아리가 되어 울려 퍼졌다. 야생의 슈하이에 사는 동물들은 이 소리에 유심히 귀를 기울였다.

코쿠이찬 산의 한 언덕을 굽어보는 돌출된 높은 바위 위에 서 있던 위대한 왕의 머릿속은 서글픈 생각에 짓눌렸다. 왕의 눈앞에는 숲과 바위산이 끝없는 바다처럼 펼쳐져 있었다. 수백 년 된 삼나무들의 짙푸른 꼭대기가 흔들거렸다. 이 나무들은 다시 돌아오지 않을 과거에 대해 왕에게 속삭였다. 그 아래 화강암 산발치에서는 낯선 노래가 서글픈 선율로 오래된 타이가를 뒤덮으며 점점 더 크게 울리고 있었다. 야생 오지의 가없는 공간이 그 선율로 가득 찼다.

247

위대한 왕은 정복할 수 없는 새로운 힘이 전진하고 있으며 과거의 모든 것을 쓸어 버리고 있다는 것을 알아차렸다. 머리끝까지 분노가 치밀어 올랐다. 왕은 노여움에 사로잡혀 이 불쾌한 노래가 메아리치는 산발치 쪽으로 내려왔다.

세 명의 정찰병이 좁은 산길을 따라 힘겹게 나아가고 있었다. 규칙적인 걸음걸이에 맞추어 세 사람이 부르는 느린 노랫소리가 삼나무 숲 속에서 울리다가 산의 협곡 깊은 곳으로 사라졌다. 그들은 소총을 등에 메고 줄지어 걷고 있었다. 아르키포프가 맨 뒤에 있었다. 그는 한참 동안 담배를 피우지 않았다는 생각이 들어 계속 전진하면서 파이프에 불을 붙이기 위해 뒤로 처졌다. 바로 그 순간 근처에서 까치들이 파닥거리며 날고 있는 것이 보였다. 새소리는 조금 떨어진 언덕 중턱의 덤불숲에서 들려왔다. 그 언덕 쪽으로는 또 다른 오솔길이 굽이굽이 뻗어 있었다. 이 수다쟁이들은 맹수에게 인간의 정확한 위치를 알려 주기 위해 목청껏 외치고 있었지만, 타이가의 생활 경험이 없다시피 한 이 병사는 새들의 울음소리에 거의 신경을 쓰지 않았다. 새들은 이 군인이 조만간 왕의 먹이가 될 거라 짐작했다. 왕은 인접한 덤불숲에 숨어서 아르키포프의 움직임 하나하나를 관찰하고 있었다.

노랫소리가 그쳤다. 앞서 가던 두 병사는 걸음을 멈추고 동료를 기다렸다. 5분간 완전한 침묵이 흘렀다.

"도대체 안드레이는 어디로 사라진 거야?"

정찰대의 우두머리인 나이 많은 군인이 물었다.

"왕한테 먹힌 거 아냐?"

"야, 안드레이! 어디 있어?"

두 번째 군인이 목청껏 외쳤다. 대답 대신, 바로 근처에서 탕 하는 총소리가 온 타이가에 메아리를 일으켰다. 곧이어 엄청난 포효 소리가 들려왔다. 그러더니 다시 정적이 흘렀다. 날카로운 새소리조차도 이 정적을 깨뜨리지 못했다.

처음에 군인들은 어안이 벙벙해져 그 자리에 못 박힌 듯 서 있었다. 하지만 곧 상황을 알아차리고는 소리를 질러 서로 바싹 뒤따르면서 껑충껑충 뛰어 되돌아갔다. 뛰는 내내 소총을 겨누고 있었다.

그사이에 왕은 숨어 있던 곳에서 나와 뒤에서 먹이를 덮쳤고, 군인은 땅에 쓰러졌다. 아르키포프 위에 호랑이가 있는 것을 본 군인들은 동료가 맞을까 봐 총을 쏠 수가 없었다. 그래서 사냥칼을 꺼내 재앙이 벌어지고 있는 장소로 달려갔다. 군인들이 오는 소리를 들은 왕은 그들의 대담무쌍함에 너무나 깜짝 놀랐다. 왕은 자신의 발치에 쓰러진 채 꼼짝도 않고 있는 적을 내버려 두고 머리를 들어 천천히 물러서더니 가시덤불 속으로 들어가 멈추었다. 거기서 왕은 자신을 겁내지 않는 것 같은 이 인간들을 호기심 어린 눈으로 바라보았다. 왕의 정신은 흐려졌고, 머리도 잘 돌아가지 않았다. 길들일 수 없는 강력한 왕의 의지가 낯설고 이해할 수 없는 다른 의지에 굴복한 것이다.

오솔길에서 세 걸음쯤 떨어진 곳에, 아르키포프가 눈에 뒤덮인 채 쓰러져 있었다. 가슴이 부풀어 오른 채 힘겹게 숨을 쉬고 있었다.

249

동료들은 눈 속에서 그를 끄집어내 오솔길 위로 끌고 갔다. 기절하긴 했지만 살아 있었다. 모자도 쓰고 있지 않았다. 하지만 상처는 보이지 않았다. 그러나 등이 찢어진 모피 외투와 윗옷을 벗기자 왼쪽 견갑골에 커다랗게 벌어진 상처가 보였다. 상처에서 엄청난 피가 솟아 하얗게 덮인 눈 위로 흘렀다. 군인들은 눈으로 상처를 그럭저럭 씻어 내고 다른 상처를 찾아보았다. 피가 몸 여기저기서 스며 나왔기 때문이다. 자세히 보니 몇 개의 늑골과 팔꿈치, 왼쪽 쇄골이 골절되고 왼쪽 다리가 탈구되어 있었다. 등과 어깨, 허리에 호랑이가 발톱으로 할퀸 깊은 상처와 수많은 긁힌 상처가 선명하게 드러났다.

30분이 지나자, 눈으로 세차게 문질러 준 덕분에 아르키포프가 다시 정신을 차렸다. 그는 숨을 깊이 들이마시고 주위를 둘러보더니 살아 있는 것이 믿기지 않는다는 눈빛으로 이렇게 물었다.

"호랑이는 어디 있지?"

하지만 그의 목소리는 너무 작았고, 상태가 매우 심각했기 때문에 동료들은 그를 진정시키기 위해 몸짓으로 대답할 뿐이었다.

동료들이 가는 장대 몇 개로 그 자리에서 급히 들것 비슷한 것을 만드는 동안, 부상자는 거의 의식이 없는 상태에서 계속 이렇게 말했다.

"내가 겁쟁이가 아니란 걸 그들에게 분명히 증명한 거야."

2시간 후, 아르키포프는 광차에 실려 철도 주선이 지나는 근처의 역으로 보내졌고, 거기에서 하얼빈으로 후송되었다. 그는 죽음과 싸우며 하얼빈에서 6개월 동안 입원해 있었다. 그리고 왼쪽 팔이 절단

되어 상이군인으로 퇴원했다.

호랑이에게 입은 상처는 매우 위험한 결과를 초래한다. 호랑이의 휘어진 발톱에는 부패한 피의 입자가 끼어 있는데, 이것이 몸속으로 들어가 감염을 일으키면 곧 온몸에 퍼지게 된다. 게다가 호랑이의 침에도 독이 있다.

몸이 회복된 후, 아르키포프는 무슨 일이 벌어졌는지 이야기했다.

"내가 정찰대의 일원이었거든요."

그는 사람들에게 말했다.

"우리는 노래를 부르면서 오솔길을 따라가고 있었어요. 나는 담배 파이프에 불을 붙이려고 멈췄고, 뒤에 남게 되었죠. 그런데 갑자기 뒤에서 가시덤불이 가볍게 흔들리는 소리가 들렸어요. 몸을 돌려서 보니 호랑이 한 마리가 스무 발짝쯤 떨어진 곳에서 내 쪽으로 미끄러지듯 다가오고 있는 거예요. 말만큼 큰 놈이었죠. 심장이 멈추는 것 같았어요. 다리랑 팔도 떨리기 시작했고요. 하지만 그것도 잠시였죠. 눈앞에 죽음이 다가오는 게 보였어요. 방아쇠를 당겨야겠다고 생각했죠. 난 총을 어깨에 대고 조준도 못한 채 쏘고 말았어요. 바로 그 순간 무시무시한 포효 소리가 들리더니 육중한 몸이 옆구리로 달려들었어요. 나는 얼굴을 땅으로 향한 채 눈 속으로 쓰러졌어요. 그리고 호랑이가 발톱으로 등을 할퀴는 게 느껴졌죠. 그때 그 두꺼운 모피 외투가 없었더라면, 정말 그걸로 끝이었을 거예요. 그 다음 일은 기억도 안 나요. 하지만 지금은 왜 모든 동물이 호랑이를 무서워하는지 알고 있죠. 그 노란 두 눈만 봐도 여러분은 정신을 잃

251

인간 먹이

고 말 거예요. 그 눈빛이 나를 짓누르는 걸 느낀 순간 총을 들기 위해 엄청나게 애를 써야 했죠. 그전에 모스크바의 동물원에서 호랑이를 본 적은 있었지만, 우리에 갇힌 맹수와 자유롭게 돌아다니는 호랑이는 완전히 달랐어요. 그곳의 주인은 사람이 아니라 바로 그 호랑이였어요. 나중에 어떤 중국인한테 들었는데 그 호랑이가 바로 모든 호랑이의 우두머리인 '왕'이라고 하더군요. 그 사람들이 하는 말이 사실인지 거짓말인지는 모르겠어요. 어쨌든 그 호랑이를 다시 보고 싶지 않다는 것만은 사실이죠. 멀리멀리 사라져 버려라! 한 번 당했으니 그걸로 충분해! 하지만 난 그놈을 피하지 않았어요. 내가 겁

252

쟁이가 아니란 걸 증명했다고요. 그거면 된 거죠. 그렇지만 유감스러운 건 내 팔이에요. 왼팔이라 얼마나 다행인지! 그래도 일은 해야죠. 장화 한 켤레도 꿰맬 수가 없으니! 그렇지만 뭐 괜찮아요. 잘 헤쳐 나갈 수 있을 거예요."

"흠!"

이야기를 듣고 있던 사람들이 말했다.

"할 말이 없군. 호랑이라니, 대단한걸. 엄살은 아닌 것 같아. 우리 나라에 사는 착한 곰이랑은 다를 테니까. 그 곰들은 조용하고 양순 하지. 건들지 않으면 허튼짓은 안 해. 어쨌든 러시아의 짐승이니까! 하지만 그 호랑이는 우리나라의 짐승이 아니지. 게다가 우리랑은 조 금도 비슷한 구석이 없어."

다른 사람들도 거들었다.

"음, 바로 그런 이유 때문에 중국인들이 그 호랑이를 신으로 받드 는 거야. 우리에게 성 니콜라이가 있다면, 그 사람들에게는 그들의 '왕'이 있는 거지. 당연한 거야. 다들 좋아하는 게 다르니까. 어쩌겠 어? 이 세상엔 별의별 사람들이 다 사는걸."

# 퉁리의 생각

수많은 낯선 일을 겪은 왕은 멧돼지가 마련해 놓은 푹신한 잠자리에 누워 좀 쉬었다. 하지만 곧 다시 일어나 편안한 안식처를 찾아 느린 걸음으로 코쿠이찬 산꼭대기를 향해 올라갔다. 까치들은 왕이 어쩌려고 하는지 궁금해하며 가까이서 쫓아갔다. 왕은 산 정상에서 튀어나온 바위가 방패 역할을 해 주는 편안한 장소를 찾아냈다. 산양들이 오랫동안 살았던 곳이라 배설물이 여러 층으로 쌓여 편편한 화강암 위에 부드럽고 따뜻한 요를 이루고 있었다. 왕은 깊은 명상에 잠긴 채 그곳에서 여드레 동안 머물렀다.

이 높은 곳에서, 왕은 삑삑거리는 기관차 소리와 멀리 삼림 벌목 공사 현장에서 들려오는 소리에 귀를 기울이며 세상을 바라보았다. 요 며칠간 받은 여러 느낌이 머릿속에서 도무지 정리되질 않았다. 왕은 도저히 나약한 존재인 인간이 자신에게 반항할 수 있을 뿐 아니라 자기를 정복할 수도 있다는 헛된 망상을 용납할 수 없었다. 왕은 어미의 젖을 먹던 때부터 자신이 네발짐승이든 두발짐승이든 모든 피조물보다 우월하다는 생각에 젖어 있었다. 선조들의 음성도 왕의 그런 생각을 부추기면서 끓는 피로 분연히 일어설 것을 명했다. 왕은 복수심에 불타올랐다. 깊고 둥근 두 눈동자에서 녹색의 섬광이 번뜩였다.

그사이, 왕이 정찰병 중 한 명을 공격한 일은 엄청난 여파를 일으켰다. 모두들 이구동성으로 이제 맹수들의 지배에 종지부를 찍고 벌목 지역의 안전을 확보해야 한다고 주장했다. 사실 이 사건 이후 호랑이들은 노야령 산맥 저 너머로 물러갔다. 하지만 또다시 공격해올 가능성이 농후했다.

퉁리는 모피 사냥꾼들을 통해 벌목지의 상황을 알게 되었다. 그의 엄숙한 얼굴은 한 치의 동요도 없이 불가사의한 모습 그대로였다. 노인은 모피를 거둬들이고 파이프 담배를 피웠으며, 한마디 말도 하지 않았다. 주위 사람들은 이 침묵이 달갑지 않았다. 그들은 지금 벌어지고 있는 일에 대해 노인이 기쁜 기색을 보일 거라고 기대했다. 하지만 위대한 노인의 과묵한 반응은 전혀 좋은 징조가 아니었다. 분명 아직 즐거워할 때가 아니었다.

예로부터 계속 퉁리의 오두막에 살던 거대한 뱀이 막 숨을 거두었다. 노인은 큰 슬픔을 느끼며 뱀의 시체를 신령 고개에서 태워 바람에 재를 날려 보냈다. 늙은 모피 사냥꾼이 생각하기에는 이 죽음에도 특별한 의미가 있었다. 위대한 노인은 슈하이의 수명이 다해 가는 것을 느꼈다. 10년, 혹은 20년의 세월이 더 흐르고 나면 이 모든 아름다운 원시림에는 나무 그루터기 하나 남지 않을 것이다. 아름다움과 자유, 독립, 이 모든 것이 사라질 것이다. 타이가의 늙은 주민은 바로 이런 깊은 생각에 빠져 있었다.

드디어 설 명절이 되었다. 벌목 공사는 중단되었다. 도매상인과 입찰자들, 일꾼들은 개인 용무와 거래상의 일, 그리고 다른 일들을 마치고 사무소에서 자기 몫을 받았다. 그런 다음 휴무를 즐기며 오락거리에 빠져들었다. 요컨대 그들은 아무것도 하지 않고 오직 실컷 먹고 마시며 담배와 아편을 피우고 카드놀이, 특히 도박에 여념이 없었으며, 이 집 저 집을 다니면서 계속 담배를 피워 댔다. 밤낮으로 우당탕거리는 소리와 폭죽과 불꽃놀이 소리가 들렸다.

같은 시기에 모피 사냥꾼과 사냥꾼들도 일을 마치고 타이가에서 나왔다. 낮으로는 마치 봄처럼 따뜻한 햇살이 내리쬐었다. 하지만 밤에는 서리가 내려 쇠 집게처럼 단단하게 자연에 달라붙었다.

다가오는 봄을 느끼며, 숲의 고장은 겨울이라는 이름의 이 늙고 지독한 차가운 사슬에서 빠져나오려고 몸부림쳤다. 햇빛을 받아 따뜻해진 숲의 빈터에서는 오래전에 눈이 녹아 버렸고, 청딱따구리 울음소리와 깨새의 날카로운 노랫소리, 그리고 수다쟁이 까치와 어치가 시끄럽게 떠들어 대는 소리가 들렸다.

"그 소식 알아?"

수다쟁이들이 온갖 음색으로 재잘거렸다.

"우리 위대한 왕이 다쳐서 '늙은 오소리'가 약초로 치료를 해 주고 있대. 그리고 하밀 강 동쪽에 사는 그 '투덜이' 멧돼지가 어떤 러시아 사냥꾼의 개 세 마리를 공격하고 그것도 모자라서 그 사냥꾼

256

까지 상처를 입혔다는걸. 그래서 그 사냥꾼이란 작자가 '투덜이'한 테서 도망치려고 후다닥 나무로 기어 올라갔다잖아. 정말 우습지 뭐야!"

"내가 정말 쓸 만한 소식을 하나 말해 주지."

파란 날개에도 불구하고 '빨강 머리'라는 별명을 가진 깨새가 끼어들었다.

"새로 온 인간들이 왕을 산 채로 잡을 준비를 하고 있어. 동물을 잡을 때 쓰는 무시무시한 무기랑 도구들을 내 두 눈으로 똑똑히 봤다니까. 게다가 꼭 흰 눈처럼 생긴 가루도 가지고 있는데, 아주 조금만 먹어도 우리 전부뿐 아니라 제일 큰 짐승까지 죽이고도 남는대. 인간들이 그 가루를 알약 모양으로 만들어서 고기 속에 쑤셔 넣고 있다니까. 그 사실을 모르고 있다가 고기를 먹는 날엔 그 자리에서 끝장이야. 다들 조심해. 그 교활한 족속들을 믿어선 안 돼. 인간들이 주는 고기를 건드렸다가는 큰일 나! 내 친척 '빨간 외투'도 그 알약이 든 고기를 먹었다가 순식간에 털이 다 빠져 버려 짧은 외투가 되었다니까. 하지만 인간들도 대가를 치르고 있어. 채소를 재배하는 멍청한 농부 몇 명이 알약이 든 여우 고기를 먹었다가 장작처럼 뻣뻣이 굳어서는 얼굴을 하늘로 쳐들고 오두막에 꼼짝 없이 누워 있더라고. 자업자득이지 뭐! 그 농부들 작년에 아직 털도 나지 않은 내 어린 새끼들을 잡아먹더니 이젠 저희들이 돌처럼 굳어서 누워 있다고. 아주 잘됐지 뭐야!"

"내가 요전에 '얼룩이'를 만났거든. 다들 알지? 그 하이린 강 근처

257

망보기(만주 표범)

에 사는 늙은 표범 말이야."

이번엔 깨새의 친척인 '꽁지 없는 까치'가 말했다.

"글쎄 그 표범이 그러는데 왕의 명령으로 호랑이들이 인간을 공격했대. 그 덕분에 그 줄무늬 신사들이 모두 먹이가 풍부한 오래된 사냥터인 숲을 떠나서 북쪽으로 물러갔대. 그래서 지금은 그곳에 표범들이 활개를 치고 있다더군. 예전에 호랑이들은 표범들이 그 구역에 사는 걸 허락하지 않고 쫓아냈는데 말이야. 결과적으로 이제 타투딩즈 산 남쪽엔 표범이 늘어나고 있어. 어쨌건 이게 '얼룩이'가

나한테 말해 준 거야. 다들 알겠지만, 그 표범의 여자 친구는 '긴 꼬리'라고 불리는 아무르 표범이랑 도망을 쳤지. 그래서 녀석은 도망간 여자 친구를 찾아 슈하이를 돌아다니고 있어. 하지만 다 헛고생이지. 여자 친구는 이미 수이풍 산의 삼나무 숲에서 새끼들을 낳은 지 오래거든."

타이가의 일이라면 뭐든 다 아는 수다쟁이들은 이렇게 험담을 늘어놓았다. 그때 흰 반점이 있는 늙은 수사슴 한 마리가 암컷과 함께 그곳을 지나갔다. 모든 잡담을 유심히 듣고 있던 사슴 부부는 걸음을 멈추었다. 수사슴은 고개를 가로저어 새들을 나무라면서 뿔을 흔들었다. 하지만 아무런 효과가 없자, 발굽으로 땅을 구르며 몇 번 으르렁거렸다.

"저 무례한 짐승 좀 봐!"

모든 까치들이 일제히 소리쳤다.

"감히 고함을 지르고 명령을 하네! 우리가 너를 당장 붉은 늑대들에게 데려다 주겠어! 그러면 예의범절이 뭔지 알게 될 게다."

치명적인 적에 관한 이 말 한마디에, 불쌍한 사슴은 뒷발질을 하더니 껑충껑충 뛰어 언덕 꼭대기 쪽으로 달아났다. 온순하고 착한 암놈도 뛰어서 수놈을 따라갔다. 하얀 숄 같은 반점이 노란색 작은 관목들을 배경으로 반짝이더니 언덕 뒤로 사라졌다.

# 호랑이 사냥꾼

맹수들이 출현했다는 소식은 순식간에 타이가 곳곳에 퍼졌다.

산에 사는 사람들에 대한 모든 공격을 미연에 막기 위해 즉시 조치가 취해졌다. 사람들은 파견대를 조직했다. 파견대는 마을과 벌목 지역 근처를 감시하고 호랑이들을 겁주기 위해 총을 쏘는 책임을 맡았다.

지역의 사냥꾼들은 성능 좋은 소총을 들고 호랑이들의 값비싼 털가죽을 얻을 수 있으리라 기대하며 타이가로 들어갔다. 용기와 기술이 부족한 다른 사냥꾼들은 스트리크닌 알약을 얼린 노루 고기와 개고기 덩어리 속에 넣어 그 고기를 방금 지나간 호랑이 발자국이 있는 타이가의 여러 곳에 나누어 놓아두었다.

하지만 그것도 별 효과가 없었다. 며칠이 지나자, 벌써 맹수들이 '장기'를 발휘하기 시작했다는 소문이 돌았다. 호랑이들은 먼저 인간들은 아랑곳하지 않은 채 전혀 힘들이지 않고 개들을 빼앗아 갔다. 그다음엔 가축으로 눈길을 돌렸는데, 첫 표적은 말이었다. 호랑이들은 말뚝에 매어 놓은 말들뿐 아니라, 닫힌 헛간에 있는 말들까지 포획해 갔다. 맹수들은 그 초라한 건물의 지붕과 문도 모자라 벽까지 부수었다.

마침내 위대한 왕은 카잔체프에서 멀지 않은 작은 대피역에서 말두 마리가 끄는 스무 대의 운반차로 이루어진 행렬을 공격했다. 십중팔구 이 수송 행렬이 다니는 노선을 알고 있던 호랑이는 첫 번째 운반차가 도착할 때까지 길 바로 옆 매복지에 숨어 있었다. 왕은 두 말 중 한 마리를 덮쳐 발로 어깨뼈 사이를 후려쳐서 쓰러뜨린 다음 송곳니로 목뼈를 으스러뜨렸다. 왕이 말을 공격하는 동안, 중국인 감독들은 망연자실하여 운반차 옆에 붙어 있었다. 그들은 맹수가 말을 가지고 가 버릴 때까지 꼼짝도 하지 않았다. 호랑이가 떠나자 감독들은 곧장 동요를 일으켰고, 돌아서서 카잔체프로 되돌아가는 길 쪽으로 전속력으로 운반차 행렬을 몰았다.

왕은 먹이를 500미터쯤 끌고 와서 뼈에 맛있는 살이 붙어 있는 며칠 동안 평화롭게 먹어치웠다.

이 기회를 이용해, 지역 사냥꾼 중 한 명이 역시 왕의 공격으로 죽은 두 번째 말의 시체 속에 스트리크닌을 쑤셔 넣어 맹수들이 다니는 오솔길에 가져다 놓았다. 왕이 쓰러뜨렸지만 가져갈 시간이 없어서 두고 온 말이었다.

첫 번째 말을 다 해치운 왕은 잡목 숲에서 오랫동안 휴식을 취하고 저녁 늦은 시간에 다시 사냥에 나섰다. 아름다운 달이 겨울 길의 흰 눈을 비추고 있었다. 곧 맹수는 오솔길 위에 시커먼 커다란 덩어리 하나가 나뒹구는 것을 발견했다. 아직 먼 거리였지만 맹수는 날카로운 두 눈으로 그것이 죽은 말이라는 걸 알아볼 수 있었다. 왕은 가까이 가서 말을 살펴보고 또 살펴보았다. 그리고 옆에 앉아 곰곰이 생각하기 시작했다. 머릿속에 한 줄기 의심이 들었다.

'왜 이 시체가 여기 있지? 이놈은 역에서 가지고 오질 않았는데 어떻게 된 일이지?'

왕은 이 말이 며칠 전에 자기가 직접 죽인 놈이라는 사실을 알고 있었다. 먹이의 유혹은 매우 강했지만, 모종의 예감이 이것은 인간의 악독한 술책이라고 말해 주는 듯 느껴졌다. 왕은 잠시 앉아 있다가 다시 일어나서 기지개를 켜고 크게 하품을 했다. 그 소리가 어찌나 컸던지 왕의 머리 위 전나무 꼭대기에 앉아 있던 올빼미 한 마리가 움찔하더니 부리를 부딪치고는 멀리 날아가 버렸다.

왕이 떠나고 10분 뒤, 붉은 늑대들이 시체 주위로 몰려왔다. 늑대들이 세차게 울부짖고 짖어 대면서 곧장 싸움에 뛰어드는 소리가 멀리서 메아리쳐 들려왔다. 녀석들은 서리에 돌처럼 꽁꽁 얼어 버린 말고기를 억센 턱으로 갈기갈기 찢었다. 다음 날 아침 죽은 말 주위에는 스트리크닌에 독살된 여덟 마리의 늑대 시체가 나뒹굴었고, 사냥꾼은 그 시체들을 걷어 갔다. 독에 당한 것은 늑대들만이 아니었다. 다른 동물들과 새들, 육식동물 초식동물 할 것 없이 모두 같은 운명을 밟았다. 여우와 까마귀, 까치, 어치, 깨새, 나무발바리들이 인간의 교활함에 희생되었다. '하얀 가루'의 무시무시한 효력에 대해 알지 못하는 원주민 채소 재배 농부들이 독에 감염된 동물의 고기를 맛있게 먹고 죽는 일도 여러 번 일어났다.

하지만 호랑이들은 위험을 느끼는 것 같았고, 스트리크닌이 들어 있는 먹이에는 손도 대지 않았다. 그래서 사냥꾼들은 결국 이 방법을 포기했다.

그 대신, 우수리 지방에서 호랑이 사냥꾼들이 왔다. 이들은 함정이나 덫에 의지하지 않고 강철 같은 근육이 불거진 두 손과 튼튼한 밧줄만으로 능숙하게 호랑이를 생포하는 자들이었다.

이 사냥꾼들은 코쿠이찬 산 근처에 많은 맹수들이 출현한다는 소식을 듣고, 개들과 특별히 거대한 호랑이를 잡는 데 쓰는 모든 도구들을 가지고 이곳에 도착했다. 말 그대로 천하장사 같은 이 사냥꾼들은 키도 어마어마하게 크고 힘도 대단했다. 마치 선사시대 인간들 같았다. 이들의 뼈와 근육과 내장은 야생의 원시 자연과의 싸움에서 발생하는 엄청난 시련도 견딜 수 있도록 잘 단련되어 있었다.

위대한 왕은 이제 운명적으로 이 적들과 정정당당히 힘을 겨루어야 했다.

행동을 개시하기 전에 이 새로운 사냥꾼들은 지역을 돌아보았고, 동물들 사이에 전염병이 돌아 여러 멧돼지 떼의 목숨을 앗아 갔으며 그 때문에 많은 멧돼지들이 풀이 있는 먼 구역을 향해 떠났다는 사실을 확인했다. 멧돼지가 이동하자 호랑이들도 따라서 이동했다. 먹이가 충분치 않자, 호랑이들은 이주자들의 가축을 죽이기 시작했고 농가와 오두막, 벌목 지역을 공격했다. 주민들이 격렬하게 저항하지 못하자, 호랑이들은 결국 인간들까지 앗아 갔다. 홀로 생활하는 모피 사냥꾼과 나무꾼, 벌목지의 일꾼 그 누구도 더는 호랑이로부터 안전하지 않았다.

마침내 사태는 밤이면 아무도 집 밖으로 나가지 않는 지경까지 이르렀다. 하지만 호랑이들은 낮에도 마을 근처에 나타나 인간들의 생명과 재산을 위협했다. 원주민들은 이 일에서 초자연적인 징조를 발견했다. 그들은 이 상황에 대한 해결책은 단 하나밖에 없다고 생각했다. 바로 인간을 제물로 바쳐 산의 신령인 위대한 왕을 달래는 것이었다. 그것은 모피 사냥꾼 퉁리의 주재 아래 슈하이의 나이 지긋한 지도자들 사이에 열린 회의에서 내린 결정이었다. 하지만 누구를 제물로 바친단 말인가? 이 일을 맡을 적합한 인물을 찾을 수 없자, 장로들은 제비를 뽑아 최대한 빨리 기꺼이 위대한 왕에게 몸을 바칠 사람을 결정하기로 했다.

뒤따라 토의가 벌어지는 동안, 퉁리는 회의 장소에서 빠져나와 신령 고개의 신당 앞에 가서 열렬히 기도를 올렸다. 조상들의 영혼에게 충분히 뜻을 물은 후, 퉁리는 모두의 이익을 위해 스스로를 희생하기로 마지막 결정을 내렸다. 그는 타투딩즈 산의 협곡에 모든 대표자들이 모여 개최한 야외 전체 회의 도중에 이런 결심을 밝혔다. 참여자 중 그 누구도 한 마디도 입 밖에 내지 않았다. 그러나 회의가 끝나자 모두 노인의 발치로 와서 엎드렸다.

퉁리는 조상들의 가호를 빌며 마지막 기도를 드리고 오두막으로 돌아왔다. 노인은 오두막의 모든 것을 정돈했다. 바닥을 청소하고 출입문을 말뚝으로 받쳐 놓은 다음, 작은 배낭을 등에 메고 북쪽의 코

공격 실패(꿩을 사냥하는 여우)

쿠이찬 지방을 향해 길을 나섰다. 요 근래의 풍문으로는 바로 그곳에 위대한 왕이 있다고 했다. 퉁리의 눈에 위대한 왕은 산신령의 뜻의 현신이었다.

사냥꾼들은 사흘째 쉬지 않고 암호랑이와 새끼 두 마리를 쫓고 있었다. 때때로 거대한 수놈 호랑이가 암놈과 합류해 사냥 작전을 방해했다. 발자국으로 보아 수놈은 사냥꾼들의 의도를 꿰뚫고 있었다. 수놈은 암호랑이를 아무도 접근할 수 없는 미로 같은 곳으로 데려가기 위해 사냥꾼들을 따돌리려 하고 있었다.

집요한 추격에 지치고 먹지도 못한 암호랑이는 완전히 탈진해 사냥꾼들을 공격하려 했다. 하지만 왕은 계속 길을 가도록 암호랑이를 재촉했다.

앙상하게 뼈만 남은 두 마리의 새끼는 계속 드러누웠고 점점 더 뒤로 처졌다. 새끼들의 어린 어미는 겨우 다섯 살이었고 경험도 부족했다.

일정한 나이를 지나 성체의 크기에 다다른 호랑이는 산 채로 잡을 수 없었다. 그래서 사냥꾼들은 커다란 수놈은 아예 제쳐두고 암호랑이와 새끼 두 마리에게 온 신경을 집중했다.

맑고 온화한 겨울날이었다. 바람 한 점 없었다. 눈도 햇빛에 녹아 사라졌다. 멀리서 수많은 개들이 호랑이들의 뒤를 쫓으며 짖는 소리가 들렸다. 개들이 지나간 자리 위로, 세 명의 남자가 씩씩하게 걷고 있었다. 두 명은 탄띠에 소총을 메고 있었다. 흰 턱수염을 무성하게 기른 노인이 두 남자를 앞질렀다. 노인은 총이 없었고 아주 짧은

왕과 비행기

칼 한 자루를 허리에 매단 것이 무장의 전부였다. 뒤를 따르는 거인
같은 두 아들도 노인처럼 털이 덥수룩했다. 셋 모두 등에 끈이 달린
가죽 가방을 메고 있었다. 시베리아식 신발은 순록 가죽으로 되어
있었고, 노루 가죽으로 만든 외투는 겉이 털로 덮여 있었다. 그들은
과묵하고 심각한 모습이었으며, 말 한마디 주고받지 않고도 서로의
생각을 읽었다.

개들은 온갖 소리로 짖어 댔다. 그 소리는 타이가의 합창이 되어
멀리서 울렸고, 산의 협곡에서 반복적으로 메아리쳤다. 새끼 호랑이

들은 도망가기를 포기하고 오갈피나무와 야생 포도나무가 우거진 숲 속 깊이 조심스레 몸을 숨겼다. 사냥개 무리가 쉴 새 없이 으르렁거리고 짖으면서 새끼들을 포위했다. 새끼 호랑이들과 싸우다 많은 개들이 상처를 입어 피투성이가 되었다. 경험 많은 늙은 사냥개 몇 마리는 눈 속에 드러누워 숨을 몰아쉬며 혀를 빼물고 사냥꾼들이 오기를 기다렸다.

곧 사냥꾼들이 나타났다. 덤불숲을 돌아보고 새끼 호랑이들이 제대로 포위되었다는 확신이 들자, 노인 사냥꾼 베르가소프는 호랑이를 땅 쪽으로 누를 때 쓰는 갈퀴와 그물을 준비하라고 명령했다. 두 아들은 약간의 간격을 두고 함께 덤불숲으로 들어갔다. 새끼 중 한 마리가 인간들이 오는 소리를 듣고 더 가까운 거리에 있는 아들 니키타에게 달려들었다. 행동이 민첩하고 재빠른 니키타는 새끼 호랑이 머리 위로 그물을 던졌다. 그리고 갈퀴로 머리를 바닥으로 눌렀다. 새끼 호랑이는 몸을 뒤집어 바닥에 등을 대고 발톱으로 자신을 보호하려고 했다. 하지만 곧 단단한 야자나무 밧줄이 발을 옭아매는 걸 느끼고 깜짝 놀라고 말았다. 연한 삼나무로 만든 재갈이 새끼 호랑이의 입에 채워졌다.

첫 번째 새끼 호랑이를 해치운 사냥꾼들은 두 번째 새끼에게 다가갔다. 두 번째 새끼 호랑이는 쓰러진 나무의 구멍 속에 들어가 있었다. 사냥꾼들은 새끼를 꺼내는 대신 나무 조각으로 구멍 입구를 꼭꼭 막아 놓았다.

그동안, 개들은 덤불숲 속에 원 모양으로 누워 호랑이를 잡는 일에는 전혀 가담하지 않은 채 그대로 있었다. 자신들의 역할이 끝났기 때문에 개들은 쉬면서 상처를 핥았다. 한편 세 사냥꾼의 동작 하나하나는 경험과 노련한 솜씨를 여실히 보여 주었다. 그들은 한 치의 주저함도 없이 침착하게 작업했다. 어린 맹수 두 마리를 잡는 일은 한 시간이 걸렸다. 일을 마치자, 사냥꾼들은 모닥불 주위에서 휴식을 취하며 차를 끓였다. 사냥꾼들은 검은 빵과 돼지비계로 요기를 하며 조용히 대화를 나누었다. 각자 용케 빠져나간 암호랑이의 행방에 대해 추측을 늘어놓았다. 하지만 주로 이야기를 하는 쪽은 노인이었고, 아들들은 말을 자제하며 아버지의 말을 듣거나 공손히 질문에 대답했다. 개들은 여전히 눈 위에 뻗어 있었는데, 대부분 몸을 둥글게 말고 덥수룩한 꼬리 속에 주둥이를 파묻은 채 잠들어 있었다.

"차를 마시고 암놈을 잡으러 가자!"

아버지 사냥꾼이 유약을 바른 찻잔에 든 뜨거운 차를 마시면서 말했다.

"니키타, 넌 머리를 아주 세게 잡아라. 안 그러면 암호랑이가 빠져나가고 말 거야. 저항이 대단할 테니 조심해야 한다! 로만, 너는 밧줄을 이중으로 묶어. 알았지? 이 암놈은 아주 덩치가 크다. 160킬로그램은 나갈 거야. 수놈이 나타나서 방해하면 총을 쏴야 할 게야. 그렇지 않으면 우리 중 하나가 죽고 말 테니까. 그리고 저 불쌍한 녀석들한테 눈을 좀 뿌려 주거라. 숨이 가빠지지 않게. 녀석들, 힘들어서 숨도 겨우 쉬는구나! 그러나저러나 말을 데리고 온다던 녀석들이 늦는군. 벌써 한참 전에 도착했어야 하는데. 아, 저기 오는군! 호랑이도 제 말하면 온다더니!"

노인이 반색을 하며 외쳤다. 그가 가리키는 방향에는 운반차 두 대로 이루어진 수송차가 오고 있었다. 운반차 한 대당 두 마리의 말이 일렬로 매여 있었다. 감독들이 지친 동물들을 재촉하며 옆에서 걷고 있었다.

"이반!"

노인이 두 감독 중 한 명에게 외쳤다. 젊고 건장한 남자는 아직 턱수염과 콧수염이 없었지만 누가 누구인지 분간할 수 없을 정도로 노인과 똑 닮은 얼굴이었다.

"얼른 새끼 호랑이들을 싣고 돌아가! 역에서 호랑이들한테 물을 주고. 내일 새벽에 다시 오너라. 우리는 곧 암놈을 쫓아갈 참이다. 암놈이 그리 멀지 않은 곳에 있긴 하다만, 꽤 골치 아플 것 같다. 암놈을 호위하는 녀석이 하나 있는데, 중국인들 말로는 그놈이 바로 '왕'이라는구나. 발자국이 어찌나 큰지 35센티미터도 넘지 뭐냐. 그러니얼추 320킬로그램은 나갈 거야. 자, 어서! 준비해라, 얘들아! 다들 제자리로 가자!"

노인은 일어나서 잔을 털어 남은 차를 다 비우고 가죽 가방에 넣었다. 그사이 아들들은 새끼 호랑이들을 운반차에 실은 후 추적에 나설 준비를 했다. 30분 만에 모든 준비가 끝났다. 수송차는 포획물을 싣고 왔던 길을 되돌아 북동쪽의 철로를 향해 다시 떠났다. 사냥꾼들은 남서쪽을 향해 호랑이의 발자국을 따라갔다.

개들이 앞서 갔다. 곧 멀리서 개 짖는 소리가 들렸다. 호랑이들의

270

흔적은 노야령 산맥의 바위산을 향하고 있었다. 그곳에는 삼나무 숲이 계곡 꼭대기에서 시커먼 덩어리를 이루고 있었다.

"아, 수놈이 아직도 암놈이랑 같이 가고 있군."

쿠즈마 베르가소프 노인이 호랑이 발자국을 살피며 말했다.

"큰일인걸! 개들이 암놈을 따로 떼어놓지 않으면 이놈과 한판 붙게 되겠어. 개들이 많이 다치겠는걸. 하지만 어쩌겠냐? 어서 전진하자! 안 그러면 이 왕이란 놈이 암놈을 더 멀리 데려갈 게다. 너는 또 담배를 피우는구나, 로만."

노인이 둘째 아들에게 말했다.

"도대체 언제쯤 그 백해무익한 걸 끊을 테냐? 담배는 악마의 농간이야!"

아버지의 꾸지람에, 잘생긴 로만은 사람 좋게 씨익 웃으며 옆에 침을 뱉고는 담배 파이프를 털어 호주머니에 넣었다.

태양은 정오를 넘어가고 있었다. 불어오는 미풍이 저녁에 눈이 내릴 것임을 예고했다. 타이가는 소음으로 가득 찼다. 바위 능선 꼭대기에서 개들이 짖는 소리가 들렸다. 십중팔구 그곳 바위 사이에 호랑이들이 숨어 있었다.

사냥꾼들은 걸음을 재촉해 거의 뛰다시피 전진했다. 노인이 앞장을 서고 아들들이 힘겹게 뒤를 따랐다.

과연, 거대한 호랑이 두 마리가 능선을 굽어보는 가파른 절벽의 서로 떨어진 두 정상 위에 피신해 있었다. 그 아래에서 개들이 주둥이를 높이 쳐든 채 사납게 짖고 있었다. 개들은 사람들이 가까이 오자 한층 격앙되어 바위 위로 기어 올라가려고 안간힘을 썼지만 헛수고였다.

"거기 있어라!"

노인이 아들들에게 말했다.

"내가 한 바퀴 돌아보고 발자국이 시작된 지점이 어디인지 알아보마."

하지만 니키타와 로만도 호랑이들이 어디를 통해 올라갔는지 확인하기 위해 절벽 아랫부분을 샅샅이 살폈다. 그 결과 암호랑이는 혼자 그곳을 지나 올라간 반면, 수놈은 절벽을 따라 오른쪽으로 갔다는 사실이 확실해졌다. 분명 절벽을 돌아서 가려는 의도였다.

곧 노인이 반대쪽에서 되돌아와 암호랑이는 분명 이쪽 바위 위에 있지만, 수놈은 능선을 따라 다른 방향으로 가 버렸다고 확인해 주었다.

"애들아, 서둘러라. 행동 개시다!"

노인이 단호한 어조로 말했다.

"왕이 돌아오기 전에 암놈과 끝장을 봐야 한다. 그래야 산 채로든 죽은 채로든 수놈을 잡기가 수월하다. 니키타, 바위 위로 폭죽을 쏘아 올려라."

노인이 명령했다.

"로만, 너는 두 눈 똑똑히 뜨고 감시해라. 이건 장난이 아니다! 얼른, 이 골초야, 무조건 총을 조준하고 있어. 행여 암놈의 호위자란 녀석이 돌아오기라도 하면 그야말로 난장판이 될 테니."

늙은 사냥꾼의 명령은 지체 없이 이행되었다. 바위 꼭대기에서 굉음을 내며 폭죽이 터져, 악취를 풍기는 연기로 잡목 숲을 가득 채웠다. 개들은 안절부절못하고 잔뜩 흥분하여 날카롭게 울부짖었다. '작은 뱀'이라고 불리는 깡마르고 커다란 하얀 암캐가 개들의 대장 역할을 했다. 이 암캐는 사냥개 전체에게 명령을 내리고 각 작전을 이끌었다. 조금이라도 불복종하면 사정없이 얻어맞았으며, 반항은 곧 죽음이었다. 이 '작은 뱀'은 베르가소프 노인의 말에만 복종했으며, 명령도 노인에게서만 받았다.

전염병은 계속 멧돼지들 사이에 퍼져 나갔다.

왕은 푸짐한 식사를 마친 후 속이 불편한 것을 느꼈다. 전염된 고기였기 때문이다. 전염병에 걸린 동물을 먹은 것은 이번이 처음이었다. 참을 수 없을 정도로 배가 아팠다. 왕은 기운이 빠지고 아무런 의욕이 없었다. 사냥꾼들이 추적을 시작하던 바로 그때 왕은 무기력한 상태에서 고요함과 휴식에 대한 갈망에 사로잡혔다. 사냥꾼들을 교묘히 피해 달아날 수도 있었지만, 암호랑이에 대한 애정으로 도저히 버리고 갈 수가 없었다. 왕은 끈질기게 암호랑이를 재촉해 타이가 깊은 곳으로 점점 더 멀리 데리고 갔다. 두 어린 것들에게는 관심이 없었으므로 새끼들이 안 보여도 전혀 신경 쓰지 않았다. 게다가 새끼들은 다 컸기 때문에 어미도 새끼들의 운명을 걱정하지 않고 알아서 행동하도록 내버려 두었다.

하지만 결국 왕은 인간들의 끈질긴 추격을 참을 수 없는 지경에 이르렀다. 개들이 끊임없이 짖어 대는 소리가 왕의 극히 예민한 청각을 자극한 것도 한몫했다. 그래서 이 모든 것에서 벗어나 평화와 고요를 찾아 멀리 떠나기로 결심했다. 게다가 왕은 암호랑이의 상황에 대해서는 더 이상 걱정하지 않았다. 절벽 꼭대기에 있으니 완벽하게 안전하리라고 확신했기 때문이다. 왕은 무성한 개암나무로 덮인 깊고 움푹한 곳을 가로질러, 가장 가까운 산에 올라 평평한 바위 위에 웅크리고 앉았다. 그곳에서는 사방이 트인 광대한 정경이 한눈에 들어왔다. 멀리, 암호랑이가 추적자들로부터 대피해 있는 바위가 보였다.

아직 저물지 않은 태양이 바위와 절벽 위로 따뜻한 빛을 던지고 있었다. 왕은 발 위에 머리를 올려놓고 졸다가 무시무시한 꿈을 꾸었다. 거인 같은 남자들이 자신을 둘러싸고 길고 억센 손으로 목을 졸라 왔다. 왕은 숨이 막혔고, 거의 질식할 뻔했다. 그럼에도 위대한 왕은 주위에서 무슨 일이 벌어지는지 알지 못한 채 계속 잠들어 있었다.

"작은 뱀! 녀석들을 데리고 바위에서 물러나! 안 그러면 우리 일에 방해가 된다."

늙은 사냥꾼은 개들이 옮겨 가야 할 장소를 가리키며 명령했다. 똑똑한 암캐는 알았다는 표시로 꼬리를 흔들었다. 암캐는 모든 사냥개들이 짖는 소리를 덮어 버릴 정도로 사납게 짖었다. 개들은 그 뜻을 알아듣고 군말 없이 바위를 떠나 방금 주인이 가리킨 장소에 정렬했다. 명령을 이행한 작은 뱀은 노인 곁에 앉아 갈색의 의미심장한 두 눈을 노인에게 고정했다.

274

"분명히 암호랑이가 이리로 지나갈 거야."

노인이 절벽 사이에 벌어진 좁고 움푹한 틈을 가리키며 말했다.

"정면을 봐라! 니키타, 저 작은 관목들 뒤로 폭죽을 던져라. 좋아! 이제 암호랑이가 움직일 게다. 아, 저기 나타났다! 준비해라!"

그와 동시에, 노인은 한쪽 무릎을 꿇고 무두질하지 않은 돼지가죽을 왼팔에 얹어 앞으로 내밀었다.

바위에 난 구멍 속을 구르는 시끄러운 돌 소리는 암호랑이가 급히 내려가고 있음을 알려 주었다. 세 사냥꾼은 모두 맹수를 기다리며 미동도 하지 않았으며, 돌 틈의 입구를 막고 있는 가시덤불을 뚫어져라 바라보았다.

먼저 호랑이의 머리가 나타났다. 두 귀는 목덜미에 착 붙어 있고 입은 벌어졌으며, 분노에 가득 찬 노란 눈동자에서는 불꽃이 이는 듯했다. 암호랑이는 잠시 그 자리에서 적들을 관찰했다. 노인은 머리와 어깨를 보호하기 위해 팔을 들어올렸다. 호랑이가 자기에게 첫 공격을 해 오도록 유인하기 위해 몸짓으로 호랑이의 주의를 끈 것이었다. 암호랑이는 포효하며 노인 쪽으로 돌진했다. 발로 몇 번 쳐서 사냥꾼을 쓰러뜨린 암호랑이는 온몸의 무게를 실어 사냥꾼을 짓누르려 했다. 그리고 계속 포효하면서, 공중으로 추켜올린 사냥꾼의 왼팔을 끊임없이 날쌔게 가격했다. 노인은 목숨을 부지하기 위해 장사 같은 힘으로 견뎠다. 사냥꾼은 왼팔을 굽힌 상태로 꿋꿋이 버텼고, 호랑이는 미친 듯 날뛰며 날카로운 발톱으로 계속 공격해 무두질하지 않은 털가죽을 낚아챘다. 하지만 늙은 사냥꾼은 힘이 빠지기 시작했다. 위기의 순간이 온 것이다.

로만이 이를 알아채고 펄쩍 뛰어올라 단단하고 억센 주먹으로 맹수의 머리를 내리쳤다. 너무도 거센 일격에 암호랑이는 땅으로 머리를 숙였다. 하지만 젊은 사냥꾼의 오른쪽 어깨를 후려치며 반격했다. 사냥꾼은 휘청거렸지만 그대로 서 있었다.

암호랑이는 노인은 내버려 두고 육중한 몸 전체로 아들을 내리누르며 발로 공격을 퍼부었다. 아버지가 그 틈을 타 다시 일어섰다. 그와 동시에, 아버지와 니키타는 암호랑이에게 그물을 던졌다. 촘촘하고 튼튼한 그물망이 맹수의 머리와 다리 하나를 뒤덮었다. 제일 나이 어린 장사는 선 채로 계속 맹수와 싸움을 벌였다. 그의 팔과 어깨는 얼룩진 피로 범벅이 되어 있었지만, 암호랑이를 묶기 위한 밧줄을 손에서 놓지 않았다. 그물 끝이 점점 더 세게 맹수의 목을 죄어 왔다. 맹수는 발톱을 사용해 숨을 조여 오는 그물 매듭에서 벗어나기 위해 안간힘을 썼다. 그 덕에 로만이 맹수에게서 빠져나왔다. 상처투성이에다 몸싸움으로 격앙된 로만은 눈 속을 구르며 지독한 그물을 끊으려고 발버둥치는 암호랑이 위로 달려들었다. 이 힘센 사냥꾼은 마침내 아직 그물에 걸리지 않은 앞발을 잡는 데 성공했다. 그리고 당기면 당길수록 죄어지도록 만든 매듭을 온 힘을 다해 맹수의 앞발에 묶었다. 앞발을 제어하자, 다른 두 사냥꾼은 로만을 도와 두 뒷발에 매듭과 비슷한 모양의 고리를 채웠다.

이미 전세는 적에게 기울었지만, 맹수는 항복하지 않고 그물을 끊고 빠져나가기 위해 필사적으로 몸부림쳤다. 암호랑이는 격렬하게

276

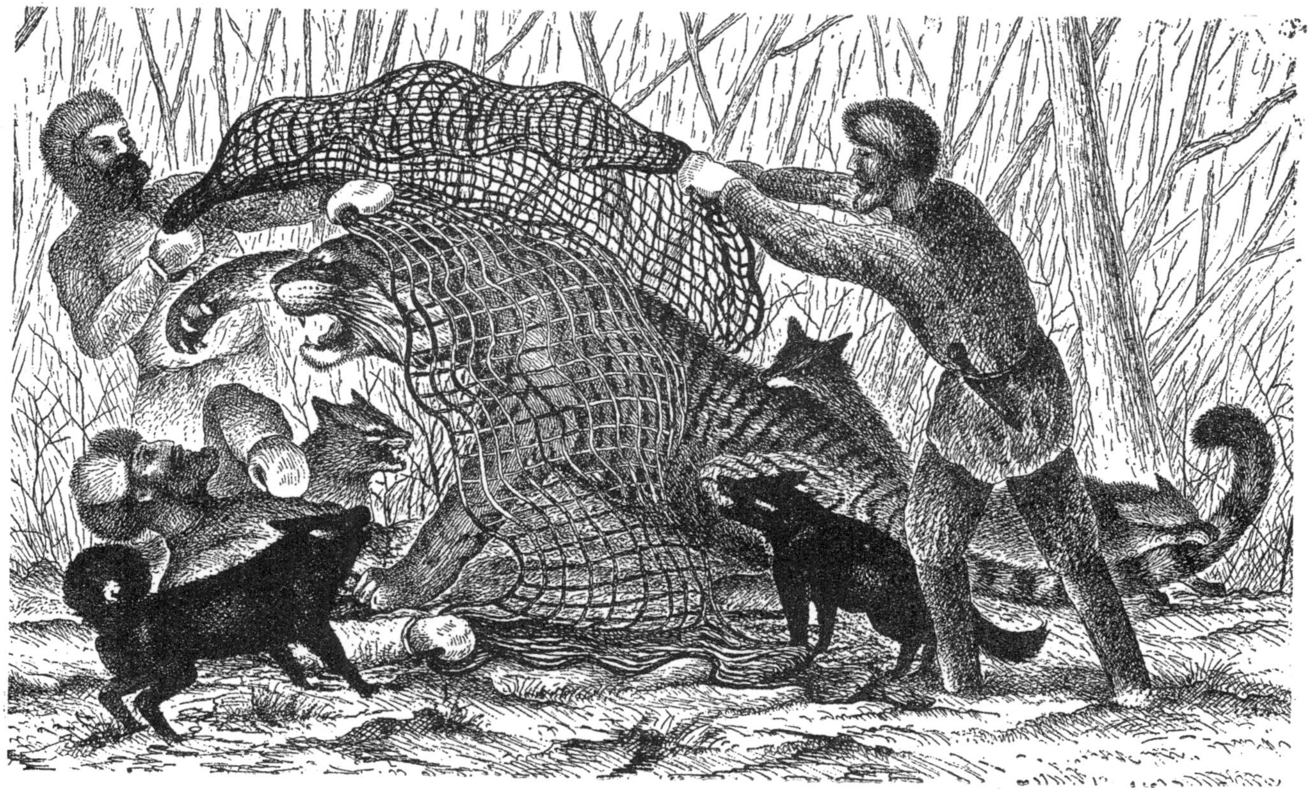

그물에 걸린 호랑이

공격하고 저항하면서 천지를 뒤흔들 듯한 소리로 계속 포효했다. 주둥이에선 피 섞인 침이 마구 솟았다. 사냥꾼들은 밧줄 끝을 단단히 당기고 발작적으로 경련하는 사냥감을 가장 가까운 나무줄기 쪽으로 끌고 가서 맹수의 발을 옴짝달싹 못하게 묶었다.

그러고 나자, 암호랑이를 완전히 묶고 입에 나무 조각을 물리는 일은 식은 죽 먹기였다. 암호랑이는 나무 조각을 물리자마자 송곳니를 찔러 넣었다.

이 일까지 끝낸 후, 사냥꾼들은 앉아서 숨을 돌렸다. 사냥꾼들은 땀에 젖은 이마를 닦고 찢어진 옷을 매만진 다음, 이 끔찍한 싸움 도중 이어진 위기의 순간에 대해 이야기하며 서로의 느낌을 주고받았다.

개들은 사냥꾼들 옆 눈 위에 누워, 나무에 묶인 암호랑이 쪽을 힐끔힐끔 쳐다보았다. 싸움으로 완전히 기력을 잃은 암호랑이는 늙은 떡갈나무 옆에 뻗은 채 전혀 움직일 힘도 없이 겨우 숨을 몰아쉬고 있었다. 눈을 감고 있는 모습이 마치 조는 것 같았다. 하지만, 그것은 잠과는 거리가 멀었다. 암호랑이는 거의 의식을 잃고 일종의 기절 상태에 있었다. 긴장하고 몸의 힘을 너무 쓴 데다 정신마저 쇠약해졌기 때문이다. 견딜 수 없는 피로로 인해 실제로 무기력한 상태가 되었던 것이다. 암호랑이의 머릿속에서는 희미한 생각들이 오갔다. 악몽 같은 모든 사건들이 진홍빛 안개처럼 떠올랐다. 여전히 활기를 띤 탄력 있는 꼬리만이 움직이며 뱀처럼 경련을 일으키면서 파르르 떨었다.

"자, 얘들아! 운반차가 올 길을 내자꾸나. 안 그러면 운반차가 이 소굴에서 움직일 수 없을 테니."

노인이 살찐 허리 위로 허리띠를 조이며 말했다.

"벌써 해가 한참 기울었다. 시간은 별로 없고 갈 길은 멀다. 밤이 되기 전에 겨우 일을 마치겠구나."

이렇게 말하고 나서 노인은 쓰러진 나무와 가시덤불을 뛰어넘으며 성큼성큼 언덕을 내려갔다. 개들이 뒤를 따랐다. 작은 뱀이 앞장을 섰다. 두 아들은 암호랑이에게 입은 상처에 열심히 붕대를 감느라 뒤처졌다.

# 마지막 싸움

왕은 여전히 불길한 꿈속에 한창 빠져 있다가 비몽사몽간에 암호랑이가 자기를 부르며 찢어질 듯이 포효하는 소리를 들었다. 왕이 잠에서 깨기 전에 예민한 청각이 먼저 깨어났다. 왕은 계속 눈을 감은 채, 귀를 기울였다. 울부짖는 소리는 커졌다가 작아지기를 반복했다.

왕은 가만히 있고 싶은 나약한 마음을 억누르고 더 잘 듣기 위해 몸을 일으켰다. 몸싸움 소리는 분명 암호랑이가 있던 언덕에서 들려오고 있었다.

'무슨 일이지?'

왕은 심상치 않은 느낌이 들었지만 여전히 한참 동안 움직일 결심을 하지 못하고 무기력한 자세를 유지했다. 막연한 의심과 불안감이 왕의 머리를 스쳤다. 왕은 사냥꾼들이 저쪽에서 멈추었다는 사실을 잘 알고 있었다. 그런데 암호랑이의 울부짖는 소리는 싸움이 벌어졌다는 신호였다. 위대한 왕은 암호랑이 혼자 인간과 치명적인 대결을 벌이도록 내버려 둘 수 없었다. 무슨 일이 있어도 암호랑이를 구출해야 했다.

왕은 기지개를 켜고 하품을 하더니 거대한 네 다리를 쭉 폈다. 그리고 서두르는 기색 없이 바위산의 봉우리 쪽으로 출발했다. 그러나 어찌된 일인지 울려 퍼지던 암호랑이의 소리가 뚝 그쳤다. 날카로운 까치 울음소리와 청딱따구리가 부리로 나무를 쪼아 대는 소리만 멀리서 들려올 뿐이었다.

개암나무와 야생 포도나무로 뒤덮인 가까운 언덕을 오르던 왕은 역시 아주 멀리서 도끼질하는 소리와 나무가 쓰러지는 시끄러운 소리를 들었다. 그 모든 소리가 인간의 흉계를 뜻한다는 것을 알고 있는 왕은 결연하게 계속 걸어갔다. 어떤 불행의 조짐이 느껴졌다.

왕은 곧 간밤에 자기가 지나간 발자국을 다시 밟게 되었고, 분명 암호랑이가 있어야 할 절벽 아래에 도착했다. 사방에 인간의 발자국과 개의 발바닥 자국이 보였다.

'그런데 암호랑이는 어디 있지?'

왕은 어찌된 일인지 생각해 보기 위해 멈추었다. 그리고 온 신경을 곤두세워 주변의 소리에 귀를 기울였다. 타이가는 조용했다. 삼나무 꼭대기에서 들꿩들이 울고 있었다. 계곡 깊은 곳 어딘가에서 도끼질 소리가 울려왔다.

별안간, 왕의 예민한 청각에 호랑이의 고통스러운 숨소리가 포착되었다. 왕에게서 멀지 않은 곳에 암호랑이가 단단한 밧줄로 나무줄기에 묶인 채 누워 있었다. 암호랑이가 예민한 귀로 주인의 친숙한 발소리를 듣고서 애처로운 신음 소리를 낸 것이었다. 위대한 왕은 눈 깜짝할 사이에 암호랑이 곁에 다가갔다.

왕의 예상은 완전히 빗나갔다. 이 기막힌 광경에 왕의 머릿속은 완전히 무너져 내렸다. 어젯밤만 해도 당당하고 자유롭던, 그토록 빛나는 야생의 아름다움을 지닌 자신의 동반자가 불쌍한 송아지처럼 묶여 있다니! 왕은 눈앞에 보이는 것을 믿을 수가 없었다. 암호랑이의 몸을 구석구석 냄새 맡으면서, 왕은 인간의 힘을 한층 더 확고하게 느꼈다.

암호랑이는 커다랗고 아름다운 두 눈을 뜨고 고통과 사랑이 담긴 시선을 연인에게서 떼지 않았다. 암호랑이의 눈빛은 애원과 절망을 드러내고 있었다. 머리와 네 발은 나무줄기에 단단히 매여 있었다. 발 한쪽도 움직일 수가 없었다. 암호랑이는 오직 눈동자를 굴리고 털이 무성한 구불구불한 긴 꼬리로 푹신한 눈과 늙은 떡갈나무 줄기를 때릴 뿐이었다.

위대한 왕은 억제할 수 없는 복수심과 증오에 불타 격노했다. 그리고 온 힘을 다해 암호랑이를 묶은 밧줄을 할퀴어 댔다. 하지만 밧줄의 매듭은 느슨해지기는커녕 투둑투둑 소리를 내며 한층 더 강하게 조여져 불쌍한 포로의 몸으로 파고들었다.

아무것도 할 수 없자, 왕은 광분했다. 등과 목덜미의 털이 곤두서고, 벌어진 입은 거품 같은 침방울과 김을 토해 냈다. 왕의 무시무시한 포효 소리가 천둥처럼 타이가를 울려 모든 생물이 공포에 떨었다. 새와 동물들은 살 곳을 찾아 서둘러 도망쳤다. 지칠 줄 모르는

282

까치들만이 끊임없이 소리를 지르며 나무 꼭대기에서 분주히 움직였다.

"암호랑이가 풀려난 것 아니냐? 너도 울부짖는 소리가 들리지?"

언덕에서 들려오는 소리에 귀를 기울이며 늙은 사냥꾼이 말했다.

"무슨 일인지 확인해 봐야겠어요."

무성한 덤불숲을 도끼로 헤치던 니키타가 대답했다.

"달아나 버리면 다시는 못 잡아요."

"아버지, 제가 달려가서 더 단단하게 묶을게요. 만약 호랑이가 풀려났으면 총을 쏴서 신호를 할 테니 곧장 오세요!"

떨어져서 파이프 담배를 피우고 있던 로만이 소리쳤다.

"오냐, 얼른 가 보거라, 로만. 더 빨리! 아무래도 호랑이가 풀려난 것 같다."

달려가는 둘째 아들을 눈으로 좇으며 노인이 외쳤다.

성난 포효 소리가 멎을 기미를 보이지 않자, 로만은 얽혀 있는 나무들을 뛰어넘으며 서둘러 갔다. 거친 소리는 걸음을 옮길 때마다 더욱 또렷이 들렸다. 사냥꾼 앞에 뛰어가던 개들은 곧 암호랑이가 묶여 있던 장소에 도착했다. 개들은 두 맹수를 사방에서 에워싸고 사납게 짖었다. 하지만 위대한 왕과는 멀찍이 떨어져 거리를 유지했다. 왕은 개들에게 전혀 신경 쓰지 않고 암호랑이를 풀어 주려고 온 힘을 쏟았다.

아직도 암호랑이가 보이지 않자, 로만은 암호랑이가 풀려난 것이라 생각하고 약속한 대로 공중에 대고 총을 쏘았다. 한편 왕은 인간이 다가오는 것을 모르고 있다가 총소리에 몸을 돌렸다.

왕 앞에는 타이가에 새로이 나타난 가증스러운 인간이 대담하고 도전적인 눈빛으로 왕을 쏘아보고 있었다.

'바로 네가 이 모든 재앙을 일으키고 꿈을 파괴해 버린 장본인이란 말이지!'

불현듯 이런 생각이 왕의 머릿속을 전광석화처럼 스쳤다. 엄청난 높이로 두 번 뛰어올라 왕은 어느새 인간 옆에 가 있었다. 인간에겐 단 한 번 방아쇠를 당길 시간밖에 없었다. 총알은 왕의 가슴을 관통했다. 하지만 이것이 인간이 의식을 가지고 행한 마지막 행동이었다. 왕은 거대한 발을 한 번 휘둘러 로만의 모자와 두개골 절반을 날려 버렸다. 젊은 장사는 호랑이의 발치에 거꾸러졌다. 마치 튼튼한 떡갈나무 한 그루가 쓰러지는 것 같았다. 뜨거운 피가 눈 속으로 퍼져 나갔다. 인간은 얼굴을 땅으로 향한 채 대(大)자로 넘어졌다. 두 팔을 양옆으로 뻗고, 오른손 손가락으로는 소총의 총신을 잡고 있었다. 두개골 밖으로 뇌가 튀어나왔다.

하지만 맹수의 발톱이 닿지 않은 얼굴과 넓고 하얀 이마는 원래 모습 그대로였다. 젊은 사냥꾼은 두 눈을 감지도 못한 채 죽음을 맞았다. 생기를 잃은 아름다운 두 눈은 얌전히 짙푸른 하늘을 향해 뜨고 있었다. 왕은 한 번의 도약으로 인간의 시체로 달려들었다. 왕은 생명의 불씨가 아직 남아 있기를 바랐다. 하지만 본능적으로 인간이 즉사했음을 알아챘다.

사냥꾼의 얼굴을 냄새 맡아 보더니, 왕은 물러나서 다시 암호랑이 옆에 누웠다. 연인을 바라보는 왕의 마음은 고통과 연민으로 찢어질 듯했다.

참을 수 없는 통증이 가슴을 갉아먹는 것 같았다. 상처에서 검붉은 피가 배어 나와 눈 위로 방울방울 떨어지더니 땅까지 스며들었다. 왕은 거칠고 딱딱한 혀로 총알로 생긴 왼쪽 가슴 부분의 시커먼 구멍을 핥았다. 온몸의 신경이 소스라치듯 저려 왔다.

해가 지고 있었다. 타이가에 길고 변덕스러운 저녁 어둠이 드리웠다.

총소리를 들은 사냥꾼들은 부리나케 달려왔다. 높은 산에서 위대한 왕을 찾고 있던 퉁리 역시 그 폭발음을 들었다.

개들은 계속 짖어 댔다. 로만이 죽자 개들은 누워 있는 맹수들 곁을 에워싼 채, 잔뜩 성이 나서 호랑이들을 가만히 내버려 두지 않았다. 하지만 왕은 아무것도 할 수가 없었다. 몸속에서 터진 총알 파편 때문에 왕 역시 내장이 불타는 듯한 고통을 느끼고 있었다. 그럼에도 왕은 개들이 짖는 소리에 섞여 있는 인간의 목소리를 분별할 수 있었다. 이제 왕의 인내도 한계를 넘어섰다. 왕은 슬픔과 고통을 잊고 몸을 곧추세운 채, 다가오는 두 사냥꾼의 모습을 쳐다보았다. 마음속에 투쟁과 피에 대한 갈망이 잠재울 수 없는 힘으로 다시 일어났다. 왕은 눈 위에 온몸을 길게 뻗고 치명적인 도약을 준비했다. 베르가소프 노인은 엎드려 있는 맹수를 보고 어깨에 소총을 갖다 댔다.

그런데 어찌된 일까? 호랑이의 모습이 갑자기 사라지고 다른 형상이 나타나 사냥꾼의 시야에서 맹수를 가려 버렸다. 왕과 사냥

인간에게 승리한 왕

꾼 사이에, 퉁리가 서 있었던 것이다. 퉁리는 맹세를 지키고 타이가
의 법이 명하는 대로 목숨을 바치기 위해 이곳까지 온 것이었다. 그
는 제때 도착했다. 위대한 왕이 거기 있었다. 퉁리는 무릎을 꿇고 위
대한 산신령의 뜻을 집행해줄 것을 왕에게 빌었다.

"위대한 왕이여!"

퉁리가 말했다.

"나는 깨끗한 마음과 정신으로 여기 네 앞에 왔다. 산신령의 뜻대
로 나를 이 덧없는 현세의 거죽에서 자유롭게 하라."

먹이에 덤벼들 태세를 하고 있던 맹수는 깜짝 놀라 어안이 벙벙

해졌다. 위대한 노인을 보자 마치 번개 한 줄기가 구름 한 점 없는 하늘을 가르는 것 같았다. 먼 과거의 생각과 영상들이 주마등처럼 머릿속을 스쳤다. 왕은 늙은 모피 사냥꾼과의 첫 만남을 떠올리고 그 모습을 기억해 냈다. 이글거리는 눈빛과 한 번 깜박이는 법도 없는 두 눈을 가진 겁 없는 노인이 다시 여기 왕의 길 위에 있었다.

왕은 그 불굴의 의지에 굴복해 늘 노인에게 길을 양보했었다. 이 순간 역시, 물러나서 노인이 자유로이 갈 수 있도록 비켜 주어야 했다.

왕은 방금 일어난 모든 일로 인해 힘이 빠지고 완전히 지쳐 있었다. 게다가 타는 듯한 고통이 가슴을 갉아먹는 듯했다. 머리를 숙인 채, 왕은 천천히 산으로 향했다. 그리고 능선과 계곡을 따라 뻗어 있는, 호랑이들이 다니는 좁은 길로 접어들었다. 왕의 두 눈에서는 더 이상 생명의 불꽃이 보이지 않았다. 왕은 한시바삐 타투딩즈 산 정상에 다다르기를 바라며 기계적으로 앞으로 나아갔다.

퉁리는 한동안 그대로 무릎을 꿇고 있었다. 하지만 왕이 자기를 떠나 타이가로 들어가 버린 것을 알고서 얼른 다시 일어나 왕의 뒤를 쫓았다. 저녁의 정적 속에, 왕을 부르는 퉁리의 목소리가 길게 메아리쳤다. 베르가소프 노인은 방금 보고 들은 모든 것에 얼이 빠져, 소총을 치켜든 채 오랫동안 그 자리에 가만히 서 있었다. 그러자 니키타가 노인의 어깨를 흔들며 말했다.

"아버지, 정신 차리세요! 괜찮으세요?"

"그런데 로만은 어디 있지?"

제정신이 든 늙은 사냥꾼이 물었다.

"안 좋은 예감이 드는구나."

그 순간, 커다란 흰 암캐가 따라오라는 듯 베르가소프의 발치를 맴돌았다. 아버지와 아들은 암캐를 뒤따라가다 로만의 시체에 부딪혔다. 로만은 무기를 손에 잡은 채, 진정한 용사로서 눈 위에 누워 있었다.

"로만, 이런 세상에! 왜 우리를 두고 먼저 갔더냐!"

노인이 말했다. 노인은 사랑하는 아들의 시체를 껴안고 곁에 엎드려 꼼짝도 하지 않았다. 니키타는 그 옆에 서서 그토록 살갑고 소중한, 그러나 이제는 너무나 멀리 가 버린 동생의 모습을 찬찬히 살펴보았다. 두 눈에서 굵은 눈물이 흘러 차가운 눈 속으로 떨어졌다.

밤이 오고 있었다. 울창한 숲에서 보름달이 떠올라 창백한 빛으로 숲을 비추었다.

# 에필로그

퉁리는 왕의 발자국을 따라 밤새 걸었다.

아침이 되자 퉁리는 자신의 오두막 근처로 되돌아왔다. 모든 것이 예전 그대로였다. 아무도 오두막에 들어왔던 것 같지 않았다. 퉁리는 주변에서도 아무런 흔적을 발견하지 못했다. 그는 집 옆에 있는 신당으로 가서 제단 위에 향초 몇 개를 올려놓았다. 그러고는 무릎을 꿇고 양손을 가슴에 모아 산과 숲의 위대한 신령에게 기도를 올렸다. 위대한 노인은 기도가 한 번 끝날 때마다 막대기로 무쇠 종을 두드렸다. 그윽한 금속 소리가 긴 진동을 일으키며 타이가를 가로질러 퍼져 나가 거대한 침묵을 깼다. 퉁리는 초가 다 탈 때까지 기도를 했다.

초가 탄 자리에는 회색 잿더미만이 남았다. 기도를 마친 퉁리는 동쪽으로 몸을 돌려 땅에 엎드려 절을 하고 조상들의 영혼과 대화를 나누었다. 이 의식이 끝나자, 늙은 모피 사냥꾼은 다시 왕의 발자취를 따라 산을 올랐다.

푹푹 빠지는 눈이 맹수의 걸음을 방해했다. 왕은 자주 걸음을 멈추고 산의 평평한 돌 위에 누웠다. 퉁리는 발자국을 보고 부상을 입어 힘이 빠진 왕이 마지막 힘을 다해 정상에 오르려고 애쓰고 있다는 것을 알았다. 산을 오르면 오를수록 길이 험해졌다. 깎아지른 절벽과 깊숙한 구덩이, 경사진 비탈이 퉁리의 길을 막아섰다. 눈과 얼음 더미가 자꾸 걸음을 멈추게 했고, 노인은 몇 번이나 돌 틈이나 커다랗게 입을 벌린 나락으로 떨어질 뻔했다. 초인적인 노력으로, 퉁리는 저녁 무렵에 나무가 무성한 지역을 빠져나와 산자락의 넓게 트인 공간으로 나아갈 수 있었다. 가파른 언덕은 평평하게 층을 이룬 눈으로 덮여 있었다.

왕의 발자국은 남쪽 산비탈 쪽으로 향해 있었다. 그곳은 화강암 절벽과 풀 없는 바윗길투성이였다. 작고 앙상한 삼나무와 노간주나무, 진달래나무들이 뒤섞여 있고, 그 사이로 석영 덩어리들이 솟아 있었다. 무성한 회색 이끼가 돌과 화강암 바위를 완전히 뒤덮고 있었다.

퉁리는 벼랑 끝에 서서, 깊은 구렁이 내려다보이는 산의 돌출부 위에 익숙한 맹수의 윤곽이 있는지 찾아보았다. 퉁리의 예상이 옳았다. 거대한 짐승이 다리를 뻗고 아름다운 머리를 그 위에 올려놓은 채 뾰족한 산 정상에 누워 있었다. 꼬리도 움직이지 않았다. 위대한 왕은 잠을 자고 있는 것 같았다.

퉁리는 무엇에 홀린 듯 그 자리에 서서 감히 잠을 방해하지 못하고 왕을 바라보았다. 먼 산의 안개 낀 신기루 속으로 자줏빛 공 같은

290

왕의 곁에서 임종을 지키는 퉁리

해가 기울었다. 비스듬한 햇빛이 핏빛 미광으로 절벽과 바위, 그리고
마치 화강암으로 조각한 듯 미동도 않는 맹수의 머리를 비추었다.

위대한 노인은 왕이 깨어나기를 기다렸다. 노인은 몸을 웅크리고
눈 한 번 깜빡이지 않으며, 고지를 내려다보는 웅장한 윤곽에 예리
한 시선을 고정했다. 이윽고 어둠이 내리고 별이 떴다. 톱니 같은 능
선 위로 보름달이 떠올랐다.

퉁리는 그 자세로 꼼짝도 하지 않았다. 마치 졸고 있는 듯했다. 하
지만 퉁리는 잠든 것이 아니었다. 그는 깊은 명상에 잠겨 진지한 생
각의 무게에 짓눌린 채 늙은 가슴 위로 머리를 기울였다. 오지의 침

묵이 온 주위를 휩싸고 있었다.

하지만 바로 그때 아주 먼 곳에서 종소리가 울려왔다. 그 순간 기도를 올리고 있는 어떤 모피 사냥꾼의 오두막에서 흘러나오는 소리였다. 퉁리는 정신을 가다듬고 다시 일어섰다.

타이가의 고요한 밤이 땅을 지배하고 있었다. 왕은 꼼짝도 않고 그대로 누워 있었다. 퉁리는 왕에게 다가가 무릎을 꿇고 두 팔을 모은 뒤 이렇게 말했다.

"위대한 왕이여, 일어나라! 내가 멀리서 왔다. 내 마음은 거짓이 없다. 위대한 신령의 뜻을 이루어야 하느니. 일어나라, 위대한 왕이여!"

그러나 호랑이는 미동도 하지 않았다. 강인한 몸은 떨림조차 없었고, 움직이지 않는 둥근 두 눈은 여전히 먼 곳을 응시하고 있었다. 왕은 숨을 거두었던 것이다.

퉁리는 왕이 깨어나기를 바라며 오랫동안 무릎을 꿇고 있었다. 그러나 아무 소용이 없었다. 지고한 죽음이 그 하얀 날개로 위대한 왕을 건드리고 지나간 후였다.

노인은 다시 일어나 뼈만 남은 앙상한 손을 맹수의 넓은 이마 위에 올려놓았다. 멀리서 일정한 간격으로 무쇠 종소리가 들려왔다. 하지만 황량한 고원은 여전히 정적에 싸여 있었다.

늙은 모피 사냥꾼은 왕의 곁에서 밤을 지새웠다. 첫 햇살이 타투딩즈 산의 화강암 꼭대기를 황금빛으로 물들이자 비로소 노인은 산을 내려가기 시작했다. 퉁리는 슈하이의 어두운 미로 속으로 사라졌다.

타이가의 전설에 따르면, 산의 정령인 위대한 왕은 아주 오래된 노야령 산맥 꼭대기에서 깊은 잠에 빠져 있다고 한다. 왕의 몸은 화석처럼 굳은 채 우뚝 솟은 화강암 바위와 한 몸이 되어, 그 자리에 멈춰 버린 파도 같은 온 산의 능선을 굽어보고 있다고 한다.

하지만 언젠가 위대한 왕은 깨어날 것이다. 그 우렁찬 목소리가 산과 숲을 가로질러 쩌렁쩌렁 울리고 끝없는 메아리가 되어 퍼져 나갈 것이다. 그리하여 하늘과 땅이 그 소리에 몸을 떨고, 신성한 연꽃이 비할 데 없는 아름다움을 머금고 피어날 것이다.

# 자연 속으로 망명한 만주의 러시아인

아득한 옛날에 나는 떠났다
부여를 숙신을 발해를 여진을 요를 금을
흥안령을 음산을 아무우르를 숭가리를
범과 사슴과 너구리를 배반하고
송어와 메기와 개구리를 속이고 나는 떠났다
– 백석, 「북방(北方)에서」(1941) 중에서

『위대한 왕』은 제정 러시아의 군인이자 작가, 학자였던 니콜라이 바이코프의 대표작이다. 우리나라에는 그의 여러 작품 가운데 이 소설만이 어린이용 '세계명작전집'의 한 권으로 간간이 소개되다가 2007년 처음 완역본이 선보였다. 당연히 작가에 관해서도 별로 알려진 것이 없었다. 이제 개정판을 내면서 애초의 졸역에 덕지덕지 분칠을 하느니 작가인 바이코프 그리고 이 작품의 이력에 관해 조금이나마 풀어 보고자 한다.

1872년 러시아의 귀족 가문에서 태어난 니콜라이 바이코프는 사관학교를 졸업하고 장교가 되었다. 십대 초반에 아버지가 선물한 총으로 처음 사냥을 시작한 후 해마다 숲과 습지로 사냥 여행을 떠났다고 하는데, 사냥은 그에게 단순한 취미를 넘어 다양한 생물의 생태에 대한 호기심을 채워 주는 일이었다. 학창 시절부터 계속된 동식물 연구와 탐험에 관한 열정은 1902년 만주에 장교로 부임하면서 본격적으로 꽃을 피우게 된다.

그가 복무한 부대는 동청철도(CER, Chinese Eastern Railway)에 부속한 경비대로서 하얼빈에서 남동쪽으로 220킬로미터 떨어진 헝다오허쯔(橫道河子) 역에 있었다. 이곳은 바로 『위대한 왕』의 배경이 되는 타투딩즈(大禿頂子)와 코쿠이찬 산 부근이기도 했다. 야생 그대로의 모습을 간직한 만주의 슈하이(樹海, 숲의 바다)는 그에게 더없이 훌륭한 탐험의 장이었다. 바이코프가 본격적으로 글을 쓰기 시작한 것도 처음 만주에 머무른 이 12년 사이의 일이다. 그는 만주에서 경험한 것들을 글로 써서 여러 잡지에 기고하였고 1914년에는 이 글들을 모아 『만주의 산과 숲에서』라는 첫 책을 출간하였다.

러시아 장교였던 바이코프가 만주에 주둔한 데에는 서세동점의 슬픈 역사가 배경에 깔려 있다. 19세기 후반 중국(청나라)은, 이웃한 조선과 마찬가지로, 프랑스, 영국, 러시아 등 서구 열강과 일본 제국주의 세력이 앞다투어 노리는 먹잇감이었다. 이들은 자국의 세와 영향력을 확대하고자 여러 방법을 동원했는데, 그중에서도 매우 효율적인 침투 수단이 바로 철도였다. 근대 문명의 총아인 철도는 기존의 어떤 수단보다 편리하고 빠르게 식민지/반식민지를 점유하고 자원을 수탈하는 데 탁월한 도구였다. 동청철도는 러시아의 시베리아 횡단 철도 가운데 만주를 통과하는 노선을 일컫는데, 러시아는 이를 통해 중국 전역으로 침투하려는 속셈을 품고 있었다. 동청철도 본선은 러시아와 청나라의 국경인 만저우리(滿洲里)에서 앙앙시(昂昂溪)와 하얼빈(哈爾濱)을 거쳐 동쪽 접경인 쑤이펀허(綏芬河)에 이르는 구간으로 1901년부터 운행을 시작했다. 이로써 북만주 지역을 확보한 러시아는 만주 전역으로 세력을 넓히고자 동청철도의 남만주지선까지 계획하는데, 하얼빈에서 창춘(長春), 봉천(奉天)을 거쳐 다롄(大連)에 이르는 노선과 뤼순(旅順)으로 연결되는 지선까지 부설하였다. 이렇게 해서 1903년 7월 총 2400킬로미터에 이르는 동청철도 전 노선이 운행을 개시하기에 이른다. 바이코프는 바로 이 동청철도를 수비하는 군대의 장교로서 만주에 첫발을 디뎠던 것이다.

1914년 전역 후 러시아로 돌아간 바이코프는 학자의 길을 걷고자 했던 듯하나, 제1차 세계대전의 발발과 함께 다시 군에 소환되어 전쟁에 참여한다. 전쟁은 러시아가 속한 연합국의 최종 승리로 끝났지만 연이은 패전과 파탄 직전에 몰린 국민경제는 혁명으로 이어졌다. 바이코프는 볼셰비키에 맞선 백군 의용군에 가담하지만 결국 혁명 세력이 승리하여 조국을 떠나야 하는 신세가 된다. 1922년 그는 다시 하얼빈으로 향했다. 이후 그는 삼십 년 넘게 만주에서 지내며 여러 직업을 전전하며 글쓰기에 힘을 쏟았다.

'망명자' 신분으로 돌아온 1920년대 만주는 이미 일본 제국주의 세력이 득세하고 있었다. 1905년 러일전쟁에서 승리한 일본은 러시아 동청철도의 남만주지선을 넘겨받아 남만주철도로 이름을 바꾸고 1907년에는 통칭 '만철'이라 불리는 남만주철도주식회사를 설립했다. 만철은 비단 철로와 주변 부속지의 관리뿐 아니라 만주에 대한 다방면의 침략 정책을 획책하고 실행하는 중심 기관이었다. 만주 안의 작은 제국을 이룬 만철은 급기야 1931년 만주사변을 일으키고 이듬해 만주국이라는 괴뢰국을 세워 모든 철도를 국유화하는 한편, 일제의 중국 침략에 박차를 가하기 시작한다.

한동안 동청철도에 몸을 의탁했던 바이코프는 동청철도가 만주국으로 넘어가자 이후 본격적으로 문학에 투신하였다. 그는 만주의 다양한 동식물을 관찰하여 도감에 가까운 세밀한 과학적 기록을 남기는 한편, 만주 타이가 원주민들과 러시아인들의 생활과 풍습, 옛이야기 등을 기록하고 그것을 소재로 소설을 쓰기도 했다. 특히 작품마다 직접 삽화를 그렸는데, 치밀한 관찰에 근거한 묘사가 매우 뛰어나다.(그의 책 표지는 항상 작가 자신의 그림으로 장식되었다.) 그의 작품은 만주로 망명한 백계 러시아인들 사이에서 유명세를 얻기 시작해 상당한 인기를 끌었다. 그 가운데 여러 편은 외국에서도 번역되어 큰 호응을 얻었다. 가장 대표적인 것이 바로 1936년 출간된 『위대한 왕』이다. 『위대한 왕』은 프랑스어, 독일어, 이탈리아어, 체코어, 일본어 등으로 번역되었는데, 특히 일본에서 선풍적인 인기를 끌었다.

일본어판 『위대한 왕』(1941년, 문예춘추사)에는 바이코프 자신의 서문과 번역자인 하세가와 슌, 문예춘추사 설립자인 기쿠치 간의 서문이 실려 있다. 당시 만주영화협회에서 일했던 하세가와 슌은 러시아

판 『위대한 왕』을 선물받고 감동받은 차에 하얼빈으로 바이코프를 직접 찾아가 만났으며, 이후 1940년 6월에서 10월까지 「만주일일신문」에 '호랑이'라는 제목으로 번역하여 연재하였다. 때마침 만주를 여행하던 기쿠치 간이 이를 읽고 역시 바이코프를 찾아가 만남으로써 일본에서의 출판이 이루어졌다.

문예춘추사 판에 실린 저자 서문에서 바이코프는 "『위대한 왕』은 풍려한 만주의 원시 자연을 있는 그대로 그린 초상"이라고 밝히고 있으며, "이 책이 호평을 받는다면 현대 문학에 전례가 없는 테마와 소재의 독창성이 보증되는 것"이라고 적었다. 작가 자신의 말처럼 이 작품은 독특하게도 호랑이의 관점에서 그려 낸 숲의 생명에 관한 기록이자, 문명에 침탈당한 원시 자연에 대한 아름다운 애가이다. 만주 타이가의 동식물뿐만 아니라 원주민들의 풍속과 러시아인들의 생활상까지 속속들이 묘사한 솜씨는 숲에 대한 깊은 애정과 오랜 관찰 없이는 불가능한 것이다. 실제로 그는 여러 글에서 야생 생태계 보존의 필요성을 강조하였고, 호랑이는 반드시 보호해야 할 동물이라고 주장하기도 했다.

하세가와 슌의 기록에 의하면 '위대한 왕'은 바이코프가 직접 사냥한 산신이라고 하는데, 그가 찾아갔을 때 박제된 거대한 호랑이 얼굴을 보여 주었다고 한다. 또한 호주 브리즈번에 거주하는 바이코프의 손자 드미트로프 바이코프에 따르면 작가는 뛰어난 사냥꾼이었지만 무분별한 야생 동물 사냥을 매우 경계하였고, 생전에 단 두 마리의 호랑이를 사냥했다고 한다. 그렇다면 '위대한 왕'은 그중 한 마리였을 것이다. 바이코프는 동식물을 연구하는 학자이자 신령스러운 숲의 제왕으로서의 호랑이에 경탄한 문학가였다. 그리고 학자로서의 치밀한 관찰은 그의 작품들이 더욱 완성도 높은 문학성을 갖추는 데 큰 도움이 되었다.

『위대한 왕』의 한국어 번역본의 저본으로 삼은 책은 1938년 프랑스에서 간행된 『위대한 왕, 만주 호랑이의 일생(Le Grand Van, la vie d'un tigre de Manchourie)』인데 여기에는 「섬에서」와 「유로슈카」라는 다른 두 작품도 함께 수록되어 있다. 「유로슈카」라는 소설은 일제강점기에 우리말로 번역된 적이 있는데, 그 역자가 바로 시인 백석이다. 백석은 1939년 말 만주로 건너가 만주국 경제부와 안동 세관에서 일했는데, 그사이 만주 타이가의 원주민들과 교류하고 농사를 짓기도 했다고 한다. 그는 1941년에 이 작품을 번역했고 이후 잡지 『조광』에 여러 회에 걸쳐 '엔·바이콥흐 원작' 「밀림유정(密林有情)」이라는 제목으로 연재했다.(실제로 찾아본 이 원고는 작품을 끝까지 번역한 것은 아니었다.) 전쟁과 혁명의 소용돌이를 피해 자연 속으로 영영 몸을 옮기고자 한 작가와 식민지 조국을 떠나 북방으로 떠나온 시인, 그 성격은 다를지 몰라도 두 망명자는 먼 만주 땅에서 작품을 통해 조우한 셈이다.

일본의 패망과 함께 만주국도 멸망하고, 많은 백계 러시아인들이 만주를 떠난 가운데 바이코프도 1956년 뒤늦게 하얼빈을 떠나 호주 시드니로 향한다. 그리고 2년 후 브리즈번에서 숨을 거두었다. 소용돌이치는 근현대사의 와중에 딱히 어느 나라가 아닌, '숲'에서 살

299

고자 했던 그는 낯선 곳에서 생을 마감했다. 마지막까지 그는 타이가의 수풀과 그 속에 깃든 수많은 생명들을 한없이 그리워했을 것이다. 『위대한 왕』은 작가의 행보와 맞물려 분명 동아시아 근대사의 한 국면을 증언하는 작품으로 읽을 수 있다. 그러나 무엇보다 밀림의 주인들과 '위대한 왕'의 일생을 그려 낸 보기 드문 동물 문학의 수작으로서 평가하는 것이 우선일 듯싶다. 쌔근쌔근 잠든 어린 딸이 언젠가 눈을 반짝이며 이 책을 읽고 호랑이를 보러 가자고 졸라 댈 날을 그려 본다.

옮긴이 김소라

| 작가 연보 |

**1872년** 11월 29일(율리우스력) 키예프의 귀족 가문에서 니콜라이 아폴로노비
치 바이코프 태어남. 아버지 아폴로 페트로비치 바이코프는 군 변호
사였음.

**1882~1891년** 키예프의 제2고전학교에 입학하나 곧 사관학교로 옮김. 키예프
사관학교에서 유명한 탐험가이자 지리학자, 작가인 니콜라이 프르제
발스키를 만남. 프르제발스키는 소년 바이코프에게 "나의 젊은 친구
니콜라이 바이코프에게, 숲의 늙은 떠돌이들을 기억하며"라는 글귀를
곁들여 자신의 책 『우수리 지방 여행』을 선물함. 키예프 사관학교에서
공부한 후 상트페테르부르크 제1고전학교에 입학. 이곳에서 만난 화
학자 멘델레예프는 동물학에 열정을 지닌 젊은 바이코프를 격려함. 이
학교를 졸업한 후 티플리스(그루지야 수도 트빌리시의 옛 이름)의 보
병 사관학교에 진학하여 우수한 성적으로 졸업.

**1892년** 군에 입대.

**1894년** 티플리스의 제16메그렐 척탄병 연대에 소위로 부임. 독일의 박물학자
구스타프 라데를 만났으며, 여가 시간에 캅카스의 풍요로운 자연을
탐험하며 지냄.

**1897년** 8월 러시아의 동청철도 부설 공사가 시작됨. 동청철도는 러시아와 청
사이에 맺어진 러청조약(1896년)의 결과로 1901년부터 운행함.

**1898년** 사라토프의 제108연대에 부임. 전 지휘관의 딸 예브게니아 레오니도

바 스토고바를 만남.

**1900년** 예브게니아와 결혼하고 딸 예카테리나를 얻음.

**1901~1902년** 겨울 만주로 배치됨. 1902년 2월 25일 중위로 제3화기 연대의 지
휘관으로 부임. 이 부대는 동청철도에 소속된 수비대로 하얼빈에서 남
동쪽으로 220킬로미터 떨어진 헝다오허쯔(橫道河子) 역에 주둔함. 이
후 1914년 러시아로 돌아갈 때까지 공적인 업무와 함께 상트페테르부
르크 학사원의 요청으로 만주와 아무르 강 일대의 자연과 지리를 조
사하였음. 도시의 사교 생활에 익숙한 예브게니아는 야생의 환경을 견
디지 못했고 이러한 차이는 결국 이혼으로 이어짐. 바이코프는 만주
에서 얻은 경험을 기반으로 문필 활동을 시작함. 이해에 『자연과 사
냥』이라는 잡지에 발표한 「만주의 자연」이란 글을 시작으로 일련의 글
을 게재함. 『우리의 사냥』, 『자연과 사람들』, 『세계로』 등의 잡지에도
글을 게재함.

**1904년** 러일전쟁 발발. 과학원 동물학 박물관의 정식 조사원으로 승급함.

**1905년** 러일전쟁 종전. 러일 간의 강화조약(포츠머스 조약)에 따라 일본은 러
시아로부터 요동반도 남단의 조차권을 넘겨받고 동청철도의 남만주지
선(하얼빈~다롄)을 양도받음.

**1907년** 대위로 진급. 이는 의화단 운동 진압 및 러일전쟁에 참전한 공로를 인
정받아 성 예카테리나 훈장(3급)을 받은 것과 궤를 같이함. 과학적 연
구 성과에 대한 포상이자 동식물 연구를 위한 장려책으로 극동 지방
의 땅을 할애해 줄 것을 정부에 요청하여 우수리 남쪽 지역의 땅 500
에이커를 하사받음.

**1912~1914년** 아무르 제5연대의 6중대를 지휘함. 이 중대는 일명 '호랑이' 중대
로 불리었으며, 무용뿐 아니라 사냥 실력으로 이름을 떨침.

**1914년** 4월 13일 군에서 전역하여 러시아로 돌아감. 연구를 위해 극동 지방으
로 가서 정착하려 했으나 8월에 제1차 세계대전이 발발하여 다시 군
으로 소환됨. 전쟁 기간 동안 바이코프는 갈리시아 남서부 및 여러 전
장에서 싸웠으며, 왼쪽 다리에 부상을 입고 성 예카테리나 훈장(2급)
을 받고 중령으로 진급. 페트로그라드에서 『우리의 사냥』 편집부가 그
의 글을 모아 『만주의 산과 숲에서』를 간행. 이 책은 러시아인들에게

만주에 대한 큰 관심을 불러일으킴.

**1915년** 『만주의 산과 숲에서』재출간.

**1917년** 러시아 혁명. 바이코프는 누이가 사는 키예프로 돌아옴.

**1919년** 키예프에서 베라 이바노브나 크루밍과 재혼. 그녀는 바이코프 평생의 동반자로서 이후 40년간 그를 충실히 뒷바라지해 주었음. 8월에 반볼셰비키 의용군에 억류되었고, 다시 군에 소환되어 데니킨 장군의 백군 사령부가 있는 타간로크로 감. 데니킨이 고위 장교직을 제안하였으나 거절하였고, 노보로시스크 근처 가텐베르크 장군의 통합군에 대령으로 임명됨. 그사이 백군 의용군은 볼셰비키군의 맹공을 받아 패퇴하기 시작함. 티푸스에 걸려 노보로시스크의 병원에서 생사를 오감.

**1920년** 2월 22일 갓 태어난 딸 나탈리아, 아내와 함께 증기선 '사라토프'호에 올라 이집트로 망명. 이후 아프리카와 인도, 인도차이나 등지에서 생활함.

**1921년** 말 블라디보스토크로 돌아옴.

**1922년** 친구들의 만류에도 만주 하얼빈으로 돌아감. 얼마 후 동청철도에 일자리를 얻어 아청역으로 갔다가, 곧 코발스키 삼림 회사에 간부로 취직하여 평궈역으로 옮김. 바이코프는 만주로 돌아오자마자 만주지역학회의 회원이 되어 더욱 활발히 연구 활동을 펼침.

**1923년** 만주지역학회의 종신회원이 되어 박물관 개관에 참여. 알렉산드르 카람진, 에두아르트 아네르트, 타라스 고르데예프 등의 학자들과 친교를 맺고 평생지기가 됨.

**1925~1928년** 하얼빈으로 돌아와 동청철도 토지부 산림 감독관이 됨. 만주 지역 자연에 관한 연구 결과를 담은 글을 동청철도 산하의 『만주 회보』에 게재하고 책으로도 펴냄. 그중 가장 유명한 것으로 『만주 호랑이』(1925), 『붉은 사슴과 사슴 사냥』(1925), 『생명의 뿌리, 인삼』(1926), 『극동아시아의 곰』(1928) 등이 있음.

**1930~1935년** 동청철도의 교육 부서에 들어가 철도학교에서 과학 교사로 근무하며 명성과 인기를 얻음.

**1931~1932년** 9월 18일 일본 관동군에 의한 만주사변 발발. 만주 전역을 점령한 관동군은 이듬해 3월 1일 '만주국'을 선언. 동청철도를 비롯한 만

주의 철도 노선이 만주국으로 넘어감.

**1934~1945년** 문필 활동에 전념하여 많은 신문과 잡지에 수백 편의 글과 단편 소설을 게재함. 이 글들에 종종 '코안경', '길잡이', '낚시꾼', '방랑자' 등으로 서명함. 하얼빈과 톈진의 여러 출판사에서 많은 책을 펴냈으며, 대표작으로 『만주의 야생 자연 속에서』(1934), 『위대한 왕』(1936년 초판, 1938년 재판), 『넓은 세상』(1937), 『타이가의 소음』(1938), 『모닥불』(1938), 『멋진 소득』(1940), 『암호랑이』(1940), 『우리의 친구들』(1941), 『만주 사냥꾼의 기록』(1941), 『슈치』(1942), 『타이가의 길』(1943), 『검은 대장』(1943) 등이 있음. 이 시기에 그의 작품은 외국에서도 번역되어 큰 인기를 얻음. 『만주의 야생 자연 속에서』는 영국(1936)과 프랑스(1938)에서 번역 출간됨. 프랑스에서는 같은 해 『위대한 왕』도 출간됨. 그의 책은 특히 일본에서 큰 인기를 얻었음. 『위대한 왕』은 1940년 6~10월 「만주일일신문」에 하세가와 슌의 번역으로 '호랑이'라는 제목으로 연재되었으며, 이후 문예춘추사에서 『위대한 왕』(1941, 1950, 1952)으로 출간함. 이외에 『만주의 야생 자연 속에서』(1942), 『타이가의 소음』(1942), 『암호랑이』(1943), 『만주 사냥꾼의 기록』(1944)이 일본어로 출간됨.

**1936년** 하얼빈의 러시아 이민국 산하의 젊은 고고학자·민족지학자·박물학자 부서에 선배로서 참여함.

**1937년, 1942년** 하얼빈에서 바이코프의 문학 활동과 과학 연구 35주년과 40주년을 기념하는 행사가 개최됨. 그의 수채화와 드로잉 전시회도 열림.

**1942년** 11월 3~5일 도쿄에서 열린 동아시아 작가 회의에 만주국 대표로 참석. 바이코프와 가족은 일본을 여행하며 학생들을 비롯한 대중의 열렬한 환영을 받음.

**1956년** 12월 바이코프 가족은 '샹트'호를 타고 만주를 떠나 홍콩으로 갔다가 호주 시드니에 도착함.(바이코프는 1950년대 초부터 만주를 떠나고자 했으나 하얼빈 소비에트 영사관의 방해로 뜻을 이루지 못하다가 이해에 겨우 파라과이행 비자를 얻어 떠남)

**1958년** 3월 6일 밤 10시 브리즈번에서 심장마비를 일으킨 후 병원에서 숨을 거둠.